TopTrends

TopTrends

Die wichtigsten Trends
für die
nächsten Jahre

Ulrich Becker
Norbert Bolz
David Bosshart
Ulrich Eggert
Matthias Horx
Kevin Kelly
Michael-A. Konitzer
Horst W. Opaschowski
Monique R. Siegel
Joachim Zentes
Armin Ziegler

Metropolitan Verlag
Düsseldorf · München

Die Deutsche Bibliothek – CIP-Einheitsaufnahme
Toptrends: die wichtigsten Trends für die nächsten Jahre / Ulrich Becker . . . – Düsseldorf; München: Metropolitan-Verl., 1995
ISBN 3-89623-001-8
NE: Becker, Ulrich

Satz: Heinrich Fanslau GmbH, Düsseldorf
Druck und Bindearbeiten:
Bercker, Graphischer Betrieb, Kevelaer
Printed in Germany
ISBN 3-89623-001-8

Verlagsverzeichnis schickt gern:
Metropolitan Verlag,
Uhlandstraße 50, 40237 Düsseldorf

Inhalt

Vorwort

Die Welt, in der wir leben, auf die wir uns einstellen müssen, um uns in ihr einzurichten, diese Welt wird immer schneller und unübersichtlicher und zugleich faszinierender. Sie scheint widersprüchlicher, unberechenbarer, aber auch verheißungsvoller, denn sie ist hochgradig interdependent. Was heute in Asien passiert, bleibt nicht ohne direkte Wirkung auf uns in Europa. Wenn heute schnellere Computer und weltweite Vernetzungen möglich werden, verändert sich morgen die Art und Weise, wie wir einkaufen. Wo heute noch Jugendlichkeit das Symbol für Leben ist, ist es morgen vielleicht schon eine aggressive Seniorität, wo heute noch die Egozentrik-Welt beklagt wird, dominiert morgen vielleicht kommunitaristische Wertbezogenheit.

Gerade weil die Zukunft so schwer greifbar erscheint, wird das Interesse an dem, was wird, zu einer Überlebensfrage. Denn ob wir wollen oder nicht: was wir heute tun, unterlassen oder falsch machen, wirkt morgen, kann unsere wirtschaftliche, ökologische, politische, individuelle Existenz aufs Spiel setzen – oder aber neue Chancen eröffnen.

Dies ist der Grund, weshalb sich in den letzten Jahren immer mehr Wissenschaftler, Berater und Publizisten mit der Zukunft beschäftigen, versuchen, Trends auszumachen, uns neue Sichtweisen und Interpretationsmuster und damit Bearbeitungsmöglichkeiten unserer Zukunft nahezubringen. Dabei sind die Erkenntnisinteressen und Methoden vielfältig, denn wie in der Beschäftigung mit der Geschichte und der Gegenwart unterschiedliche Ansätze und Interpretationsmöglichkeiten miteinander konkurrieren, muß dies für die Beschäftigung mit der Zukunft erst recht gelten.

Es schien an der Zeit, diese Zukunfts- und Trendforscher in einer Publikation zusammenzubringen, in der sie die aus ihrer Sicht wichtigsten Entwicklungen beschreiben. Auf diese Weise entstand ein weiteres Panorama von Trends in unterschiedlichen Bereichen – von der Politik zur Gesellschaft, von der Technik zum Handel, vom Management zu den Menschen, von der Ästhetik zur Natur – und somit ein Buch, das eine breitgefächerte Grundlage ist für das eigene *Zukunftshandeln.*

Horst W. Opaschowski

Das Erlebniszeitalter

Trendforschung oder Trendomanie?

Ein Zeitalter der Trendomanie kommt auf uns zu: Jeder will der erste sein, News bekommen Sensationscharakter. Nichtalltägliches wird – von den Medien verstärkt – zum außergewöhnlichen Ereignis hochstilisiert. Was werfen z. B. die meisten Deutschen frühmorgens ängstlich aus dem Fenster? Einen Blick natürlich, um zu sehen, wie schaurig-schön das Wetter wird. Immer mehr Bundesbürger entwickeln eine neue Angst – die Furcht vor dem Wetter. Eine Art »Wetterphobie« läßt die Menschen glauben, daß das Wetter nicht mehr normal sei.

Der Psychoanalytiker *Erich Fromm* schrieb schon vor einem Vierteljahrhundert in seiner »Revolution der Hoffnung«, daß in Zukunft jeder neue Rekord als Fortschritt gefeiert werde: »Sogar die Einstellung zum Wetter scheint von diesem Prinzip beherrscht zu sein« (Fromm 1968, S. 37). Ein bestimmter Tag wird schnell als der heißeste oder kälteste des Jahrzehnts bezeichnet. Und die Menschen haben dabei auch noch das stolze Gefühl, Rekord-Temperaturen erlebt zu haben. Hierfür lassen sich ständig Beispiele finden:

o 1994 und 1995 erlebten viele Teile Deutschlands ein

Jahrhunderthochwasser, die größte Flut seit hundert Jahren.

- Der 93er Sommer war beispielsweise ein Sommer, der keiner war. Er fand in Norddeutschland an vier Tagen statt und war von wochenlangem Dauerregen begleitet. Andererseits war es im März 1992 in Deutschland teilweise wärmer als in den Mittelmeerländern.
- Im Gegensatz dazu war der Mai 1991 der kälteste Mai dieses Jahrhunderts. Dafür war 1990 das wärmste Jahr seit 1880, ja der Februar 1990 der wärmste Februar seit Menschengedenken.
- Andererseits war es Ostern 1990 ein Grad kälter als Weihnachten 1989.

Dieses Spiel ließe sich beliebig fortsetzen. Die bloße Veränderung von Quantitäten wird schon als Ereignis gefeiert. *Die Sensation entsteht in unseren Köpfen:* Der Regen wird zur Sintflut, der Wind zum Orkan und der kühle Sommer zur Eiszeit. Nicht das Wetter, sondern unser Bewußtsein ändert sich in einem Zeitalter der Informations- und Nachrichtenflut. Dies bleibt nicht ohne Folgen: *Wir neigen immer mehr zu Extremen, weil wir täglich mit Extremen konfrontiert werden:* Extremsportarten breiten sich explosionsartig aus, und das Mittelmaß geht in fast allen Lebensbereichen (Beruf, Freizeit, Konsum) immer mehr verloren.

Wenn alles schnellebig und »trendy« erscheint, ein Trend heute in, morgen wieder out und andererseits »Outing« in sein soll, dann verkommt die Trendforschung zur Trendomanie. *»Trend« kann das Unwort des Jahres 2000 werden.* In manchen Werbeagenturen und Trendbüros sind heute schon Trendjäger, nicht Trendforscher am Werk. Sie sind dem Zeitgeist auf der Spur, der morgen schon wieder Schnee von gestern sein kann. Oder sie erspüren Modewellen für nur eine Saison.

Um es deutlich zu sagen: *Trends, die in die Zukunft weisen, dürfen nicht mit Modewellen und Zeit(geist)strömungen verwechselt werden:*

- Trends sind nicht schnellebig, sondern zähflüssig.
- Trends ändern sich nicht plötzlich, sondern behalten ihre Richtung (»Trend-Linie«) bei, was jährliche Schwankungen bzw. Fluktuationen nicht ausschließt.

Während Modewellen und Zeitgeistströmungen kurzlebigen Charakter (von einer Saison bis zu zwei, drei Jahren) haben, beziehen sich

- *kurzfristige Trends* auf einen Zeitraum von mindestens fünf Jahren,
- *mittelfristige Trends* auf bis zu dreißig Jahre und
- langfristige Trends auf 30 Jahre und mehr.

Zukunftstrends beschreiben individuelle und gesellschaftliche Entwicklungstendenzen, von denen wir alle früher oder später direkt oder indirekt betroffen sind. Trends können globale Trends (z. B. Umweltprobleme) sein, sich auf die Lage in westlichen Industrieländern beziehen (z. B. Wertewandel) oder nur die deutsche Situation (z. B. Arbeitszeitverkürzung) im Blick haben.

Zukunftsforschung: Wir werden es erleben

Vor einem Vierteljahrhundert haben die amerikanischen Zukunftsforscher *Hermann Kahn* und *Anthony J. Wiener* in ihrem Buch »Ihr werdet es erleben« (1967, deutsch 1968/1971) die Grundlagen für die heutige Trend- und Zukunftsforschung geschaffen. Im Mittelpunkt ihrer Darstellungen standen sogenannte *»langfristige Trends«* wie z. B. Bevölkerungszunahme, Verstädterung, wachsender

Wohlstand und mehr Freizeit. Beide hatten damals noch den Anspruch, zukunftsrelevante Trends zu ermitteln, die *»wenigstens während der nächsten drei Jahrzehnte andauern«* (Kahn/Wiener 1971, S. 23).

1982 ging der Amerikaner *John Naisbitt* neue Wege. Er wollte Vorhersagen für morgen ermöglichen, aber »keine Zukunftsperspektiven liefern«. Dazu prägte er den Begriff *»Megatrends«* im Sinne von großen Trends (griech. »mega« = groß). Erhebungstechnisch bediente er sich der sogenannten Flächenanalyse und griff dabei bewußt auf eine Methode amerikanischer Geheimdienstexperten (Paul Lazarsfeld, Harold Lasswell u. a.) zurück, die im Zweiten Weltkrieg deutsche Tageszeitungen analysiert hatten, um auf diese Weise aktuelle Informationen über die Lebensbedingungen der »Feindnation« zu erhalten – von der Lebensmittelversorgung bis zu Transportschwierigkeiten, von Zugverspätungen bis zu Fabrikschließungen. Naisbitt rühmt sich, diese Methode als erster für kommerzielle Zwecke entdeckt und genutzt zu haben. Die 1982 veröffentlichten »Megatrends« mußte er schon acht Jahre später in »Megatrends 2000« umschreiben und umwandeln, weil sich die Informationsflut in weniger als zehn Jahren so verstärkt hatte, daß die Voraussagen nicht mehr haltbar waren.

Naisbitt bezeichnet sich selbst als den in den USA renommiertesten Trendforscher, wobei Trendforschung in seinem Sinne sicher neu definiert werden muß. Denn Naisbitt begnügt sich damit, lediglich den Inhalt von *Zeitungen zu analysieren,* um mit dieser Flächenanalyse von Zeitungen aus allen Winkeln der Erde gesellschaftliche Veränderungen und Wandlungen zu erspüren. Ein eigenes Trend-Report-Redaktionsteam wertet über 6000 Lokalzeitungen aus. Darüber hinaus beschränkt sich Naisbitt im wesentlichen nur auf *positive Trends.* Er will Schlaglichter auf positive Entwicklungen richten. Sein Zukunftsoptimismus gipfelt in bewußter Umkehrung der Thesen des *Club of Rome* in dem Satz: »Es wird keinerlei Grenzen des Wachstums geben« (Naisbitt 1990, S. 26). Die natürlichen Ressourcen werden im Übermaß vorhanden sein. Probleme in der Zukunft blendet er bewußt aus. Die Folge: Seine Bücher sind ausnahmslos positiv und werden nicht nur von amerikanischen Lesern geradezu verschlungen. Sie machen Mut zur Zukunft, aber vermitteln nur die halbe Wahrheit.

Auch *Faith Popcorn* beschreibt in ihrem Report Trends für die Zukunft – meint damit aber nur das Verbraucherverhalten. Sie leitet seit 1974 die Marketing-Beratungsfirma »BrainReserve« und bezeichnet sich selbst als »die erfolgreichste Marketingberaterin in den USA«. Wie Naisbitt hält sie nichts von der Zukunft als einer schrecklichen Apokalypse. Das Ergebnis ihrer »Trendforschung« steht von vornherein fest: *Die Zukunft wird immer besser sein als die Gegenwart.* In ihrer Trendforschung haben Probleme und Pessimismus keinen Platz.

Ihre Forschungsmethode besteht darin, drei Leute jeweils drei Stunden am Tag etwa 300 Zeitungen und Zeitschriften, die zwanzig beliebtesten Fernseh-Shows, die Filmpremieren, die Bestseller- und Hitlisten auswerten sowie alle Arten von Geschäften systematisch durchkämmen zu lassen auf der *»Suche nach neuen Produkten«* und auf dem sicheren Weg in die Zukunft *»mit guten Gewinnchancen«* (Popcorn 1991, S. 34 f.). Sie spürt selbst kleinen Rinnsalen nach in der Hoffnung, daß sie zu bedeutenden Strömen werden. So wird sie zum Hoffnungsträger für viele Amerikaner: Pessimismus ist etwas Kurzfristiges, Hoffnung dagegen etwas Langfristiges.

Die Trend- und Zukunftsforschung amerikanischen Stils erinnert ein wenig an die Disneysche Philosophie: »Our business is happiness.« Glück ist unser Geschäft, die Menschen sollen lächeln, gesellschaftliche Konflikte stören nur. Die Zukunft macht Hoffnung, weil sie sauber, fröhlich und konfliktfrei ist. Zukunftsforschung in diesem Sinne ist nur als *positive Futurologie* vorstellbar, die keine Grenzen des Wachstums kennt und immer neue Entdekkungen in Wissenschaft und Technik verheißt.

Zukunftsforschung zwischen Sozialkritik und sozialer Phantasie

Gegen diese Art von Zukunfts-»Planung« zwischen programmiertem Wachstum und maßlosem Wohlstand wendet sich bewußt eine westeuropäisch geprägte Zukunftsforschung in Frankreich (z.B. Bertrand de Jouvenel), England (z.B. Denis Gabor) und Österreich (z.B. Robert Jungk), die auch *sozialkritische, humanistische und ökologisch orientierte Aspekte* in ihre Zukunftskonzepte einbezieht. Solche Zukunftsforscher agieren dann als unbequeme Zivilisationskritiker, weshalb sie auch bei den Machern in Wirtschaft und Politik deutlich weniger Resonanz finden.

Verantwortliche Zukunftsforschung kann und darf nicht einseitig sein. Sie muß sozialkritische Analysen liefern, aber genauso offen für positive Signale sein. Im Mittelpunkt der folgenden Ausführungen steht die *systematische Untersuchung der Lebensgewohnheiten* der Bevölkerung im Rahmen der Grundlagenforschung des B.A.T Freizeit-Forschungsinstituts seit Anfang der 80er Jahre. Die Ergebnisse von *Repräsentativumfragen im Zeitvergleich (=»Trendanalysen«)* bilden die sozialwissenschaftliche Basis für Voraussagen und Prognosen zur Entwicklung der nächsten zehn Jahre. So sind auch frühere Forschungsstudien wie z.B. »Wie leben wir nach dem Jahr 2000?« (1987), »Wie arbeiten wir nach dem Jahr 2000?« (1989) sowie »Freizeit 2001. Ein Blick in die Zukunft unserer Freizeitwelt« (1992) entstanden.

Zukunftsforschung beinhaltet gleichermaßen Trendanalysen und Trendprognosen. Zukunftsforschung

- ermittelt erstens auf der wissenschaftlichen Basis von Zeitvergleichen (= sog. »Zeitreihen«) statistisch nachweisbare *Entwicklungstendenzen* der Gesellschaft und geht den *Ursachen* und möglichen *Folgewirkungen* (Chancen, Risiken) für die Zukunft nach;
- versteht sich zweitens als wissenschaftliche *Orientierungs- und Entscheidungshilfe* für Gesellschaft, Wirtschaft und Politik, was das Vorausdenken (»Antizipation«) von *Zukunftsalternativen* (sog. »Futuriblen«, »Zukünfte«) notwendig mit einschließt.

Warum stimmen die Prognosen des Sachverständigenrates so selten? Weil auch die »Fünf Weisen« nicht in die Zukunft »sehen« können. Sie wollen nur die *Richtung* angeben und die *Tendenz* aufzeigen, damit sich Politik und Wirtschaft frühzeitig darauf einstellen und Entscheidungen rechtzeitig treffen können. Zukunftsforschung ist immer auch Beratungsforschung und in Zeiten beschleunigten Struktur- und Wertewandels notwendiger denn je, wenn sie auch bisweilen ebenso ernüchternd wie desillusionierend sein kann. Dies mag vielleicht erklären, warum sich Soziologen lieber mit Zeitdiagnosen beschäftigen und sich Zukunftsentwürfe eigentlich nur als »Negativbilder von Utopien« (U. Beck 1986, S. 37) oder als »Utopie der Null-Option« (C. Offe 1986, S. 97) vorstellen können. Dabei zwingt der gesellschaftliche Struktur- und Wertewandel geradezu zum Nachdenken über Antworten auf die Frage: *Wie werden wir, ja, wie wollen wir morgen leben?*

Die Forschung hat auch eine Pflicht zur Zukunft, d.h., sie muß auch ein Anwalt der Zukunft sein. Und: *Die Gesellschaft braucht Perspektiven, weil auch die nachwachsenden Generationen eine Zukunft brauchen.* Doch Zukunft ist für viele Wissenschaftler noch weitgehend negativ besetzt.

Sie leiden geradezu an der »Neuen Unübersichtlichkeit« gesellschaftlicher Theorien, die seit Marx um den Begriff der Arbeit zentriert waren und nun ihre Überzeugungskraft einzubüßen drohen. Die arbeitsgesellschaftlichen Utopien gehen verloren. Jürgen Habermas brachte es ins Bild: »Wenn die utopischen Oasen austrocknen, breitet sich eine Wüste von Banalität und Ratlosigkeit aus« (Habermas 1985, S. 161). Dabei besteht überhaupt kein Anlaß, den Mut zur Zukunft zu verlieren. Denn nicht unsere utopischen Energien sind am Ende, sondern nur eine ganz bestimmte Utopie, die sich seit jeher um das Ideal der Arbeitsgesellschaft kristallisiert hat. Der Paradigmenwechsel von einer Arbeitsgesellschaft (die lebte, um zu arbeiten) zu einer Lebensgesellschaft (die arbeitet, um zu leben) kann durchaus eine Chance für die Zukunft und das Zusammenleben der Menschen sein: Der Lebenssinn muß nur neu definiert werden.

Eine Prognose wird Wirklichkeit: Trend zur Erlebnisgesellschaft

Wenn die Definition »ein Trend muß mindestens fünf Jahre lang richtungweisend sein« Gültigkeit hat, dann muß auch die eigene Forschung diesen Kriterien standhalten können. Vor über einem Jahrzehnt prognostizierte ich eine *»Erlebnisgesellschaft«*, in der man sich dem pausenlosen Aktivsein und Erleben kaum mehr entziehen könne (Opaschowski 1983, S. 88 ff.):

- Die Kurzformel *»Einkaufen als Freizeiterleben«* werde für den Einzelhandel zur Überlebensformel.
- Spielhallen und Videotheken würden wie Pilze aus dem Boden schießen, öffentliche Badeanstalten entwickelten sich zu Spaßbädern.
- Mit dem »Wandel zur *erlebnisorientierten Freizeitphase«*

würden neue Medien immer attraktiver und der »Walkman für jedermann« zur Normalität.

- Der wachsende *»Erlebnishunger«* fördere zudem die Entstehung neuer *»Erlebnislandschaften«* in einer »Mischung aus Kirmes und Kommerz, Kino und Kirche«.
- Und die *»Erlebniskonsumenten«* würden Abenteuer, Gefahr und Risiko suchen und das Aussteigen auf Zeit als neues *»Urlaubserlebnis«* entdecken.

Der vorausgesagte Trend zur Erlebnisgesellschaft ist heute Wirklichkeit geworden – auch in seinen Schattenseiten, vor denen ich damals gewarnt hatte. Zugespitzt in der Frage: »Wie wirkt sich die prognostizierte *Explosion des Erlebnisbereichs* aus – auf die eigene *Erlebnisfähigkeit,* die Qualität der Erlebnisse und die Produkte der *Erlebnisindustrie?«* (Opaschowski 1983, S. 96). Entsprechend kritisch fiel seinerzeit meine Antwort aus: »Negativ einzuschätzen ist die sich ständig steigernde *Erlebnissuche* aus Angst vor innerer Leere und Langeweile. Der *Erlebnisboom* ›nach draußen‹ und ›mit anderen‹ kann zum innerseelischen Bumerang werden. Die Gefahr besteht, nicht mehr allein sein und zur Ruhe kommen zu können. Die Flucht nach draußen trägt dann Züge von Selbstflucht. Die Dauerpräsenz von action und motion, Cliquengeselligkeit und Gruppenzwang, Unternehmungslust und Überaktivität erzeugt *Freizeitstreß.* Eine neue subtile Form von Einsamkeit kann entstehen: Die innere Vereinsamung inmitten von Kontaktflut und äußerer Hektik. Selbst die Anbieter von organisierten Psycho-Programmen werden mehr zur Ablenkung als zur Selbstbestimmung beitragen« (Opaschowski 1983, S. 81). Im Gegensatz zur amerikanischen Trendforschung, die bewußt nur Optimismus und happiness verbreiten will, sind hier von Anfang an »auch« mögliche Konflikte und Probleme miteinbezogen.

Es bleibt festzuhalten: Im Mittelpunkt meiner Zukunftsforschungen stehen seit jeher die Lebensgewohnheiten der Menschen. Es ist sicher richtig: Große gesellschaftliche Veränderungen von der Perestroika bis zur deutschen Einheit sind nicht prognostizierbar, auch Kriege und Krisen von der Energiekrise über Tschernobyl bis zum Golfkrieg nicht – voraussagbar aber sind wohl die Lebensgewohnheiten der Menschen. Lebensgewohnheiten sind wie eine »zweite Natur« und haben fast die Wirkung einer Kleidung aus Eisen, die nur schwer zu sprengen ist. Viele Tätigkeiten im Alltag werden so lange praktiziert, daß sie wie Aufstehen, Essen und Schlafengehen fast zur »lieben Gewohnheit« bis ins hohe Alter werden. Dies erklärt auch, warum beispielsweise die Urlauber auf Reisen am meisten das eigene Bett, die Zeitung aus der Heimat oder das gemütliche Zuhause vermissen. Gewohnter Lebensrhythmus und alltäglicher Regelkreis sind den Menschen »in Fleisch und Blut« gegangen. Viele können einfach nicht »aus ihrer Haut heraus«.

Die Sozialforschung geht davon aus, daß die Persönlichkeits- und Interessenstruktur eines Menschen im wesentlichen ausgebildet ist, wenn er das Erwachsenenalter erreicht. Danach verändert er sich kaum noch. Die Kindheits- und Jugenderfahrungen haben ein größeres Gewicht als die spätere Sozialisation. Im Einzelfall kann es zwar auch im Erwachsenenalter noch zu dramatischen Veränderungen kommen, aber die statistische Wahrscheinlichkeit einer grundlegenden Persönlichkeitsveränderung nimmt abrupt ab, wenn das Erwachsenenalter erreicht ist.

Der *Wertewandel* einer Gesellschaft besteht nicht darin, daß wir uns sozusagen über Nacht verändern. Er vollzieht sich vielmehr allmählich in dem Maße, in dem die *jüngere Generation einer Gesellschaft die ältere Generation Zug um Zug ablöst.* Und eine Generation, die unter veränderten

Lebens- und Wohlstandsbedingungen aufwächst, gelangt zwangsläufig zu anderen Erfahrungen und Gewohnheiten. Damit verändern sich auch die Einstellungen zu Arbeit und Konsum, Freizeit und Urlaub. Die folgenden Ausführungen widmen sich diesem Wandel: Wo stehen wir heute? Und was kommt morgen auf uns zu? Was passiert, wenn nichts passiert – wenn wir die Entwicklung so weiterlaufen lassen, wie sie läuft, wenn wir die Richtung nicht ändern oder gegensteuern?

Risiken des neuen Erlebniszeitalters: Die Sozial- und Umweltverträglichkeit steht auf dem Spiel

Aus der subjektiven Einschätzung und Sichtweise der Bevölkerung scheint die Frage schon weitgehend beantwortet zu sein: *Das Unbehagen am Immer-Mehr des Konsums* nimmt bedrohliche Ausmaße an. Zukunftshoffnungen verwandeln sich in Zukunftsängste. Und die Unzufriedenheit wird um so größer, je besser es den Menschen geht. Im Vergleich zu den Ostdeutschen haben die Westdeutschen in den letzten vierzig Jahren deutlich mehr von den Segnungen der Freizeit-, Konsum- und Wohlstandsentwicklung profitiert. Sie haben vor allem die Erfahrung machen müssen: Glück ist nicht käuflich.

Das B.A.T Freizeit-Forschungsinstitut hat in einer repräsentativen Erhebung von 3000 Personen ab 14 Jahren erstmals von der west- und der ostdeutschen Bevölkerung die Risiken, die mit der zukünftigen Freizeitentwicklung einhergehen, einschätzen lassen. Die Ergebnisse stimmen nachdenklich:

- So befürchtet beispielsweise die *westdeutsche Bevölkerung* im Vergleich zu den Ostdeutschen für die Zukunft vor allem eine Zunahme materialistischer und hedonistischer Lebenseinstellungen, also mehr Konsumrausch in der Freizeit, mehr Freizeitstreß, mehr Passivität und weniger Eigeninitiative, mehr Oberflächlichkeit und weniger soziale Verantwortung. Dies kann nicht ohne Folgen bleiben: Der Trend zur Single-Gesellschaft scheint vorgezeichnet zu sein, und Freundeskreis und Freizeitclique müssen zum Ersatz für das fehlende Familienleben werden.

- Für die *ostdeutsche Bevölkerung* geht die wachsende Freizeitorientierung der Zukunft vor allem mit einer zunehmenden Entpolitisierung und Entsolidarisierung des Lebens einher. Befürchtet werden weniger Interesse an Politik, eine Zunahme staatlicher und kommerzieller Hilfsdienste, so daß es weniger Hilfe auf Gegenseitigkeit geben und die Bereitschaft zur Bindung in Vereinen sinken wird. Die Ostdeutschen glauben, daß in Zukunft mehr Freizeit auch mehr Möglichkeiten für Aggressionen freisetzt – vom Vandalismus bis zur Kriminalität.

Die *Freizeitfolgen-Abschätzung* der Bevölkerung fällt nur in einer wesentlichen Hinsicht für beide, Ost- wie Westdeutsche, gleich aus: Die wachsende Kommerzialisierung der Freizeit führt zur Verschuldung durch immer teurere Freizeitangebote.

Fast alle jungen Städter im Alter von 18 bis 35 Jahren legen derzeit großen Wert darauf, »gute Freunde zu haben« (82 Prozent) – aber *nur jeder dritte ist auch bereit, »für andere da zu sein«* (34 Prozent; Allensbach Institut 1992, S. 30). »Gut« sind die meisten Freunde offenbar nur, wenn sie für einen selbst da sind – zur Selbstbestätigung und sozialen Anerkennung. Sie dürfen nichts fordern und zu nichts verpflichten. Die Folge: Die meisten »guten« Freunde leben oft emotional aneinander vorbei, d. h., bei Krankheit, Unfall oder Berufsunfähigkeit sind sie nicht mehr da. In Notsituationen müssen sie mit einem *sozialen*

Vakuum leben – die männlichen jungen Städter mehr (73 Prozent) als die jungen Städterinnen (59 Prozent).

Die wachsende Freizeitorientierung läßt die menschlichen Beziehungen instabiler werden. Die Neigung wächst, die Freizeit ohne Einschränkung zu genießen. Die Bereitschaft sinkt, soziale Verantwortung zu übernehmen. Die Menschen machen sich zunehmend von gegenseitiger Hilfeleistung unabhängig: Der Zusammenhalt in der Familie geht zurück, die Beziehungen zur Verwandtschaft werden weniger intensiv, echte Freundschaften seltener.

Das Streben nach Individualisierung wird im persönlichen Freizeitverhalten so dominant, daß *Pflichten, Verpflichtungen und Rücksichtnahmen sofort Streßsymptome auslösen,* wenn man ihnen »nachkommen muß«. Der Freizeitkonsument negiert zunehmend den Sozialcharakter von Pflichten. Soziale Verpflichtungen werden einfach »wegindividualisiert«: Es gibt nur mehr die Pflicht gegenüber sich selbst – alles andere gilt eher als Rücksichtnahme im Sinne von lästiger Pflicht, der man sich möglichst schnell entledigen will. Die Bereitschaft, zeitaufwendige Verpflichtungen oder gar Bindungen einzugehen, sinkt. Die Folge: Mitmenschlicher Kontakt wird immer mehr gesucht und immer weniger gefunden. Gleichzeitig wächst die Bereitschaft, soziale Dienstleistungen wie eine Ware aufzurechnen, d. h., zu kaufen und bei Nichterfüllung entsprechend einzuklagen.

Im Freizeitbereich regiert die Vielzahl informeller, d. h. oberflächlicher Kontakte – am Strand und in der Sauna, an der Theke oder bei der Fete. Der mitmenschliche Umgang wird immer unverbindlicher und oberflächlicher, während gleichzeitig *die Einbindung in Gruppen, Organisationen und Vereine sinkt.* Nur mehr ein Viertel der Westdeutschen über 14 Jahre ist heute Mitglied in einem Sportverein (1990: 29 Prozent; 1993: 26 Prozent). Gleichzeitig wächst die *Neigung zur Flucht in die passive Mitgliedschaft:* Jedes vierte Sportvereinsmitglied zahlt regelmäßig Beiträge, aber geht nicht mehr hin (1990: 22 Prozent; 1993: 29 Prozent). Zwei Millionen Westdeutsche und 0,4 Millionen Ostdeutsche geben an, Mitglied in einer Partei zu sein, aber die meisten von ihnen (im Westen: 59 Prozent; im Osten: 52 Prozent) betrachten sich mittlerweile als passive Parteimitglieder. Die Flucht in die passive Mitgliedschaft ist der erste Schritt zur »inneren Kündigung«. Wenn selbst die Basis mehrheitlich ihre Aktivität einstellt, braucht sich niemand mehr über Parteienverdrossenheit zu wundern. Noch 1990 begnügten sich 51 Prozent der westdeutschen Parteimitglieder mit passiver Mitgliedschaft; drei Jahre später haben 59 Prozent ihre Aktivität eingestellt: Das parteipolitische Engagement stirbt langsam und leise – durch Flucht in die Passivität.

Insbesondere in Westdeutschland sinkt derzeit die Bereitschaft zur Übernahme eines Vereinsamtes im gleichen Maße, wie sich Wohlstand und kommerzielle Freizeitangebote ausbreiten. *Die Unlust zur Übernahme ehrenamtlicher Aufgaben wird zum Wohlstandssyndrom:* Weil sich Vereine zunehmend zu Dienstleistungsorganisationen mit hauptamtlichen Mitarbeitern wandeln und professionelle Dienste und Clubs »Ehrenamtlichkeit« immer mehr entbehrlich machen, entfällt auch der Pflicht- oder Notwendigkeitscharakter für freiwillige Mitarbeit.

Der Trend zur *Kommerzialisierung der Freizeit* kann *Entsolidarisierung im Alltag* zur Folge haben, weil bezahlte Dienstleistungen persönliches Dienen vergessen machen und traditionelles Vereinsleben zunehmend an Bedeutung verliert. Geselligkeit kann man auch kaufen, also »muß« der Verein immer mehr für den einzelnen da sein. Reine Nützlichkeitserwägungen rücken die Förderung des Gemeinschaftslebens und der sozialen Verantwortung in den Hintergrund. Immer mehr Menschen genießen die neuen Freiheiten individualistischen Freizeitkonsums: *Alles tun können, aber nichts tun müssen.* Wenn den Gewerkschaften, Parteien, sozialen Organisationen und Vereinen die Mitglieder davonlaufen und ihre eigenen Wege gehen, dann werden auch soziale und politische Engagements weitgehend entbehrlich.

> Die Menschen geben zunehmend ihre sozialen Bindungen auf, und der Staat verliert seine soziale Kontrolle: Zerfallserscheinungen der Gesellschaft können die Folge sein. Mit der Desintegration der Familie beginnt auch die Desintegration der Gesellschaft, wovon soziale Organisationen zuallererst betroffen sind.

Der Freundeskreis wird zur Ersatzfamilie, und die Freizeitclique tritt an die Stelle von Familie, Nachbarschaft und sozialer Einbindung (Verein, Kirche, Gewerkschaft u. a.). Immer mehr begeben sich in ihrer Freizeit auf den Ego-Trip, bei dem *soziale Verpflichtungen als lästig empfunden* werden:

- Die Mitarbeit im Verein betrachtet nur mehr ein Drittel der Bundesbürger als Freizeitbeschäftigung.
- Und die freiwillige Mitarbeit in einer sozialen Organisation (z. B. beim Roten Kreuz) hat für zwei von fünf westdeutschen Bundesbürgern »in keinem Fall« mehr etwas mit Freizeit zu tun.

Freiwilliges Engagement in der Freizeit hat heute noch unter der Überbewertung bezahlter Arbeit zu leiden. Es läßt mit der Zeit einfach nach, und viele freie Initiativen lösen sich enttäuscht wieder auf, weil es für diese Art der Beschäftigung bisher noch keine dem Geldverdienen vergleichbare Anerkennung gibt. Fast drei Viertel aller Bundesbürger sind der Auffassung, daß die *ehrenamtliche Mitarbeit nicht genügend anerkannt* wird (Bundesminister

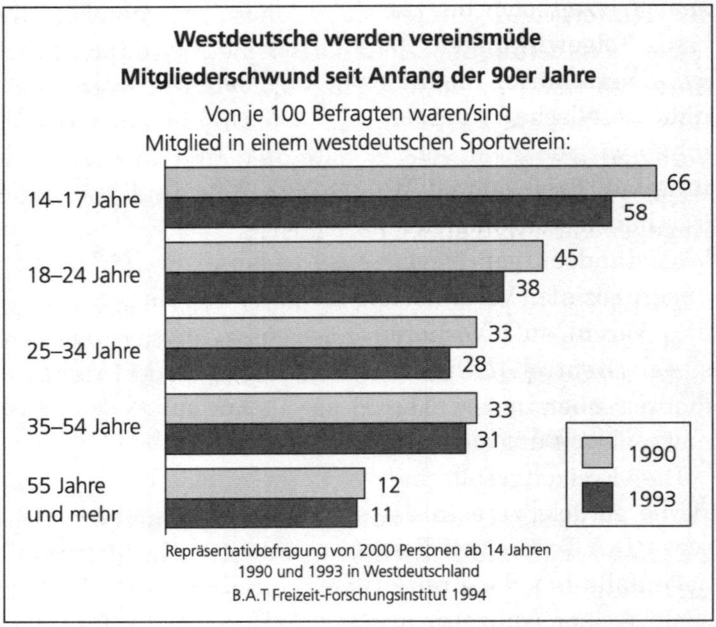

für Bildung und Wissenschaft 1986, S. 103). Die fehlende gesellschaftliche Anerkennung wird um ein Vielfaches (70 Prozent) problematischer bewertet als die fehlende materielle Honorierung (13 Prozent). Eine gesellschaftliche Neubewertung ehrenamtlicher Mitarbeit ist zwingend geboten, wenn verhindert werden soll, daß das Interesse an sozialen Fragen zunimmt, aber die Bereitschaft, sich sozial zu engagieren, abnimmt.

»Born to shop«: Die Wohlstandsgeneration im Kreislauf des Konsums

Die Wohlstandsentwicklung der letzten dreißig Jahre ist an den Menschen und der Gesellschaft nicht spurlos vorübergegangen. Der drastische Zuwachs an Zeit und Geld –

vom Freizeitboom bis zur Einkommensexplosion – zeigt erste Folgewirkungen: *Massenfreizeit und Massenwohlstand* verschärfen die Interessenkollision von Individuum und Gesellschaft und lösen einen Individualisierungsschub wie nie zuvor aus. Mit der massenhaften Verbreitung von Freizeit und Wohlstand stößt der Sozial- und Wohlfahrtsstaat zugleich an seine eigenen Grenzen. Die Wohlstandsbürger fragen sich zunehmend: Lösen sich unsere sozialen Verankerungen in Familie, Nachbarschaft und Verein auf? Verlieren Staat und Gesellschaft ihre soziale Kontrolle? Und vor allem: Leben wir als Konsumenten über unsere Verhältnisse? Leisten wir uns oft mehr, als wir uns eigentlich leisten können?

Die »Freizeitgesellschaft« scheint erst einmal in weite Ferne gerückt zu sein. Ist sie eine Utopie oder Legende (vgl. B.A.T Freizeit-Forschungsinstitut 1990, S. 14)? Jedenfalls hat die Freizeitforschung die »Freizeitgesellschaft« schon frühzeitig als Mär und Mythos entlarvt (vgl. Opaschowski 1974, S. 35). *Mehrarbeit statt mehr Freizeit* könnte genausogut eine Alternative für die Zukunft werden wie der Zwang, *arbeitslos statt arbeitsfrei* zu sein.

> Wir müssen Abschied nehmen von einer Wohlstandsillusion. Grenzenloses Freizeitwachstum und maßloser Konsumüberfluß erweisen sich als zutiefst antiökonomische Träume, die auch im Jahr 2000 noch nicht ausgeträumt sind.

Andererseits ist auch eine freizeitökonomische Gegenbewegung feststellbar: In den immer hektischer werdenden Freizeitmärkten von Tourismus, Medien, Kultur, Sport, Spiel, Unterhaltung und Konsum steht eine gigantische Erlebnisindustrie bereit, die den Konsumenten ebenso subtil wie systematisch vermarkten und fast jedes neuere Produkt oder Programm als Aufbruch in eine neue Erlebniswelt feiern will. So gerät der Konsument in einen *Zirkel von Konsumgier und Neugier* – vergleichbar dem Bild eines Polypen, der den Konsumenten »umgarnt« und »verschlingt«. Kann sich der Konsument aus den Armen dieses Polypen überhaupt wieder befreien?

Die neue Erlebnisgeneration scheint *»born to shop«,* zum Kaufen geboren zu sein. Kommen amerikanische Verhältnisse auf uns zu? Jeder zweite Amerikaner kehrt vom Shopping mit Sachen zurück, an die er vorher noch nicht gedacht hat. Shopping kann in Zukunft immer zweierlei bedeuten: *Lebenslust und Langeweileverhinderung.* Einkaufszentren, Malls und Passagen werden nicht nur Walhallas des Erlebniskonsums sein, sondern auch Fluchtburgen für Menschen, die der Langeweile und Vereinsamung entfliehen wollen.

Es gibt heute nicht mehr »den« Verbraucher – eher eine neue Konsumentengeneration, die mehrheitlich ins Lager des Erlebniskonsums wechselt. Die neue Erlebnisgeneration geht mit Schulden ganz anders um als ihre Vorfahren. Dies bedeutet: Das Kreditkarten-Zücken, das amerikanische, australische und englische Verbraucher heute schon so perfekt beherrschen, kann in Zukunft sichtbarer Ausdruck einer neuen Form der Konsumabhängigkeit werden: *»Kreditsucht«,* über die Verhältnisse leben und sich verschulden (»credit junkies«). Die Klagen über zu hohe Geldausgaben beim Freizeitkonsum nehmen zu – vor allem bei der jüngeren Generation. Immer mehr leben über ihre Verhältnisse (»Stil ist, nicht viel Geld zu haben, aber es auszugeben«). Sie stürzen sich in den Kaufrausch, spielen die Rolle von Spendaholikern, indem sie sich etwas Gutes gönnen oder leisten – und schrecken auch vor Schulden und Krediten nicht zurück.

Wirtschaft und Werbung, Banken und Kreditinstitute heizen die Konsumwünsche der jungen Leute zusätzlich an (Werbung: »The Hits for Kids: First Cash – Das Girokonto für Schüler ab 12 Jahren«). So werden Jugendliche zu *Spon-*

tankäufen und leichtfertigem Schuldenmachen verführt. Am Ende können die Jugendlichen nur noch davon träumen: »Ich möchte endlich so viel Geld verdienen, wie ich ausgebe.« Und weil sie den Lebensstandard ihrer Eltern kaum mehr erreichen können, drohen sie zu *sozialen Absteigern* zu werden, die sich mit Gelegenheitsjobs (»McJobs«) über Wasser halten. Die Kindheit im Wohlstand verbracht, entwickeln sie sich zur »Generation X«, wie sie der kanadische Schriftsteller Douglas Coupland in seinem Roman beschreibt (Coupland 1992). *Sie leben in einer Seifenblase, wollen »alles« – und zwar jetzt.* Sie zeigen sich in den Wünschen erlebnisorientierter, in den Ansprüchen widersprüchlicher und im Verhalten weniger berechenbar. Die einzelnen Konsumenten werden so widersprüchlich wie die moderne Gesellschaft auch. Die Paradoxien individueller Konsum- und Lebensstile sind ein Spiegelbild wachsender Gegensätze und Widersprüche in der Gesellschaft.

»In«, »neu« und »modisch«. Mit dieser Formel lassen sich die Konsumwünsche einer jungen Generation umschreiben, die sich immer mehr zu einer neuen Erlebnisgeneration entwickelt. Trotz Rezession und sinkender Realeinkommen lebt sie weiterhin nach der Devise: »I like Genuß – sofort.«

Diese Erlebnisgeneration der 14- bis 29jährigen spielt und kostet ihre Rolle als Trend-Pionier aus:

- *»In« und im Trend sein* ist mittlerweile für die überwiegende Mehrheit der jüngeren Generation zu einem Grundbedürfnis geworden (1986: 51 Prozent; 1989: 61 Prozent; 1993: 68 Prozent). Über zwei Drittel der jungen Leute wollen einfach wissen, was »in« ist. Sie leben im Hier und Jetzt – wollen, ja müssen immer dazugehören. Fast stehen sie unter dem Zwang oder Drang, sich ständig an das »In«-Sein anzupassen. Sie haben geradezu Angst vor dem Out-Sein.

- Der Anteil der jungen Leute, die besonderen *Wert auf modische Freizeitkleidung legen,* nimmt ständig zu (1986: 55 Prozent; 1989: 65 Prozent; 1993: 71 Prozent). »Out-fit« und »Klamotten« sind und bleiben »das« Statussymbol für die jungen Leute. Eher schränken sie sich bei Gütern des täglichen Bedarfs (z. B. Lebensmittel, Wohnungseinrichtung) ein, als daß sie auf ihr modisches Äußeres verzichten.
- Für die jüngere Generation wird alles, was neu auf dem Markt ist, immer attraktiver (1986: 40 Prozent; 1989: 42 Prozent; 1993: 54 Prozent). Das Neueste ist gerade gut genug.

Mehr als andere Bevölkerungsgruppen stehen Jugendliche und junge Leute unter einem fast sozialen Druck des Konsumieren-Müssens. Der soziale Druck geht vornehmlich von der Clique der Gleichaltrigen aus: Wer dazugehören will, muß sich anpassen, muß sich in Aufmachung und Lebensstil so verhalten, wie es schon immer von »der« jüngeren Generation gefordert wurde: Daß sie der Zeit vorauseilt, für Neues und Veränderungen offen ist und Lebensformen für sich entdeckt, die sich von der Erwachsenengeneration unterscheiden. Nur mit einem wesentlichen Unterschied zu früher: Sie will sich von der Erwachsenenwelt abheben und bedient sich dabei der Konsumgüter, die die Erwachsenen für sie bereitgestellt haben. Der vermeintlich unkonventionelle Ausstieg aus der Erwachsenenwelt wird zum angepaßten Einstieg in die Konsumgesellschaft.

So löst die heutige Jugend – im Wohlstand aufgewachsen – den historischen Innovationsanspruch auf eine besondere Weise: Sie orientiert sich einfach an dem, was »in«, »neu« und »modisch« ist – an Produkten und Symbolen der Konsumgesellschaft: Sony und Swatch, Coca-Cola und Levi's Jeans, Fun- und Extremsport, Dinosaurier- und

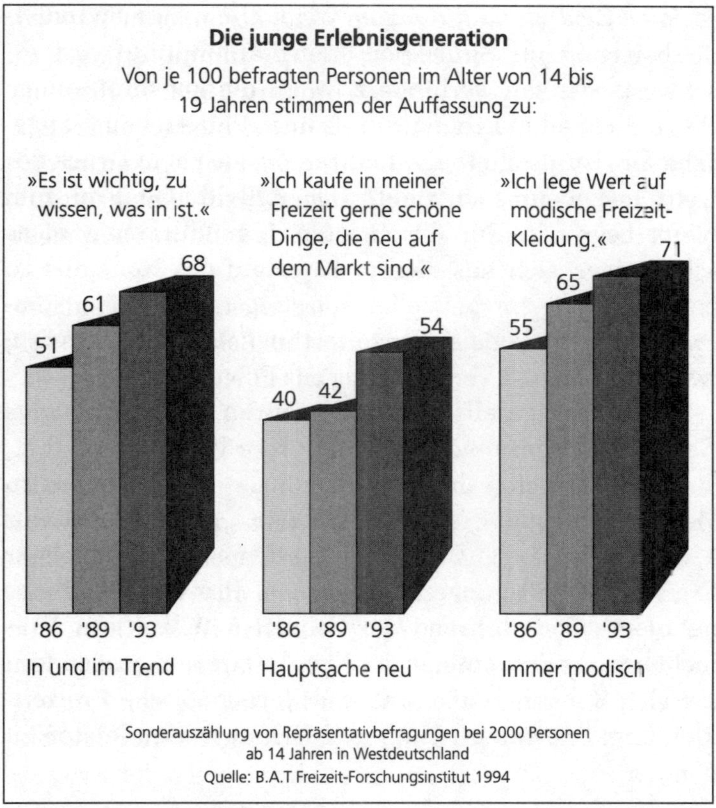

Hippy-Revival, Handy (Mobiltelefon), Techno (Musikstil), Grunge (Musik & Mode) oder Cyber (Künstliche Datenwelt).

Die heutige Jugend definiert sich – meist unbewußt – immer mehr über den Konsum in der Freizeit. Durch Freizeitkonsum läßt sich Statuszugehörigkeit signalisieren und vermeintlich auch Individualität ausdrücken.

Die Gefahr besteht jedoch, daß das heutige Jungsein weniger ein Ausdruck von Freiheit ist und eher Züge eines *sozialen Zwangs zum Konsum* trägt. Die wirkliche Individualisierung im Sinne von Identitätsfindung wird erschwert oder gar verhindert, wenn die konsumfreudige Persönlichkeit in Freundeskreis und Freizeitclique »angesehener« ist als die Individualität, die sich dem Druck des Geltungskonsums entzieht. Der individuelle Freiraum bleibt begrenzt. Für die meisten Jugendlichen wird es schwieriger, sich aus diesem Kreislauf des Konsums zu befreien, weil ein partieller Ausstieg aus den Konsumzwängen schnell als Außenseitertum gebrandmarkt wird, was Isolation und Vereinzelung zur Folge hat.

Die Konsumgesellschaft fordert ihren Tribut: *Die junge Generation lebt immer mehr über ihre Verhältnisse,* d.h., sie hat immer öfter das Gefühl, daß sie »in der Freizeit zu viel Geld ausgibt« (1986: 47 Prozent; 1991: 53 Prozent; 1993: 56 Prozent). Der hohe Stellenwert kostspieliger Freizeitbeschäftigungen hat seinen Preis: Jugendliche nehmen schon während der Schulzeit Teilzeitjobs an – nicht um das Einkommen der Familie zu erhöhen, sondern um sich Konsumartikel, insbesondere modische Freizeitkleidung, Sportausrüstung und Urlaubsreisen leisten zu können.

Das puritanische Berufsethos, der Hauptträger der Arbeitsmotivation von einst, gilt nicht länger mehr als Eintrittskarte zum Paradies. Mit der Ausbreitung des Wohlstands wollen immer mehr Menschen in den westlichen Industrieländern das Paradies bereits auf Erden erleben.

Sie dehnen und kosten ihren Erlebniskonsum bis zur letzten Neige aus (»Montagsmorgens mit dem Koffer ins Büro«). Damit entsteht auch eine »neue Genußmoralität« (Wiswede 1990): Konsum muß Spaß machen, und beim Konsumieren darf einem nichts entgehen. Ganz im Gegensatz zu ihrer Elterngeneration, die in Kriegs- und Nachkriegszeiten aufgewachsen ist und auch mit Armut und materieller Not zu leben gelernt hat, gehören die meisten Jugendlichen heute einer Wohlstandsgeneration an, die sich im Sog der Werbung und unter dem Druck der Gleichgesinnten den Konsumzwängen kaum mehr entziehen kann.

Die »Konsum-Kids« wollen Konsumpioniere sein und stehen gleichzeitig am unteren Ende der Einkommensskala. Sie wünschen sich mitunter Steigbügel aus Gold und haben kaum Geld in der Tasche.

Eine knappe Mehrheit der jungen Leute im Alter von 14 bis 29 Jahren zeigt mittlerweile erste Erscheinungen einer *Abhängigkeit vom Freizeitkonsum:* In ihrer Freizeitgestaltung ist sie mehr von Angeboten, die Geld kosten, abhängig, als ihr lieb ist (1986: 43 Prozent; 1989: 46 Prozent; 1993: 54 Prozent). Das schlechte Gewissen plagt sie. Der Konsumgenuß kann zum Verdruß werden. Sie gerät in Situationen, die sie persönlich belasten. Der ersehnte Konsumgenuß wird zum Konsumstreß. Und vom Geldausgeben zum Verausgaben ist dann nur noch ein Schritt. Verschuldung und Verarmung können die Folge sein.

Seit 1980 hat sich die Verschuldung der westdeutschen Privathaushalte verdoppelt. Die *Verschuldung je Haushalt* liegt derzeit bei über 40 000 DM. Die Hauptverschuldung wird verursacht durch *Verbraucherkredite:* Betroffen sind in erster Linie junge Konsumenten, die über ihre Verhältnisse leben, vor allem ihre erste eigene Wohnung sowie hochwertige Konsumgüter wie z. B. das eigene Auto durch Kredite finanzieren.

Junge Menschen im Alter von 21 bis 30 Jahren sind am stärksten von Armut betroffen. Keine andere Altersgruppe (auch die über 60jährigen nicht) sind einem solchen Armutsrisiko ausgesetzt.

Der Aufbau eines eigenen Haushaltes (bzw. bei Scheidung von zwei Haushalten) überschreitet oft das Einkommen. In München kann heute schon jeder zehnte Haushalt seine Kredite nicht mehr bezahlen. Angesichts steigender Lebenshaltungskosten und geplanter Sozialhilfekürzungen muß in den nächsten Jahren mit einem dramatischen Anstieg von Verschuldung und Überschuldung gerechnet werden.

Von der Nervosität zur Aggressivität: Der Erlebnisstreß wird explosiv

Jugendliche werden aggressiv, wenn sie nicht in Ruhe gelassen werden. Jeder zweite Jugendliche in Deutschland gerät in Wut, wenn er in seiner Freizeit »von anderen gestört wird« (56 Prozent) oder den eigenen Aktivitäten nicht nachgehen kann, weil er »auf andere Rücksicht nehmen muß« (51 Prozent). Viele Jugendliche können sich aus dem selbstgemachten Streß nur mehr durch Sich-Abreagieren befreien. Dies geht aus der Repräsentativbefragung hervor, in der nach den persönlichen Reaktionen auf Streßsituationen in der Freizeit gefragt wurde (B.A.T Freizeit-Forschungsinstitut 1994).

Jugendliche haben zunehmend das Gefühl, daß ihnen die Zeit davonläuft. Und je mehr Freizeit sie zur Verfügung haben und je vielfältiger die Konsumangebote sind, desto stärker wachsen auch ihre persönlichen Wünsche. Wenn ihnen dann alles zuviel wird, weil sie sich »zu viel vorgenommen« haben, werden sie ein *Opfer ihrer eigenen Ansprüche:* 28 Prozent aller 14- bis 19jährigen Jugendlichen können sich dann nur noch mit Aggressionen helfen. Die innere Unruhe und Unzufriedenheit mit sich selbst »muß raus«: Sie nerven die eigene Familie, reagieren sich beim Jogging und Fußball ab oder suchen bewußt Streit mit anderen. Viele Jugendliche haben Schwierigkeiten, sich

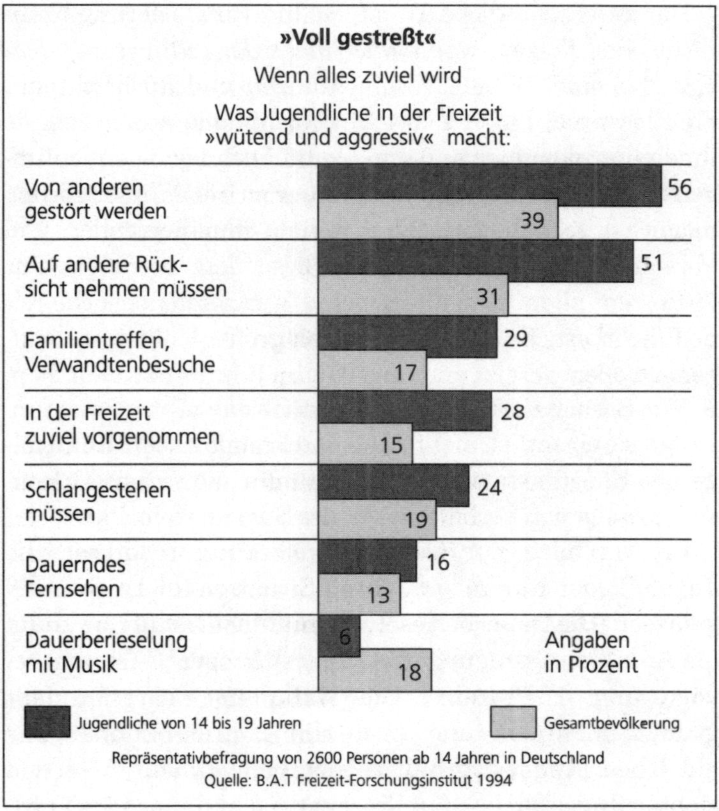

Grenzen zu setzen – zeitlich, finanziell und auch psychosozial. Die Folge ist *Erlebnisstreß, der auch explosiv werden kann* – vor lauter Angst, vielleicht etwas zu verpassen.

Den Konsum-Imperativ »Bleiben Sie dran!« erleben sie als eine einzige Streß-Rallye. Die ständige Anforderung droht zur Überforderung zu werden. So nehmen sich Jugendliche vor allem an Wochenenden mehr vor, als sie eigentlich schaffen können. Jugendlicher: »Mit dem Freizeitstreß ist es wie mit dem Tagespaß beim Skifahren: Man muß unbedingt weiterfahren, obwohl man eigentlich schon kaputt ist.«

Der gesellschaftliche Trend zur Individualisierung bleibt nicht ohne Folgen, weil *immer mehr Jugendliche auf dem Ego-Trip* sind. Soziale Verpflichtungen und Rücksichtnahmen lösen bei ihnen sofort Streßsymptome aus, wenn sie ihnen »nachkommen müssen«. Zeitaufwendige Verpflichtungen werden zur lästigen Pflicht, der sich die Jugendlichen möglichst schnell entledigen wollen. Familientreffen und Verwandtenbesuche sind davon besonders betroffen. Für 29 Prozent aller Jugendlichen sind Verwandtenbesuche reine Pflichtbesuche, denen sie nur mit großer Unlust, gezwungenermaßen, gereizt und »mit Wut im Bauch« nachkommen. Solche Besuche halten sie vermeintlich davon ab, das zu tun, woran sie eigentlich mehr Spaß und Freude haben. Im Gefolge des Konsumstresses droht mitunter die soziale Dimension des eigenen Verhaltens auf der Strecke zu bleiben.

Im Vergleich zur Gesamtbevölkerung reagieren die Jugendlichen nur auf eine Streß-Situation relativ cool und gelassen: Die Dauerberieselung mit Musik ist für sie kaum ein Anlaß zu Aufregung und Ärger (6 Prozent – Gesamtbevölkerung: 18 Prozent). Die Walkman-Generation läßt grüßen; mit Musik rund um die Uhr kann sie offenbar ganz gut leben. Anders verhält es sich beim Dauer-TV: Jeden siebten Jugendlichen (16 Prozent) macht dauerndes Fernsehen aggressiv. *Mehrstündiges Fernsehen kann manchmal mehr Aggressionen auslösen als acht Stunden Arbeit.* Die eigene Passivität verlangt nach körperlicher Bewegung, und viele Jugendliche fühlen sich erst dann wieder wohl, wenn sie sich gehenlassen können.

Die junge Generation, überwiegend im Wohlstand und Konsumüberfluß aufgewachsen, wehrt sich gegen die ständige Reizüberflutung auf ihre eigene Weise: Sie resigniert nicht, wird nicht apathisch, zeigt sich weder verunsichert noch verwirrt. Sie reagiert vielmehr ihre innere Unruhe einfach ab: Lust schlägt in Wut um, und aus Nervosität wird Aggressivität.

- Wenn sich Erwachsene gestreßt fühlen, werden sie erst einmal unruhig und nervös.
- Wenn Jugendliche »voll im Streß« sind, werden sie eher aggressiv.

Und eine Generation, die in ständiger Spannung und Anspannung lebt und auch nach der Arbeit nicht zur Ruhe kommt, riskiert am Ende Dauerstreß.

Was sich vor einem Jahrzehnt lediglich als Tendenz abzeichnete, wird zunehmend Wirklichkeit: Immer mehr junge Leute unter 30 finden Freunde, Sport, Hobbies und Urlaubsreisen wichtiger als Heiraten und eine Familie gründen. Der Anteil der Familien-Verweigerer hat 1994 – im »Jahr der Familie« – einen neuen Höchststand erreicht. Mittlerweile ist jeder zweite Westdeutsche im Alter von 18 bis 29 Jahren nicht mehr bereit, sich wegen einer Familiengründung in den persönlichen Freizeitinteressen einzuschränken – mit steigender Tendenz (1985: 39 Prozent; 1988: 44 Prozent; 1994: 50 Prozent).

Gegen Heirat und Familie sind vor allem die jungen Männer unter 30 eingestellt. Eine deutliche Mehrheit von ihnen will »frei und unabhängig« bleiben mit der Begründung: Man kann auch ohne Kinder und Familie »glücklich leben« (1985: 49 Prozent; 1988: 50 Prozent; 1994: 58 Prozent). Hingegen vertreten mehrheitlich die jungen Frauen unter 30 (noch) eine entgegengesetzte Meinung: »Für mich sind Ehe, Kinder und Familie eine Aufgabe, für die es sich zu leben lohnt. Auch im Familienleben bleibt genügend Zeit für Freizeitinteressen« (1985: 70 Prozent; 1988: 65 Prozent; 1994: 57 Prozent). Doch wird auch bei den jungen Frauen der Anteil der Familien-Anhänger zunehmend kleiner. Schon vor einem Jahrzehnt prognostizierte das B.A.T Freizeit-Forschungsinstitut: *Die Gefahr einer tendenziell kinderlosen Freizeitkultur zeichnet sich für die Zu-*

»Heiraten – nein, danke!«

Immer mehr junge Leute finden Freizeitgenuß wichtiger als Familiengründung

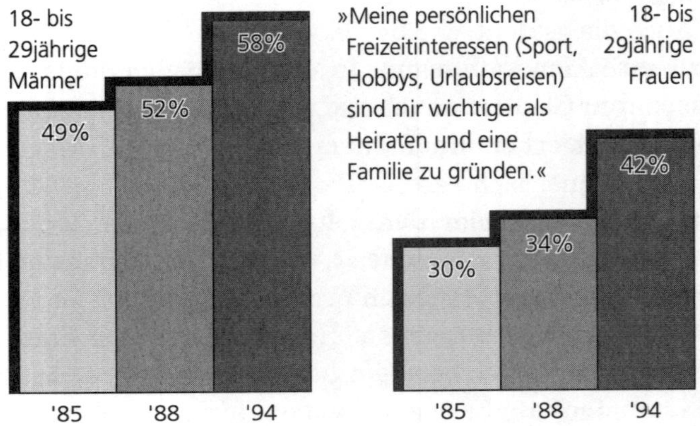

Repräsentativbefragung von 2000 Personen ab 14 Jahren, 1985, 1988 und 1994 in Westdeutschland
Quelle: B.A.T Freizeit-Forschungsinstitut 1994

kunft ab. Jetzt ist es soweit. Die Zahl der jungen Leute, die ins heiratsfähige Alter kommen und denen der persönliche Freizeitgenuß wichtiger ist als die Familiengründung, wächst ständig. Damit nimmt auch die Kinderlosigkeit in Deutschland zu.

Die Gewöhnung an das freie Leben zwischen Konsum- und Freizeitgenuß bleibt nicht ohne Folgen. Immer mehr Bundesbürger entscheiden sich für ein Single-Leben, in dem sie ungestört ihren Konsumfreuden und persönlichen Freizeitinteressen nachgehen können. Die Zahl der 1-Personen-Haushalte, die sich »keine Sorgen um die Familie und die eigenen Kinder« machen möchten, nimmt ständig zu. Auf ihr freies und unabhängiges Leben wollen sie nicht mehr verzichten (1985: 58 Prozent; 1988: 59 Prozent; 1994: 63 Prozent). Sie können sich auch nicht vorstellen, daß ein Familienleben »auf die Dauer mehr persönliche Lebenserfüllung gewährt, als wenn man immer nur an sich denkt« – ganz im Gegensatz zu den Verheirateten, die die familiäre Geborgenheit und Lebenserfüllung mehr zu schätzen wissen (91 Prozent).

Auch die ostdeutsche Bevölkerung tendiert zunehmend zu westlichem Wohlstandsdenken. »Noch« dominiert bei der jungen Generation unter 30 die Familienorientierung (56 Prozent) über die Freizeitorientierung (41 Prozent). Doch zeichnet sich schon bei den 20- bis 24jährigen ein Umdenken ab: Jeder zweite (50 Prozent) will lieber den eigenen Freizeitinteressen nachgehen, die ihm wichtiger als Ehe, Kinder und Familie sind.

In allen westlichen Wohlstandsgesellschaften nimmt die Kinderlosigkeit zu. Dies ist eine zwangsläufige Folge des wachsenden Individualismus, nicht selten auch Freizeitegoismus – vor allem der Männer. Die Pflichterfüllung in der Familie verliert zunehmend ihren gesellschaftlichen Leitbild-Charakter.

Multimedia 2000? Mehr Buchleser als Computerfreaks

Die Medienrevolution steht angeblich vor der Tür. Doch die Computerfreaks, die massenhaft einsam in ihren elektronischen Höhlen sitzen sollen, gibt es eigentlich nur in der Phantasie der Industrie. In Wirklichkeit können die meisten Bundesbürger noch nicht einmal einen Videorekorder programmieren. Und auch die Hoffnung auf die neue Generation der »Multi-Media-Kids« wird sich so schnell nicht erfüllen: Der Siegeszug der Computer durch die Büros ist noch nicht in Deutschlands Kinderzimmern angekommen. Die Jugend zieht nach wie vor Bücher den Computern vor. Nur knapp jeder fünfte Jugendliche im Alter von 14 bis 24 Jahren hat sich in der vergangenen

Woche in seiner Freizeit mit dem Computer beschäftigt, doppelt so viele aber fanden am Buchlesen Gefallen. Und für Videospiele kann sich gar nur jeder achte Jugendliche begeistern, während der Anteil der Jugendlichen, die regelmäßig Zeitung oder Zeitschriften lesen, viermal so hoch ist. *Die Sinnlichkeit stirbt so schnell nicht aus.* Auch in Zukunft gilt, was Theodor Fontane als Antwort auf die Frage gab, was der Mensch zum Glücklichsein eigentlich braucht: »Ein gutes Buch, ein paar Freunde, eine Schlafstelle und keine Zahnschmerzen.«

Seit mehr als dreißig Jahren favorisieren die Deutschen beim Medienkonsum Fernsehen, Zeitunglesen und Radiohören. Daran hat sich bis heute nichts geändert: Fernsehen, Zeitunglesen und Radiohören stellen nach wie vor die am meisten genannten Freizeitbeschäftigungen dar.

> Die überwältigende Mehrheit der Bevölkerung hält an ihren alten Konsumgewohnheiten fest. Für Neuheiten auf dem Medienmarkt fehlen den meisten das technische Verständnis, die finanziellen Mittel und auch die nötige Zeit.

Neuere Sozialforschungen (vgl. Lüdtke 1994) weisen nach, daß die intensive Multi-Media-Nutzung in der privaten Freizeitgestaltung keine Zeitspareffekte hat, vielmehr entgegengesetzt im Sinne einer »Zeitfalle« wirkt. Die Interaktion mit Multi-Media »vereinnahmt« die Zeitressourcen der Konsumenten. Die Folgen sind *Streß und chronische Zeitnot.*

Lediglich bei der jungen Generation deuten sich Änderungen und Verschiebungen für die Zukunft an: Die CD ist heute bei der Jugend schon genauso wichtig wie das Radio, der Videofilm genauso attraktiv wie das Buch. Andererseits: *Fast zwei Drittel der Jugendlichen haben in der letzten Woche keinen Videofilm gesehen, und 82 Prozent haben sich auch nicht mit dem Computer beschäftigt.* Der Multi-

Media-Rausch findet noch nicht statt. Und die Medienrevolution läßt noch lange auf sich warten.

Der Aufrüstung der Freizeit durch immer neue Technologien sind psychologische Grenzen gesetzt: Ohne eine breite Akzeptanz der Konsumenten wird der Multi-Media-Markt kein Multi-Milliarden-Markt werden können. Bis die *Mehrheit der Bevölkerung* in Schule, Beruf und Freizeit mit PC, Modem und CD-ROM regelmäßig umgehen kann (und »will«), werden *noch viele Jahrzehnte vergehen*. 1993 haben sich nur acht Prozent der Bevölkerung nach Feierabend mit dem Computer beschäftigt, im vergangenen Jahr waren es gerade ein Prozent mehr. Und Spaß an Videospielen haben eigentlich nur die Jugendlichen. Da Deutschland grau und der Anteil der Jugendlichen immer kleiner wird, gleicht der Multi-Media-Zug ins 21. Jahrhundert eher einem Geisterzug, in dem sich ein paar Nintendo- oder Sega-Kids geradezu verlieren, während die Masse der Konsumenten nach wie vor »voll auf das TV-Programm abfährt«. Das multimediale Freizeitverhalten praktizieren die meisten Menschen erst Mitte des 21. Jahrhunderts. Bis dahin gehen die meisten Menschen nach Feierabend lieber aus und bleiben nicht on-line allein zu Haus ...

»Mediaphobie«: Die Angst vor der Medienflut

Technologisch ist alles möglich. Doch psychologisch stößt die Medienrevolution an ihre Grenzen. Immer mehr TV-Programme, Videofilme und Computerspiele sowie eine wachsende Vielfalt von Möglichkeiten zu Tele-Shopping und Telekommunikation machen auf die Konsumenten den Eindruck der Lawinenhaftigkeit: *»Man fühlt sich förmlich überrollt«* sagt fast die Hälfte der Bevölkerung

(48 Prozent) in Deutschland. Und selbst mehr als ein Drittel aller Jugendlichen im Alter von 14 bis 29 Jahren (36 Prozent) gibt offen zu, daß mittlerweile die Medienflut *»kaum mehr überschaubar«* sei.

Viele Bürger haben zunehmend Schwierigkeiten, sich im Dschungel der Informationsvielfalt noch zurechtzufinden. Angst vor der wachsenden Medienflut bekunden vor allem die Familien mit Jugendlichen im Haushalt (55 Prozent) sowie die ältere Generation ab 50 Jahren (53 Prozent). Viele Bürger fühlen sich von der Überfülle des Medienangebots bedroht und wissen nicht, wie sie sich gegen diese Lawine wehren können. Das künftige Zeitalter der Telekommunikation wird von ihnen als Bedrohung empfunden. Auswege, sich aus den Armen dieses »Polypen Multi-Media« zu befreien, sieht man kaum.

Der Boom der künftigen Kommunikationsindustrie kann zum Bumerang für die mitmenschliche Kommunikation werden. *Das Zusammenwachsen von Computer, Telefon und Fernseher fördert eher die Einsamkeit* vor den Apparaten: Dies befürchtet fast jeder zweite Bundesbürger (48 Prozent). Das Problembewußtsein wächst mit dem Bildungsgrad. Der Anteil der Bundesbürger, die in den neuen Multi-Media-Möglichkeiten eher eine Geißel der Einsamkeit als einen Fortschritt der Kommunikation sehen, ist bei den Befragten mit gymnasialer Bildung (54 Prozent) und Hochschulabschluß (57 Prozent) deutlich höher ausgeprägt als bei Hauptschul- und Realschulabsolventen (46 Prozent bzw. 47 Prozent).

In den Zukunftsvorstellungen der Bevölkerung fehlt der Medienwelt von morgen der echte Bezug zu den menschlichen Bedürfnissen und Wünschen. Viele Bundesbürger haben das Gefühl, daß die Industrie gar nicht wissen will, ob die Konsumenten das eigentlich alles haben wollen. So sind mittlerweile rund 22 Millionen Bundesbürger, das sind 35 Prozent der Bevölkerung ab 14 Jahren, der Überzeugung, daß das Multi-Media-Angebot nicht angenommen und abgelehnt wird, weil die Bürger es *»gar nicht haben wollen«*. Diese ablehnende Haltung ist bei den Bewohnern außerhalb der Großstädte und Ballungszentren besonders stark ausgeprägt.

Tele-Shopping, Bankgeschäfte und Reisebuchungen – alles soll vom Wohnzimmer aus zeitsparend möglich sein. Doch die Konsumenten sind Realisten: Auch Medienkonsum »kostet« Zeit. Jeder zehnte Bundesbürger (10 Prozent) erhofft sich von den neuen Technologien einen zusätzlichen Zeitgewinn. Doch mehr als doppelt so viele (22 Prozent) sind davon überzeugt: *»Es fehlt einfach die Zeit, davon Gebrauch zu machen.«* Lediglich die Gruppe der 14- bis 17jährigen Medien-Kids glaubt, daß sich mit den neuen Technologien Zeitgewinn (22 Prozent) und Zeitverlust (23 Prozent) in etwa die Waage halten.

Die Medienwelt von morgen ist gespalten: Die Kriegs- und Nachkriegszeit hat zur *Ausprägung von zwei Technikgenerationen* geführt. Die vor 1945 Geborenen (50 Jahre und älter) wehren und sperren sich mehrheitlich gegen das neue Multi-Media-Angebot. Wer hingegen »unter 50« ist, schätzt die Multi-Media-Möglichkeiten für die Privatsphäre und das Freizeitverhalten deutlich positiver ein.

Generell aber gilt: Die Chancen des künftigen Multi-Media-Zeitalters werden von der gesamten Bevölkerung wohl gesehen, aber in ihrer Bedeutung relativ gering eingestuft. Jeder vierte Bundesbürger hat die Hoffnung, daß dadurch neue Arbeitsplätze (24 Prozent) geschaffen werden, die neuen Technologien das Leben »angenehmer und leichter machen« (20 Prozent) und das private Leben »bereichert« wird (17 Prozent). Nur 11 Prozent der Bevölkerung glauben, daß die private Nutzung der neuen Medien auch berufliche Vorteile hat. Deutlich höher aber ist der Anteil der Bundesbürger, die mit Trauer und ein wenig Wehmut vom Fernseh-Zeitalter Abschied nehmen.

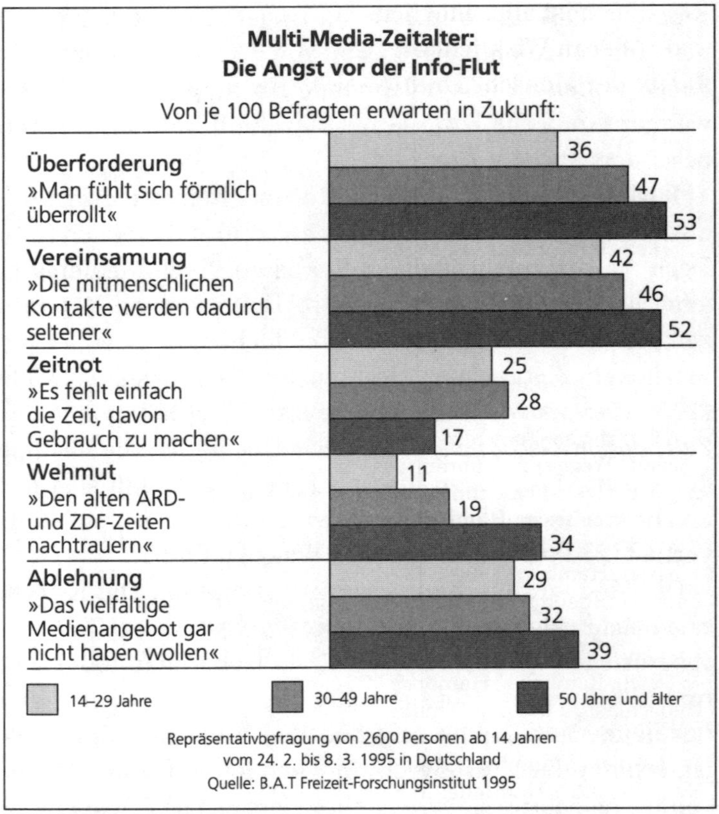

25 Prozent der deutschen Bevölkerung *»trauern eher den alten ARD- und ZDF-Zeiten nach«.*

Hoffnungsvoll stimmt eigentlich nur, daß die junge Generation im Alter bis zu 34 Jahren die Multi-Media-Zukunft deutlich positiver sieht als die übrige Bevölkerung. Unverkennbar ist allerdings auch hier: Die Nachteile und Risiken der Medienentwicklung werden schwerwiegender eingeschätzt als die Vorteile und möglichen Chancen. Die Kluft zwischen Vision und Realität ist groß, weil sich die Multi-Media-Industrie unerwartet mit einem Akzeptanzproblem des Konsumenten konfrontiert sieht. In der Vision ist alles möglich. In der Technik ist vieles machbar. Aber in Wirklichkeit geht es nur um zwei Fragen: Wo bleibt der Mensch? Und: Was will der Konsument?

Grundlagenliteratur

B.A.T Freizeit-Forschungsinstitut (Hrsg.): Wie leben wir nach dem Jahr 2000?, Hamburg 1988

B.A.T Freizeit-Forschungsinstitut (Hrsg.): Wie arbeiten wir nach dem Jahr 2000?, Hamburg 1989

B.A.T Freizeit-Forschungsinstitut (Hrsg.): Freizeit 2001, Hamburg 1992

B.A.T Freizeit-Forschungsinstitut (Hrsg.): Freizeit und Lebensqualität – Perspektiven für Deutschland, Hamburg 1993

B.A.T Freizeit-Forschungsinstitut (Hrsg.): Schöne, neue Freizeitwelt? Wege zur Neuorientierung, Hamburg 1994

B.A.T Freizeit-Forschungsinstitut (Hrsg.): Medienkonsum. Analysen und Prognosen, Hamburg 1995

B.A.T Freizeit-Forschungsinstitut (Hrsg.): Neue Trends im Freizeitsport, Hamburg 1994

Beck, U.: Risikogesellschaft. Auf dem Weg in eine andere Moderne, Frankfurt/M. 1986

Fromm, E.: Die Revolution der Hoffnung (»The Revolution of Hope«, 1968), Reinbek b. Hamburg 1974

Habermas, J.: Die neue Unübersichtlichkeit, Frankfurt/M. 1985

Kahn, A./A. J. Wiener: Ihr werdet es erleben (»The Year 2000«, 1967), Reinbek b. Hamburg 1971

Naisbitt, J./P. Aburdene: Megatrends 2000. Zehn Perspektiven für den Weg ins nächste Jahrtausend (»Megatrends 2000. Ten New Directions For the 1990's«, 1990), Düsseldorf-Wien-New York 1990

Offe, C.: Die Utopie der Null-Option. In: J. Berger (Hrsg.): Die Moderne – Kontinuitäten und Zäsuren, Soziale Welt (Sonderband 4), Göttingen 1986, S. 97–117

Opaschowski, H. W.: Einführung in die Freizeitwissenschaft, Opladen 1994

Opaschowski, H. W.: Freizeitökonomie: Marketing von Erlebniswelten, 2. Aufl., Opladen 1995

Popcorn, F.: Der Popcorn Report. Trends für die Zukunft (»The Popcorn Report«, 1991), München 1992

Matthias Horx

Das Comeback der Werte

Wenn die Trendforschung aus ihren Kinderschuhen herauskommen will, benötigt sie mehr als buntschillernde Wortungetüme und wohlfeile Formeln. John Naisbitts fulminantes Buch »Megatrends«, das in den achtziger Jahren unsere Zunft begründete, liest sich heute eher wie eine Ansammlung von zwar gut formulierten, aber im Grunde groben Selbstverständlichkeiten. Die *globale Gesellschaft,* die *Informationsgesellschaft,* die *Dezentralisierung* – all das mögen richtige Begriffe gewesen sein, aber sie sind für die alltägliche Arbeit, für das Consulting von Firmen, für die Entwicklung von Zukunftskonzepten, nur begrenzt brauchbar.

Es sind eben nicht ausschließlich die Megatrends, die über das Wohl und Wehe von Waren, Firmen, Marken und Dienstleistungen entscheiden. Das Bildtelefon etwa, dem schon seit Jahrzehnten von vielen Zukunftsforschern eine glorreiche Zukunft vorausgesagt wird – ein Flop. Das hochauflösende Fernsehen, ein Milliarden-Markt – nur an fehlenden Standards gescheitert? Der »Information Highway« – ist nicht vieles, was sich scheinbar auf breite technologische Trends stützt, von einer gesellschaftlichen Akzeptanz abhängig, deren Wurzeln in ganz anderen Regionen zu finden sind als in der Technologie selbst?

Um herauszufinden, wie die *geistige Gestalt* von Waren und Firmen der Zukunft aussehen wird, müssen wir uns zunächst dem Elementaren der Gesellschaft zuwenden: ihren Werten. Denn sie sind das Fundament, auf dem alles andere existiert: das Produkt, das Lebensgefühl, die Kommunikationsstrategie, die Firmenphilosophie, letztendlich auch die Technologie, die wir verwenden.

Bei Trendbüro Hamburg begreifen wir Trendforschung zuallererst als *Wertewandelforschung*. Mit folgenden Fragen beschäftigen wir uns derzeit besonders intensiv:

- Welche *Gesellschaftsformen* werden sich in den nächsten Jahren entwickeln und die Lebensformen der Jahrtausendwende bestimmen? Läuft alles auf die totale »Singleisierung« der Gesellschaft hinaus, oder entwickeln sich womöglich noch andere Modelle?
- Welche *Wertesysteme* begleiten uns ins 21. Jahrhundert? Geht die »Hedonisierung« der Gesellschaft unendlich weiter? Triumphiert die »Ego-Kultur«? Welche neuen Werte »jenseits der Selbstverwirklichungs-Fun-Kultur« machen das Rennen?
- Welche *politischen Metaphern* begleiten uns in die Zukunft? Ist nicht unser gegenwärtiges Parteiensystem mit seinem maroden Links-Rechts-Widerspruch ein überkommenes Modell aus den Zeiten des kalten Krieges? Was wird aus den ökologischen und moralischen Bewegungen der letzten Jahrzehnte?

Um sich der Antwort auf diese Fragen zu nähern, müssen wir zunächst verstehen lernen, wie die Herausbildung von Werten in Gesellschaften funktioniert.

Werte sind nichts Ewiges. Auch wenn jeder von uns eine bestimmte romantische, bisweilen auch pathetische Vorstellung mit ihnen verbindet, sind Werte in erster Linie nichts anderes als Regulatorien, die verhindern, daß bestimmte gesellschaftliche Konflikte sich zerstörend zuspitzen. Man benutzt sie. Sie dienen einem. Auch wenn man noch so altruistische, idealistische Vorstellungen mit ihnen verbindet, so dienen sie doch zuallererst denjenigen, die sie im Munde tragen, als Mittel zum Zweck der Durchsetzung der eigenen Ziele (selbst wenn diese Ziele nichtmaterieller Natur sind).

Werte sind kulturelle Anpassungsleistungen, wenn man so will: »geistige Institutionen«, die den »molekularen Bürgerkrieg« (Enzensberger) verhindern helfen. Sie funktionieren wie ein »Gleichrichter«, mit der die jeweilige Gesellschaft auf bestimmte Grundbegriffe »gepolt« wird. Wer sie lediglich moralisch interpretiert, verkennt ihren wahren Kern als gesellschaftliche *Regulativsysteme*.

Die individualistische Gesellschaft läßt Werte nicht verschwinden, aber sie formt sie in rein individuelle Vorstellungen um. Salopp ausgedrückt: Jeder kann »werten«, wie er will, jeder hat ein komplett anderes System, in dem er aus beliebigen Versatzstücken seinen Werte-Set zusammensetzt. Das führt zu einer »Teilbarkeit« der Werte, die diese als Ganze unterminieren und unverbindlich machen. Weit verbreitet ist heute eine »Selfmade-Moral«, die je nach Bedarf den Staat, die Ausländer, die Linken, die Konzerne, die Männer oder die Frauen für alle Unbill der Welt verantwortlich macht.

Diesen Erosionsprozeß können wir heute bereits in einem gigantischen verbalen Tohuwabohu bemerken, mit dem um die »Besetzung« von Werten gerungen wird. Rechte wie Linke beklagen gleichermaßen den »allgemeinen Werteverfall« und reklamieren die jeweiligen Werte für sich: Freiheit, Gleichheit, Solidarität, Individualität – all diese Werte lassen sich von allen politischen Lagern aus als defizitär bejammern.

Untersuchen wir einmal die derzeit »boomenden« Werte-Begriffe der späten Neunziger, wie wir sie aus einem »Sampling« großer Wertewandel-Studien ersehen können.

Freundschaft. Besonders bei der jüngeren Bevölkerung ist »Freundschaft« einer der wirklich in der Gunst steigenden Begrifflichkeiten. Seit mehreren Jahren löst er sich aus dem Mittelfeld heraus und übertrifft bei manchen Umfragen inzwischen selbst Dauergänger wie »Familie« oder »Treue«.

Um das eigentliche Faszinosum am Wert »Freundschaft« herauszuarbeiten, nutzt ein Zitat aus einer Titelgeschichte der Jugend-Zeitschrift »Prinz«, die sich mit Freundschafts-Cliquen auseinandersetzt und das Hohelied der Freundschaft singt:

»Ich habe meinen Freunden gegenüber keine Verpflichtungen. Wenn ich frisch verliebt bin, melde ich mich wochenlang nicht und vermisse niemanden, weil ich weiß: Die gehen nicht weg, und wenn ich wieder Zeit habe, nehmen die mich in den Arm. Das macht Freundschaft wichtiger als Partnerschaft: Sie ruht in sich selber. Ich darf Fehler machen. Ich darf egoistisch sein und werde trotzdem diese Menschen nicht verlieren.«

Hier wird, so könnte man formulieren, eine hedonistische, aber auch »faule« Definition von Freundschaft versucht. Freundschaft ist, wenn ich nichts zu tun habe, aber dennoch immer voll und ganz akzeptiert werde. Analytisch betrachtet sieht das Ganze nach einer Art Vater-und-Mutter-Ersatz aus: Wo früher Autoritäten für Geborgenheit und Halt sorgten, sind es heute die selbstgewählten Freunde. Aber anders als bei der Blutsverwandtschaft hat die Freundschaft enorme Freiheitsgrade. Man kann sie kündigen. Sie geht einem nicht mit Ratschlägen und zuviel Nähe auf die Nerven.

Ewige treue und grenzenlose Freiheit – ist Freundschaft nicht die bessere Ehe? – heißt es zum Ende des Prinz-Artikels. In der Tat definiert die moderne Jugendkultur zunehmend die eigene Clique als wichtiger denn Partnerschaft und Zweierbeziehung. Die *Networking-Kultur* entsteht: Der einzelne definiert sich über diverse und ineinander übergreifende Freundeskreise. Er versucht, ein Netz aus sozialen Beziehungen zu knüpfen, das wie eine soziale Hängematte – und wie ein Trampolin – funktioniert. Wenn die eine Beziehungsebene (»connection« im modernen Jugendslang) kriselt, ist immer noch die andere da. Es überlagern sich taktische und strategische Allianzen mit Älteren (von denen man lernt), Gleichgeschlechtlichen (mit denen man Distanz vom anderen Geschlecht hält), Pop-Interessengruppen (freizeitorientiert) und *working peers* – schließlich geht das *networking* auch in das Feld der unendlich vielen kreativen Selbständigkeiten über, die in den Großstädten den Jobmarkt der Zukunft erzeugen.

Dies ist nicht unbedingt der alte, der eher idealistische Freundschaftsbegriff, sondern ein äußerst moderner, pragmatischer. Freundschaft wird »hedonisiert«. Man »holt« sich aus Freundschaften diejenigen Bindungen, die in der Individualisierung verschwunden sind. Die Clique, die »Peer-Group«, ersetzt zunehmend die zerfallende Familie, und sie wirkt wie ein sanfter Schutzschild gegen das, was der moderne Individualist eher fürchtet: Bindung auf lange Sicht, Verpflichtung und Entscheidung für eine Person.

Ehrlichkeit. Auch dieser geradezu altmodische Begriff hat in den letzten Jahren auf der Skala der Werte eine steile Karriere hinter sich. Warum rangiert bei den Anforderungen an den Partner in praktisch allen Umfragen ausgerechnet Ehrlichkeit ganz oben? Leben wir in einer Lügengesellschaft? Warum übertrifft dieser Begriff inzwischen sogar das Bedürfnis nach Treue beim Partner (so als ob man heute untreu sein dürfe, dann aber *ehrlich darüber reden sollte)*?

Das Ganze wird erst verständlich, wenn wir die Veränderungen unserer Kultur analysieren, die wir in dem Begriff »Virtualisierung« zusammenfassen. Der Megatrend Virtualisierung führt auf einer breiten Front zur »Verkünstlichung« der Erfahrungen. Immer mehr Menschen besonders in der westlichen Welt werden mit immer mehr Medienbildern konfrontiert. Immer mehr Erfahrungen werden durch Erfahrungssubstitute wie Fernsehen, Kino, Multimedia ersetzt. Die Werbung findet immer subtilere Methoden, um sich in unsere Köpfe zu schleichen. Die Videospiele der neuesten Generation sind kaum noch von virtuellen Simulatoren zu unterscheiden. Mit anderen Worten: Wir wissen immer weniger, welche Erfahrungen eigentlich »echt« sind und welche vermittelt, abstrakt, künstlich. Die Wirklichkeit bekommt einen doppelten Boden, und unsere Psyche wird verwirrt durch immer neue Spiegelungseffekte.

Hinter dem Begriff »Ehrlichkeit« steht mehr als das Bedürfnis nach sozialer Sicherheit, das im Wort »Treue« besser aufgehoben wäre. Ehrlichkeit meint im kollektiven Unterbewußten vor allem Authentizität, Echtheit, Wahrheit – eine unvermittelte, unbezweifelbare und untrügerische Wirklichkeit, wenn man so will: »Anti-Virtualität«. Man möchte den Partner als wirkliches Wesen aus Fleisch und Blut erfahren, als »Anker« in der zunehmenden Virtualität der Welt. Man möchte Erfahrungen machen, die nicht schon tausendmal im Fernsehen und in Filmen beschrieben worden sind. Man möchte den Klischees und fertigen Bildern, den festen Einteilungen und Normen entfliehen, hin zu etwas Originärem, was im Zeitalter der technischen Reproduzierbarkeit immer kostbarer wird.

Diesen »Ehrlichkeitseffekt« können wir in der ganzheitlichen Trendforschung heute auf vielen verschiedenen Ebenen wiederfinden. Ob im Diskurs über die Küche, wo »echte« und »deftige« Gerichte regionaler Provenienz heute der große Trend sind (»Authentische Küche«), ob im Packaging, wo der Trend zu »Haptik der Rustikalität« (Packpapier!) unübersehbar ist, ob im gesteigerten Bedürfnis besonders junger Kunden nach »glaubwürdigen Firmen« (der Erfolg von Newcomern wie Body Shop, Virgin oder Ben&Jerrys beweisen es) – auf breiter Front setzt sich in unserer Waren- und Alltagskultur das Kriterium »Echtheit« als neues Qualitätskriterium durch. Dabei geht es eben *nicht* mehr um einen überkommenen Luxusbegriff. Gerade das Unansehnliche, Häßliche, Marginale kann einen Echtheits-Hautgout ausstrahlen. Das, was *hinter* der Oberfläche liegt, entscheidet in diesem Kontext: Echtheit bedeutet eben auch »Tiefe«, Abschied von der Oberflächlichkeit, Suche nach »real values« und »ernstgemeinten Intentionen mit Wert-Charakter«.

»Authentic-Trend« nennt Trendbüro im Rahmen seiner Trend-Metrik dieses kollektive Bedürfnis nach Wirklichkeitserfahrung, das sich auch im Kundenbedürfnis nach »echten Waren« widerspiegelt. »Authentic« ist, besonders im Jugend-Marketing, heute einer der stärksten Trends überhaupt. Wenn eine Marke, ein Produkt, von jungen Leuten nicht als »echt« und »wirklich so gemeint«, sondern als künstlich, aufgesetzt, simulierend empfunden wird, wird sie gemieden. Das, was man früher mit dem eher oberflächlichen Wort »Kult« meinte, ist im Grunde nichts anderes als das Gefühl, es mit einer wirklichen und wahrhaftigen Lebensäußerung zu tun zu haben. Das kann ein Schuh mit offenen Schnürsenkeln sein oder ein umgedreht aufgesetzter Hut, ein schräges Videoclip oder ein scheinbar ganz künstlicher Gegenstand wie ein Schokoriegel, der seine große Zeit in den fünfziger Jahren hatte. Es kann sich um eine große Jeans-Marke handeln, die als die wahre, authentische Jeans-Marke wahrgenommen wird, oder ein winziges No-name-Produkt, das plötzlich über Nacht gigantische Absatzzahlen erzeugt. »Ehrliche Produkte«

und »echte Firmen« werden in den nächsten Jahren auf allen Fronten den Sieg davontragen, und wer mit dem Wert »Ehrlichkeit« am ehrlichsten umgehen kann, wird reich, berühmt und erhält Kultstatus.

Bildung. 1995 meldete unsere Stil-Scanning-Abteilung – Trendbüro analysiert in regelmäßigen Abständen neue Stilentwicklungen im Design, im Textilbereich, in der Mode – einen Trend zu alten, geschwungenen Schreibschriften. Über Nacht tauchten philosophische Traktate aus dem 17. Jahrhundert, Schreibschriften von Proust, Musil, Kafka, Briefe von Clara Schumann und Notenblätter von Mozart oder Beethoven auf Tellern, Tassen, Bechern, T-Shirts, ja sogar auf Vorhangstoffen, Sofa- und Kissenbezügen, auf Tischdecken, Röcken, Kerzen und Blechdosen auf. *Kalligraphismus* nannten wir diesen kleinen Trend, dessen Ausbreitung im Reich der Zeichen und Symbole wir seitdem von Monat zu Monat beobachten können.

Auch diese scheinbar zufällige Stil-Beobachtung wird erst dann interessant (und für die Prognostik verwertbar), wenn man sie sinnvoll in das sich wandelnde gesellschaftliche Wertesystem einordnet. Schrift, geschriebene Schrift, ist seit jeher ein Symbol für Bildung. Die Bildung aber ist in den letzten zwei Jahrzehnten ein Begriff mit einer eher negativen Unterbetonung geworden.

Bildung ist langsam. Bildung ist träge. Bildung ist das, was einen in der Schule immer genervt hat – das Auswendiglernen von Goethe-Gedichten. Bildung ist kaum verwertbar. Man kann damit nichts verdienen. Bildung ist das Gequatsche der Älteren, die einem mit Schulbuchweisheiten auf die Nerven gehen.

Mit dem Aufkommen der »Selbstverwirklichungsgesellschaft« schien die altmodische Bildung praktisch ausgedient zu haben. In den Universitäten gerieten die »Geisteswissenschaften« zu einer Geisterveranstaltung, während sich Ende der Achtziger junge Menschen in den Hörsälen der Wirtschaftswissenschaften drängten.

Die Post-Bildungs-Gesellschaft ist schnell und bunt, sie arbeitet mit Montagen. Sie enttraditionalisiert unsere Wahrnehmungswelt, indem sie Bilder und Zeichen in ständig neue Sinnzusammenhänge verhackstückt.

»Alles wird immer schneller«, so die Botschaft unserer Zeitalters. Aber: Mindestens die Hälfte der Bevölkerung fühlt sich von dieser Beschleunigung bedroht. »Man fühlt sich förmlich überrollt«, sagten im Jahr 1995 48 Prozent der Erwachsenen in einer großen Umfrage des B.A.T Freizeitsforschungs-Institutes zur Medienentwicklung, die tiefsitzende Ängste und Abwehrbereitschaft gegen die neuen Medien zutage förderte.

So ist es kein Zufall, daß der Begriff »Bildung« – und seine semiotischen Symbole – derzeit wieder eine Konjunktur erleben. Je größer die Datenflut, je endloser die Kolonne der virtuellen Zeichen auf den Bildschirmen, desto wichtiger und kostbarer wird jene »Hyper-Software«, die dem einzelnen ein sinnvolles Einordnen der anflutenden Informationen erlaubt. Informationen allein sind sinnlos. »Daten« verwirren und überlasten nur. Geschriebene Schrift, Kalligraphie eben, bedeutet in diesem Zusammenhang nicht nur den Luxus der Langsamkeit und der Sorgfalt des Formulierens (das Briefeschreiben erlebt gerade in der E-Mail-Gesellschaft eine Renaissance), sondern auch *Poesie* – ein typisches Retro-Phänomen gegen die Schnelligkeit der Bilder in der Zapping-Gesellschaft.

Auch die Bedürfnisse des modernen Firmenmanagements stärken eine Renaissance des Bildungsgedankens. Während man in der Industrie ungefähr zwei Jahrzehnte lang unentwegt nach Spezialisten gerufen hat, erfordert die Informationsgesellschaft heute ganz andere Qualifikationen. Ständiges Lernen ist heute für jeden wirtschaftlichen Prozeß das Allerwichtigste. In den dynamischen Prozessen der Zukunft ist »Allgemeinbildung« Metapher geworden für die Fähigkeit, Komplexität auszuhalten und zu steuern – mit Spezialisten ist dies lange nicht mehr möglich.

Während die berufliche Relevanz eines Doktortitels – ein Signum der »Alten Bildung« – langsam abnimmt, nimmt die Wichtigkeit von »Neuer Bildung« im Sinne von Verknüpfungsfähigkeit, Interdisziplinarität, Komplexitätswissen weiter zu. Selbst die vielgeschmähten Geisteswissenschaften kommen wieder zu ihrem Recht. Heute stellen Firmen wieder Soziologen, Politologen, ja selbst Philosophen ein, denn sie müssen in einer zunehmend vernetzten Welt mehr über die Welt und die Umwelt wissen als jemals zuvor (nicht zuletzt ist das Aufkommen der Trendforschung und ihr zunehmender wirtschaftlicher Erfolg ein Zeichen dafür.)

Glaube. Während die Bindung an die Amtskirchen weiter zerfällt, erlebt der Begriff »Glaube« heute wieder eine erstaunliche Renaissance – nur in gänzlich anderem Sinne. Die Flut der spirituellen, spiritistischen, abergläubischen, mystisch-ratgeberischen Literatur legt Zeugnis ab von einem bisweilen geradezu fanatischen Glaubensbedürfnis, in dem immer wieder neue Kombinationen möglich sind. Schamanismus plus christliche Mythologie, Astrologie plus UFO-Glaube, Psycho-Heilen und Urintrinken, fernöstliche Weisheit und Runenkult – es gibt nichts, was sich nicht kombinieren ließe zu immer neuen Formen von Instant-Glauben.

»New Age« bedeutet im Grunde nichts anderes, als daß der alte, religiöse Glaube dekonstruiert und individualistisch neu zusammengesetzt wird. Wir glauben nicht mehr an einen fremden, starren Gott, Katechismen und Exegesen sind uns egal, wir wollen Spiritualität im *Hier und Jetzt.* Erleuchtung und Ekstase sollen, bitte schön, unser

Leben jetzt schon verändern; nicht erst im nächsten Leben oder im Himmelreich. New Age bedeutet Glaube als Erlebnisgesellschaft: Wichtig ist nicht, was *wahr* ist, sondern was *nutzt*. Dieser Diskurs geht bis tief hinein in die moderne Medizin, wo man heute wie selbstverständlich über Placebo-Effekte diskutiert und »Glauben« als unmittelbaren Teil von Heilung definiert. »Psychoneuroimmunologie«, die neue Wissenschaft von den heilenden Kräften der Psyche, kann im Grunde jede Wunderheilerei wissenschaftlich belegen. Wenn ich an den Scharlatan *wirklich glaube*, wird er mich heilen – so einfach ist das (zumindest bei ca. 50 Prozent aller Krankheiten)!

Das Problem des modernen Menschen ist vor allem, daß er, obwohl er es so gerne möchte, nicht mehr glauben kann. Zur Not glaubt er einfach an sich selbst – mindestens 30 Prozent der Ratgeber-Literatur kreist heute um das Thema »Self Esteem«, Selbstbewußtsein und wie man es steigern kann. Fragt man heute den modernen, städtisch geprägten Menschen nach seinem Glauben, so kommen zunächst meist subjektivistische Antworten. »An mich« zum Beispiel oder »an meine Familie«. Mit ein bißchen Geschick kann der moderne Ethnologe jedoch leicht den Trend zu einer »Breitenspiritualisierung« belegen. Im modernen Diskurs fallen immer häufiger Begrifflichkeiten wie »das Heilige«. »Irgendwie ist in allem etwas Göttliches« – dieses Glaubensbekenntnis legt Zeugnis davon ab, wie sehr der christliche Gottesbegriff heute durch ein »animistisches« Verständnis ersetzt worden ist.

Selbst dem modernen Management werden Glaubens-Theorien immer mehr zu impliziten Bestandteilen von wirtschaftlichen Strategien. Selbst-Schöpfung heißt das Stichwort: Firmen werden zu Sekten, Firmenphilosophien zu Glaubensbekenntnissen. Unaufhörlich findet auch hierzulande eine »Japanisierung« statt, wenn auch nicht kollektivistisch, sondern individuell geprägt: Die Firma wird zur verschworenen Gemeinschaft, zur Geistesbruderschaft, zur »Gemeinde«, die ihren »Code« ständig neu erzeugt und via Kommunikation Märkte schafft. Glaube versetzt Berge – und Bilanzen.

Rekombinationswerte. Alle vier »Boom-Werte« – Freundschaft, Ehrlichkeit, Bildung und Glaube – zeigen dasselbe strukturelle Prinzip und geben damit Auskunft über die innere Mechanik, nach der unsere Werte-Entwicklung verläuft. In der Arten-Biologie nennt man einen solchen Prozeß »Rekombination«: Elemente des Alten werden mit »Neuentwicklungen« kombiniert, damit die jeweilige Art Veränderungen innerhalb ihrer ökologischen Nische abfedern kann. Im – letztendlich darwinistischen – Prozeß mendelt sich die optimale »Neu-Kombination« von allein heraus.

Wenn wir diese Metapher auf unsere Gesellschaft übertragen, dann ist die »Art« das immer individualistischer werdende Ich, während die »Arten-Nische« unsere moderne Kultur ist. Nach dem Grundgesetz aller Biologie, nach dem jedes Individuum versucht, sein Lusterlebnis so weit wie möglich zu erhöhen (und Erlebnisse der Unlust und des Leidens zu minimieren), erzeugt unsere Kultur immer ein »optimiertes« Wertesystem, das dem einzelnen *größtmögliche Freiheit bei größtmöglicher Sicherheit* ermöglicht.

Dabei geht die Kulturgeschichte niemals im Rückwärtsgang, auch wenn es auf den ersten Blick so scheinen mag. »Bildung« bedeutet in der kollektiven Sehnsucht von heute nicht mehr das Auswendiglernen von Gedichten und den Bezug auf einen allgemeinen, abendländischen »Geist« – und wird es wohl niemals wieder bedeuten. Der heute geradezu fanatisch wiederentdeckte Wert »Familie« hat mit Sicherheit für die wenigsten etwas mit den alten, engen familiären Verhältnissen zu tun, sondern vielleicht eher mit dem Freundschafts-Begriff – niemand möchte zurück zu den seligen Zeiten der Großfamilie, als Tante Erna ein unwidersprochenes Schreckensregiment führen konnte und der Großvater mit der Weidenrute die Kinder zur Räson brachte. Und unter »Glaube« wird niemals wieder die alte Frömmigkeit verstanden werden, wie sie in den unterentwickelten Regionen Europas noch heute anzutreffen ist: eine devote Selbstverleugnung, die im Christentum (oder jeder anderen Religion) das Erlösende, Selbst-Auflösende suchen muß.

Größtmögliche Freiheit bei größtmöglicher Bindung – diese Zauberformel ist das Mandala der modernen Werte-Entwicklung. Da wir alle eingesehen haben, daß radikale Individualisierung ins Nichts führt und uns am Ende einsam und allein in Einzimmerwohnungen dahinsiechen läßt, versuchen wir alle, ob bewußt oder unbewußt, an einer »Rekonstruktion des Gesellschaftlichen« mitzuarbeiten. Das »morphische Feld« dieser Rekonstruktion sind Werte; gewissermaßen die feinen Kapillaren, an denen entlang sich die »gesellschaftlichen Muskeln« entwikkeln.

Die neuen Victorianer. Der bislang wohl wichtigste Kult-Film der Mittneunziger, »Vier Hochzeiten und ein Todesfall«, drückt vielleicht am deutlichsten aus, wie die »Rekombination der Werte« in der vor uns liegenden Zeit verlaufen wird. Die innere Aussage des Films ist von Kritikern und Interpreten oft als Propaganda für alte Werte mißverstanden worden – schließlich wird in dieser Gruppe junger Bohemiens und Künstler, die der Film auf ihrem Lebensweg ein Stück begleitet, andauernd geheiratet, man zieht sich ordentlich an, mit Schlips, Kragen und Uhrkette, treibt artige Konversation; ein Konservativer könnte triumphieren: Haben wir es nicht schon immer gesagt?

Bei genauerem Hinsehen ergibt sich jedoch ein völlig anderes Bild. »Vier Hochzeiten« handelt zwar vom Heiraten, von Liebe, Treue und Tod im ausgehenden zwanzigsten Jahrhundert, aber all dies (mit Ausnahme des Todes) wird nicht sonderlich ernst genommen. Man heiratet lustvoll, betrügt sich aber gleich wieder – ebenso lustvoll. Man hofft auf die ewige Liebe und Treue – und weiß doch, daß diese längst nicht mehr möglich ist. Man heiratet »in gute Familien« – aber weiß doch augenzwinkernd, daß gerade diese ausgeflippte innere Strukturen beherbergen.

Formen und Formalien sind im Kontext des Filmes nur noch ein Spiel – aber ein Spiel, das zur Ordnung des Lebens dazugehört, das den Lustfaktor noch *erhöht*. Der Flirt, die Untreue, das erotische Drama sind nur dann kostbar, wenn es eine Ordnung gibt, die man in Frage stellen kann. Der Reiz, den der Film ausübt und der das »Kultige« ausmacht, ist die Präzision, mit der er das »Ich nehme Formen ernst und doch nicht ernst« – die »moderne Ambivalenz« – beschreibt. Hier kommt der Film sehr, sehr nahe an das kollektive Grundgefühl, an den Puls unserer Zeit heran.

Der Film wendet das Konservative hedonistisch und das Hedonistische konservativ: Der Seitensprung ist fad, wenn er zum promisken Prinzip gerät; schon allein deshalb ist es sinnvoll, zu heiraten. Das chronische Zuspätkommen, das Don-Juan-Tum macht erst dann Spaß, wenn es sich um einen Termin beim Standesamt handelt. Auf diese Weise spielt der Film das moderne Dilemma voll aus: Das Lustprinzip, der Hedonismus, die Selbstverwirklichung laufen ohne Formen, Konventionen, Werte irgendwann ins Leere. *Das* ist die Botschaft, die der Film zum Kult erhoben hat. Und: Irgendwann hört aller Spaß auf. Mit dem Tod, mit dem eigentlichen Drama, dem niemand entkommen kann, auch der ausgefuchsteste Hedonist nicht, und der dem ganzen Spaß, der das Leben ausmacht, Grenzen setzt.

»Neo-Victorianismus« ist also nichts anderes als der Versuch, den Lebensgenuß durch Formen und Normen wieder zu verfeinern. »Distinguierung« als Lebensprinzip, aber nicht im Namen von Zwängen, Normen und autoritativen Pflichten, sondern von Lebensgenuß. Dazu gehört auch das Anerkennen von Grenzen der menschlichen Existenz. Stil und Geschmack, eine gewisse ironische Distinguiertheit als Rebellion gegen eine gesellschaftliche Kultur, in der hedonistischer Selbstverwirklichungswahn längst die Mehrheit prägt, in der jeder Mittelklasse-Bürger einem Swinger-Club angehören muß, die Sekretärin sich auf Ibiza ins erotische Abenteuer wirft und der Landwirt sich zum fünfzigsten Geburtstag mit einer feschen Reise nach Thailand belohnt.

Dieser »Neue Victorianismus« ist heute bereits in weiten Kreisen der westlichen Middle-Class-Kulturen verbreitet. Das, was vielerorts als »Neokonservativismus« aufscheint, hat hier seinen Stammsitz. Form und Etikette, Kleiderordnung und ein konservativer Habitus werden wieder großgeschrieben – aber dennoch völlig neu interpretiert. Es ist ein »cooler« Konservativismus, ein »conservatism with a small c«, der die eigentlichen Kernwerte des Konservativen – Pflicht, Autorität, Ordnung – längst demontiert hat.

Kein »Neuer Victorianer« in den Vororten von Hamburg, London, Barcelona, New York erweist seinem Vater noch jene unterwürfige »Reverenz«, wie sie im vergangenen Jahrhundert, ja selbst noch in den fünfziger Jahren üblich gewesen wäre. Keine Spur mehr von jener geduckten Mentalität, jener reaktionären Strenge, mit der im konservativen Milieu stets auch militaristische Melodien den Ton angaben (ein Sohn aus gutem Hause ging selbstverständlich mit Siebzehn zum Militär). Formen und Konventionen werden nicht als »ewige Werte« betont und repressiv eingesetzt, sondern in das große Spiel namens Leben eingepaßt: Konservativ lebt es sich einfach besser, wie dreißig Jahre rebellische Jugendkulturen, wie das Altern der Achtundsechziger gezeigt haben. Wie es die amerikanische Intellektuellen-Zeitschrift »Village Voice« formuliert: »Ein Ordnungsempfinden, das guten Geschmack, harte Arbeit, Familien-Loyalität und sexuelle Mäßigung vereint.«

Der Werte-Set der Zukunft. Fassen wir zusammen: Intelligenzgrad und Individualisierung sind in unserer Gesellschaft längst viel zu hoch, als daß sich noch länger ein »außengesteuertes« Wertesystem halten könnte. In der individual-pluralistischen Gesellschaft kann sich kein »universelles« Weltbild mehr halten, ergo auch keine neue soziale Norm durchsetzen, nach der jeder zu leben hat. Aber: Die Dynamik der Individualisierung speist unaufhörlich das Bedürfnis nach »Bindungswerten« und erzeugt eine Art »Trend-Dialektik«, wie man sie in Amerika heute schon deutlich sehen kann: Je stärker der individuelle Narzißmus in einer gesellschaftlichen Kultur, desto pathetischer und »sehnsüchtiger«, ja fanatischer werden Bindungswerte wie Familie, Treue, Liebe besetzt.

Von hier aus können wir ein recht differenziertes Bild der Werte-Entwicklungen der nächsten Jahre komponieren. Die »Rekombination« der Werte wird der westlichen Kultur – immer die Abwesenheit von Krieg und größeren wirtschaftlichen Zusammenbrüchen vorausgesetzt – eine konservative Grundströmung bescheren, die aber in Wahrheit alles andere als konservativ sein wird, und auf Dauer die alten Kulturfronten zwischen »links« und »rechts« zerstören.

- Auf der Makro-Ebene werden Debatten wie die über den »Kommunitarismus« die Rekonstruktion des Gesellschaftlichen in Angriff nehmen. Formen der »sanften Reprivatisierung« werden sich durchsetzen, nachbarschaftliche Elemente in individualistische Lebensmodelle rekombiniert, die »Community« kehrt in moderner Gestalt zurück, soziale Experimente der siebziger Jahre erleben eine Renaissance. Ein »Patchwork«-Lebensstil entsteht, in dem Freundschaftsnetze und Nachbarschaft verlorengegangene Elemente des familiären Zusammenhangs ersetzen.

- Auf der Mikro-Ebene werden sich Haltungen wie »Weniger ist mehr« auf breiter Front durchsetzen. Der Hedonismus ist auf seinem Höhepunkt angelangt, jetzt führt jede weitere »Fun«-Steigerung zu Abnutzungserscheinungen. Dies alles stützt Wert-Betonungen und Suche nach Tiefe und Wahrhaftigkeit. Das moderne Individuum kann seine Genußfähigkeit nur bewahren, wenn es gleichzeitig Verzicht und Disziplin übt – alles andere wäre Dekadenz.
- Auf der soziokulturellen Ebene wird die »Singleisierung« der Gesellschaft ihren Höhepunkt überschreiten. Heute, Mitte der Neunziger, können wir bereits einen deutlichen Verlust des Images von »Singles« beobachten, einen Hang zu früher gebundener Partnerschaft in den hochsingelisierten Großstädten, wo auch wieder höhere Heirats- und niedrigere Scheidungsraten zu verzeichnen sind. Dies beschleunigt den Wertewandel hin zu den neuen »Bindungswerten«, währen die alten »Freiheitswerte« à la »Fit for Fun« in eine massive Krise geraten.
- Auf der politischen Ebene werden neue Allianzen entstehen. Die »Schwarz-grüne Koalition« ist lediglich eine Metapher für eine unausweichliche Entwicklung. In den aufmüpfigen Gedanken von »linken Konservativen« wie Geißler und Süssmuth ist die Rekombination der »konservativen« mit den »alternativen« Werten längst vorweggenommen. Tatsächlich ist das grüne Milieu dem klassischen Konservativismus viel näher als den etati-

stischen Modellen der sozialdemokratischen Ära. Innovation kann nur von hier kommen: Von einer Idee der selbstverantworteten gesellschaftlichen Reform, die das Individuum in den Vordergrund stellt, es aber einbindet in ein gesellschaftliches Netz gegenseitiger Hilfe und Abhängigkeit.

Dies alles wird, in Zusammenhang mit der »Pathos-Welle« der Jahrtausendwende, eine neue Runde der kulturellen und geistigen Modernisierung einleiten. Eine nicht ganz unfreiwillige Entwicklung. Denn wenn diese »Rekombination« nicht gelingt, geht es geradewegs in Richtung einer »Barbarisierung« unserer Gesellschaft.

Ulrich Becker

Geschmacksache: Alltagsästhetik

Einleitendes Lamento

Die Anfrage des Verlegers war launig verpackt: »Nehmen Sie Ihren Lieblingstrend, und spekulieren Sie, wie dieser Trend sich in den kommenden zwei, drei Jahren entwikkeln wird!«

Zwei, drei Jahre vorauszuschauen klingt harmlos, nach kaum mehr als einer Fingerübung für einen gestandenen Trendforscher.

Doch leider ist die Zukunft auch nicht mehr das, was sie einmal war. Es ist ungeheuer unübersichtlich geworden in den 90er Jahren; Trends und Gegentrends werden im Dutzend ausgelebt, von den Medien gepuscht und breitgetreten, in In- und Outlisten verramscht. Nahezu für jede »Geschmacksrichtung« ist etwas im Angebot.

Entsprechend groß ist die Verwirrung, respektive die Sehnsucht nach Orientierung – mit der für Trendforscher angenehmen Begleiterscheinung, daß ihre Profession selbst im Trend liegt.

Diese Trendforschungs-Konjunktur hat allerdings eine Reihe selbsternannter Trend-Gurus auf den Plan gerufen, die eine ebenso erfindungsreiche wie kryptische Trendsemantik produzieren und unablässig neueste Trends wie bunte Bälle in die Luft werfen, ohne sich darum zu scheren, wo diese »Trend-Bälle« landen und wen sie treffen.

Doch auch dem Begriff »Trendforschung« haftet eine gehörige Portion Euphemismus an, wenn er einem orientierungssuchenden Auftraggeber suggeriert, man könne Trends von entsprechenden Spezialisten erforschen lassen, um sie anschließend zu besetzen oder sich wenigstens halbwegs erfolgreich als Trittbrettfahrer des Zeitgeistes zu versuchen.

Dabei kann man nur verlieren: Nerven, Geld, Image. Denn der vermeintliche Zugewinn an Orientierung schlägt rasch um in hektisches Agieren – man will ja keine »wichtigen Trends« verpassen –, und anstatt auf Zeitgeistwellen elegant zu surfen, hechelt man dem Zeitgeist in einem atemlosen Zickzackkurs hinterher.

Trendanalyse jenseits von Hellseherei

Um als Trendbeobachter den Überblick zu behalten bzw. immer wieder zurückzugewinnen, ist es wichtig, Trends als Reflexe auf gesamtgesellschaftliche Wandlungsprozesse zu sehen und zu verorten. Wenn sich die Rahmenbedingungen nachhaltig ändern (etwa durch den historisch beispiellosen Prozeß der Wiedervereinigung), werden auch die Wertorientierungen und Einstellungen der Menschen tangiert und passen sich den neuen Gegebenheiten in der einen oder anderen Weise an. Anders ausgedrückt: Der Werte- und Stilwandel einer Gesellschaft ist der Humus, auf dem Konsumtrends gedeihen, ins Kraut schießen oder rasch verwelken.

Mit dem Stichwort »Werte- und Stilwandel« ist übrigens auch die Schnittstelle zwischen spekulativer Trendprognose und qualifizierter Forschung benannt.

Kontinuierliche Forschung zum Werte- und Stilwandel bildet das unverzichtbare Fundament für realistische

Trendszenarien, nicht zuletzt auch im Sinne eines Bewertungsmaßstabes, um flüchtige Modephänomene von echten Trends zu unterscheiden. Kombiniert mit kreativer Arbeit – zum Beispiel Workshops mit Vertretern von Zielgruppen und Szenen, die als Initiativpotentiale für Trends in Frage kommen –, läßt sich Trendanalyse jenseits von Hellseherei durchaus sinnstiftend betreiben.

Wenn man sich auf dieses zugegebenermaßen aufwendige Procedere zur Trendanalyse einläßt – was immer gleichbedeutend ist mit dem Versuch, die Alltagspraxis unterschiedlicher Gruppen und Szenen hinsichtlich der zugrundeliegenden Motive zu verstehen –, macht man eine Reihe aufschlußreicher Erfahrungen:

- Trendpotential findet man heute in allen wichtigen gesellschaftlichen Gruppen. Die Fixierung auf die sogenannte Gruppe der Trendsetter – im Sinne einer gesamtgesellschaftlichen Lifestyle-Avantgarde – ist in Zeiten der Trend-Dispersion, der Auflösung von Normen und Verbindlichkeiten, dem Neben- und Gegeneinander von Lebensstilen eine realitätsferne Reminiszenz an längst vergangene Zeiten.
- Selbst gesellschaftliche Gruppen, denen man vor einigen Jahren noch regelrecht Unrecht getan hätte, wenn man gerade bei ihnen nach trendverdächtigen Praktiken geforscht hätte, entwickelten stilistisches Selbstbewußtsein und reihten sich ein in das Trendszenario mit dem für sie gültigen roten Faden.
- Auf dem Spielfeld der Alltagsästhetik gibt es niemanden, der so richtig das Sagen hat, geschweige denn eine allgemein akzeptierte Autorität oder gar einen Schiedsrichter in Stil- und Geschmacksfragen. Allenthalben nehmen Menschen aus völlig unterschiedlichen Schichten, Gruppen, Netzwerken und Szenen diese Dinge selbst in die Hand und tragen auf diese Weise zur verwirrenden Trendvielfalt bei.

– Die jüngeren, multimedial erfahrenen Leute in unserer Gesellschaft treiben dieses »Trendproducing« sogar noch auf die Spitze, indem sie stets »online« mit den Geschehnissen in Europa und Übersee sind.
  Elektronische Medien vor allem, aber auch die internationale Presse, schaffen die Voraussetzung für das unkomplizierte und unbewußte Aufnehmen ästhetischer Signale und das blitzschnelle Sampeln von »roten Fäden«, die rund um den Globus verlaufen. Die eigene Wertewelt sorgt für das Umsetzen dessen, was als Trendsignale intuitiv aufgefangen wird, in gelebte Alltagsästhetik.

Der um Orientierung und Verstehen bemühte Trendbeobachter ist zum Glück nicht allein auf seine Intuition angewiesen. Denn die verwirrende Vielfalt unterschiedlicher Lebensäußerungen und -stile läßt sich (empirisch nachweisbar) auf eine vergleichsweise überschaubare Anzahl von Werthaltungen und alltagsästhetischen Grundbedürfnissen zurückführen.

Wenn man einmal begriffen hat, daß die putzige Bambi-Figur in der erleuchteten Eichenholz-Wohnzimmer-Schrankwand eines biederen Kleinbürgers denselben ästhetischen Motiv Ausdruck verleiht wie das Blechspielzeug mit hohem Sammlerwert im Acrylregal des »geschmackssicheren« Akademikers mit ausgeprägt individualistischen Ambitionen, befindet man sich auf dem rechten Weg der Erkenntnis.

(Nebenbei: das zugrundeliegende Motiv haben wir Anfang der 80er Jahre »Heile-Welt-Motiv« getauft – in zeitgemäßer Trendsemantik würde man heute von »Cocooning« sprechen.)

Nicht von ungefähr bin ich mit meinem Beispiel beim Wohnen gelandet. Wenn ich mit meinem Beitrag darüber nachdenken möchte, wie sich Stil und Geschmack in der jüngeren Vergangenheit entwickelt haben und in welche Richtung die Reise wohl gehen wird, ist die Wohnung als natürliche Kulisse alltagsästhetischer Praxis der Menschen ein Studienobjekt par excellence.

Nirgendwo sonst findet man konzentrierter und vielfältiger eine Ansammlung konkreter Dinge des täglichen Gebrauchs, die Stil und Geschmack ihrer Besitzer zum Ausdruck bringen. Und kaum ein anderer Alltagsbereich hat eine vergleichbar ausgeprägte emotionale Wertigkeit wie die eigenen vier Wände.

In der Summe: Wer versteht, wie Menschen sich einrichten, von welchen Bedürfnissen und Motiven sie sich jeweils leiten lassen, hat einen anschaulichen Einblick in den höchst komplexen Prozeß des Werte- und Stilwandels unserer Gesellschaft.

Das Lebensgefühl der 90er Jahre

Inzwischen weiß und schreibt jeder, daß das Lebensgefühl der 80er Jahre, in dem Lebensstil sich auf Konsumstil zu reduzieren schien, in den 90er Jahren nicht überdauern konnte. Wer genau hingeschaut hatte, konnte allerdings schon Mitte der 80er Jahre neue Strömungen ausmachen, die sich gegen den dominanten Hedonismus-Trend dieser Jahre richteten.

In einer Trenddiagnose aus dem Jahr 1989 haben wir unsere Erkenntnisse seinerzeit wie folgt zusammengefaßt:

– Es spricht vieles dafür, daß der augenblicklich noch grassierende »Zeitgeist-Konsum« mit seinem narzißtischen Gehabe, seinen austauschbaren Status- und Prestige-Demonstrationen seinen Höhepunkt überschritten hat. Die veränderten ökonomischen Rahmenbedingungen tun ein übriges, um die Notwendigkeit einer Um- und Neuorientierung anzumahnen.

– Psychologisch betrachtet geht es dabei nicht um »neue Bescheidenheit« oder gar »Altruismus«, sondern um die Suche nach einer Form der Genußbefriedigung, die durch den Verzicht auf Überflüssiges und Unverträgliches die Zeichen der Zeit ernst nimmt, Sinn vermittelt, Verantwortung signalisiert.

Diese grundlegenden Trendlinien haben sich in den zurückliegenden Jahren zunehmend verstärkt und beeinflussen immer stärker das Lebensgefühl, den Konsumstil und die alltagsästhetischen Präferenzen der Menschen. Eine aktuelle Momentaufnahme zum Stand des Wertewandels und den korrespondierenden Trendphänomenen zeigt das in aller Deutlichkeit:

- Materielle Sicherheit ist für viele Menschen zentrales Thema geworden (auch für diejenigen, die sich keine allzu großen Sorgen machen müssen). Denn Rezession und wirtschaftliche Erschütterungen – aber auch Umweltzerstörung und Krieg vor der eigenen Haustür – haben den Menschen gezeigt, daß Wohlstand vergänglich ist und auch durch persönliche Leistungsfähigkeit und Leistungswille allein nicht garantiert scheint.
- Gut ausgebildete und leistungsmotivierte Jugendliche geben zu Protokoll, daß sie froh wären, wenn sie einmal so gut leben könnten wie ihre Eltern derzeit. Sicher sind sie sich dessen nicht, und diese Verunsicherung ist ebenso Bestandteil ihres Lebensgefühls wie die Lebensfreude durch Fun und Action und »Go-future-Bekenntnisse«.
- Diese Zeiterfahrungen bleiben nicht ohne Auswirkung auf den Konsumstil: Konsumexzesse sind out, Sinnkonsum steht ganz oben auf der Agenda. Wofür man Geld ausgibt, wofür man spart, wofür man schuftet und Streß aushält, muß einen Sinn haben. Übertriebenes, bombastisches und vergängliches Produkt-Design paßt in die-

sen Kontext nicht mehr hinein – dafür lohnt die Mühe nicht.

- Die harte, kalte Realität, die Überforderung durch die vielzitierte Reizüberflutung (»Info-Smog«), die Konfrontation mit komplexen Außenwelten führt zur höheren Bewertung von Gefühlen/Emotionen. Sicherheit wird als umfassendes Bedürfnis nach Geborgenheit, Schutz und Nestwärme artikuliert: »Wenn alles um dich herum aus den Fugen gerät, brauchst du dein eigenes Nest, in dem die Dinge so laufen, wie du sie gerne hast« – so ein 17jähriger Gymnasiast in einer großen, qualitativen Studie über die Lebenswelten von Kindern und Jugendlichen, die wir im Frühjahr 95 abgeschlossen haben.

Was der Designer sagt

Wenn man über die Auswirkungen des Wertewandels auf die alltagsästhetische Praxis der Menschen nachdenkt, ist der Designer nicht weit. Denn schließlich gibt er den Produkten Gestalt, mit denen sich die Menschen umgeben, einrichten, darstellen, sich identifizieren und abgrenzen.

Da ich seit Jahren das Vergnügen habe, mit einem renommierten Designerteam (moll-design, Schwäbisch-Gmünd) zusammenzuarbeiten, lag es nahe, dort nachzufragen, wie man die stilistische Trendentwicklung einschätzt, bewertet und umsetzt. Reiner Moll schaut zunächst einmal zurück, um den Blick nach vorn zu schärfen:

»Wenn wir die Entwicklung der Stile in unserer Vergangenheit betrachten, läßt sich eine periodische Gesetzmäßigkeit von Gestalthöhe und Gestaltreinheit aufzeigen. Beide Begriffe stehen im Gegensatz zueinander. Gestaltreinheit tendiert zur »Ruhe«, Gestalthöhe zur ›Komplexität‹.

Die historische Entwicklung pendelt zwischen diesen beiden Polen, wobei subjektiv immer eine optimale ›Wahrnehmungsrate‹ (Verhältnis zwischen Gestalthöhe und Gestaltreinheit) angestrebt wird. Führte Gestalthöhe zu übermäßig komplexen Strukturen, z. B. Rokoko, so schlug das Pendel zurück: Gestaltreinheit erschien im Blick: ›Klassizismus‹.«

Betrachtet man die heutige Situation, so haben wir es (laut Moll) erstmals gleichzeitig mit verschiedenen »Stilen« zu tun. Die beiden »Haupttrends«, mit denen sich Designer momentan auseinanderzusetzen haben, heißen bei Moll *Purismus und Ovalismus*.

Purismus – Besinnung auf das Wesentliche

Da wir uns in einer Zeit bewegen, die viel schneller ist, als unsere Gedanken folgen können, liegt es nahe, sich auf ruhige, klassische, funktionale und letztendlich haltbare Formen zu besinnen. Neue Technologien erlauben uns, die Formen komplexer, schriller und unbegreifbarer zu machen. Überladene Märkte und Reizüberflutung sind gerade im Möbelbereich an der Tagesordnung.

Moll leitet daraus die Verpflichtung des Designers ab, über die reine Reizbefriedigung hinaus auch für Struktur und Ordnung zu sorgen. Es sei an der Zeit, die formalistischen Höhenflüge zu beruhigen und den »alten« revolutionären Gedanken von der Einheit aus Architektur und Möbel neu zu denken.

Ovalismus – Macht der Gefühle

Emotional wirkende Reize gehören zum Instrumentarium des Gestaltens, um den Benutzer positiv zu stimmen. Besonders zuverlässig sind Schlüsselreize, die biologisch vorprogrammierte Reaktionen auslösen: Das Kindergesicht regt aufgrund bestimmter Gestaltmerkmale das Sympathieverhalten an (»Kindchenschema«), das Brutpflegeverhalten zielt auf emotionale Besetzung ähnlicher Gestaltmerkmale.

Diese Schlüsselreize eignen sich für die Aktivierung besonders gut, weil sie sich wenig abnutzen. Ihre Reizwirkung auf Erwachsene ist relativ unabhängig von Alter, Geschlecht und soziodemografischen Merkmalen.

Unter den visuellen Reizen haben die Ovalismen eine besondere Bedeutung. »Ovale« Formgebung unserer Produktwelt hat starken Einfluß auf unser Wohlbefinden. Um bestimmte Anforderungen, die an Produkte gestellt werden, besser zu erfüllen, kann gezielt diese Formgebung eingesetzt werden.

Ovale Formen signalisieren Wärme/Geborgenheit/Nest: Die Eiform als universelles ästhetisches Zitat prüft das Autodesign ebenso wie die Gestaltung der Haarwaschanlage beim Friseur.

Nach den Worten des Designers wäre es zu einfach zu sagen, ein ovalistisches Ordnungsgefüge folge im zeitlichen Sinne auf das puristische. Wer so dächte, würde sich weiterhin im Denkschema der Moderne bewegen, daß nämlich auf die alte Zeit eine neue, bessere, hellere folge.

Das parallele Auftreten von zwei unterschiedlichen Trends sei zum einen ein Spiegelbild der momentanen Bedürfnisse, und als Wechselwirkung beeinflußten sie unser Denken und Handeln. Keiner – sagt Moll – kann sich diesen unterschiedlichen Einflüssen entziehen.

Denn: »Den Menschen ist alles viel zu viel – das führt zu Purismus. Die Menschen suchen gleichzeitig Geborgenheit – das führt zu Ovalismen.«

Trends aus Wohnzimmer und Küche

Was von der allgemeinen Trendentwicklung abzulesen ist, was der Designer mit seinen Sensoren aufnimmt, findet in den Wohnwelten der Menschen ihren Niederschlag und Ausdruck.

Vieles hat sich grundlegend geändert oder ist in Bewegung geraten. Alle wesentlichen Trendlinien treffen und überschneiden sich in Wohnzimmer und Küche, geben den Wohnwelten neuen Sinn und stilistischen Ausdruck: Die Wohnung als Lebensraum, als Gegenentwurf zum Kulissentrend der Wegwerfgesellschaft.

Wohnungseinrichtungen werden durchaus wieder als »Anschaffungen fürs Leben« angesehen, und zwar in der doppelten Bedeutung von Lebensdauer und Gebrauchsnutzen. Erst das dauerhafte Möbel, das alternd an Wert durch Lebensspuren gewinnt, kann zum persönlichen Produkt werden und so die Individualität seines Besitzers und Nutzers hervorheben.

Insbesondere diese Neuorientierung mit Trendpotential für die kommenden Jahre konterkariert ein dominantes Trendmuster der 80er Jahre: den gescheiterten Versuch, Individualisierung allein durch Konsum (der jeweils aktuellen Designerprodukte) zu bewerkstelligen. Gerade bei Gruppen mit hochentwickelter ästhetischer Kompetenz (und dem nötigen finanziellen Spielraum) führten diese außengeleiteten Individualisierungsbestrebungen zu einer Anhäufung von Design und Kunst, so daß viele Wohnzimmer zum sterilen »Zeitgeistmuseum« mutierten. In perfekt durchgestylten »Kenner-Showrooms« wurde Individualisierung als »erstarrter Genuß« vorgeführt.

Wer sich soweit verstiegen hatte, konnte immerhin in die Küche ausweichen, um sich Gemütlichkeit, Lebens-Raum und Geborgenheit neu zu schaffen.

Gerade in Gruppen, die eine gewisse Leitbildfunktion bei der Durchsetzung von Wohntrends haben, wird neuerdings häufig das Bild von der Küche als »Marktplatz und Refugium« entworfen. Die ideale Küche bietet Raum für das »pralle Leben« (lachen, feiern, genießen) und ist ebenso zugleich der intime Rückzugsort (mein Platz, wo ich mich für eine Weile ausblenden kann).

Ökologie und Design müssen eine Synthese ergeben, die es zuläßt, Leben in den Wohnwelten zu gestalten. Jedes Zimmer soll seine Geschichte haben, soll wachsen, sich mit seinem Bewohner verändern. Die Wohnung soll seinen Bewohnern guttun, ohne der Umwelt zu schaden.

Manche Menschen wissen, immer mehr Menschen ahnen oder argwöhnen, daß es kein wirklich ökologisches Produkt gibt und geben wird. Konsequenter Sinnkonsum wird sich dementsprechend mit der Frage auseinandersetzen müssen, wozu ein Produkt überhaupt gebraucht wird. Es wird also in Zukunft nicht mehr darum gehen »schlechte« Produkte durch »bessere« zu ersetzen, sondern menschliche Bedürfnisse soweit wie möglich durch immaterielle Leistungen zu substituieren: von der Hardware zur Software.

Dieser Trend wird sich sicher nicht in den nächsten zwei, drei Jahren zum dominanten Konsummuster entwickeln. Doch er ist unterfüttert mit einem an Bedeutung gewinnenden Werteaspekt: der wachsenden Bereitschaft, Verantwortung zu übernehmen, aber auch Verantwortung einzufordern – beispielsweise von Unternehmen, deren Produkte man kauft.

Verantwortung zu zeigen, indem man u. a. auf Überflüssiges und Unverträgliches für Umwelt und Gesundheit verzichtet, hat übrigens nichts mit der vielzitierten »neuen Bescheidenheit«, aber viel mit sublimiertem Genuß (weniger ist oft mehr) zu tun.

Insgesamt spiegeln die alltagsästhetischen Bedürfnisse der Menschen die Ambivalenzen des aktuellen Lebensgefühls wider: Alles ist möglich, aber der Ausgang ist ungewiß. Die große Offenheit (anything goes) für alle Formen stilistischen Experimentierens bietet jeden erdenklichen Freiraum zur Individualisierung.

Individualisierung – nicht als Renaissance der sozialromantischen Selbstverwirklichungsideologie der 70er Jahre, sondern im Sinne von Selbsterfahrung – wird, gepaart mit Verantwortungsbewußtsein, seine trendprägende Schubkraft breiter und stärker entfalten.

Norbert Bolz

Der Megatrend zum Bösen

Müßte der Titel meines Essays nicht lauten: Der Trend zum Guten? Es sind doch noch nie zuvor so viele gute Menschen auf der Bühne unserer Gesellschaft aufgetreten: Politiker als Friedensnobelpreisträger; Militärs, die abrüsten wollen; Bürger gegen Rassismus; Chemiefirmen, die den Rhein, und Möbelfirmen, die den brasilianischen Regenwald retten; Geschäftsleute, die ihre Visitenkarte auf Recyclingpapier drucken lassen, und Familienväter, die Hausmüll sortieren. Fragt sich nur, ob wir es hier mit »grünem«, ethischem Handeln oder mit Moralschauspielerei zu tun haben.

Ich will zunächst den theoretischen Rahmen abstecken, in dem sich meine Argumentation bewegt. Der Megatrend zum Bösen – mit diesem Titel habe ich versucht, eine handfeste Formulierung für einen sehr abstrakten Sachverhalt zu finden, nämlich für eine generelle *Entübelung der Negativwerte*. Was ist damit gemeint? Wenn man gut und böse, wahr und falsch, schön und häßlich unterscheidet, dann liegt in dieser Unterscheidung traditionell auch schon eine Vorentscheidung für den jeweils ersten Wert – also für das Gute (gegen das Böse), für das Wahre (gegen das Falsche), für das Schöne (gegen das Häßliche). Das scheint auch ganz selbstverständlich zu sein. Wenn man unsere Kulturgeschichte der letzten hundertfünfzig Jahre aber nüchtern betrachtet, dann lehrt sie uns etwas ganz anderes. Dichter züchten die »Blumen des Bösen«, Philosophen entdecken die »Ästhetik des Häßlichen«, Musiker bekunden ihre »Sympathy for the Devil«, Nationalökonomen predigen die »schöpferische Zerstörung«. Die Bilder der Hölle sind interessanter als die des Himmels. Schein, Fiktion und Simulation sind philosophisch ergiebiger als »die Wahrheit«. Künstler brechen auf in die Welt der nicht mehr schönen Künste.

All das sind gut lesbare Symptome für eine allgemeine Umwertung der Werte – oder vorsichtiger formuliert: eine Normalisierung der Gegenwerte. Und prototypisch dafür ist eben die *Normalisierung des Bösen.* Das Wahre, das Gute und das Schöne sind ja längst in provinzielle Sonntagsreden abgerutscht. Gleichzeitig wächst der Lebensreiz ihrer Negativwerte:

– der Schein in Virtual Reality und Cyberspace;
– das Böse in Sex, Crime und Horror;
– das Häßliche in Punk und Grunge.

Vor allem die Pop-Kultur spielt heute das große Spiel mit dem Tabu.

Nun werden Sie fragen, wie das mit den heute so beliebten ethischen Diskursen, mit Umweltbewußtsein und Weltverantwortung zu vereinbaren ist. Denn wie gesagt, wir sind umringt von guten Menschen, genauer gesagt: von Menschen, die sich selbst gutsagen. Meine Antwort ist ganz einfach. Eben weil wir es mit einem Megatrend zum Bösen zu tun haben, gibt es auch einen *Retro-Trend des Guten.* Gutsein ist heute die Attitüde der Werte-Nostalgiker. Wirtschaft und Politik sind nicht etwa an ethischen Werten orientiert, sondern sie inszenieren sich in einem Diskurs der Wertezitate. Ich werde gleich noch ausführlicher erläutern, wie es dazu kommen konnte. Halten wir zunächst einmal fest, daß es heute angesagt ist, auf ökonomische, politische und kulturelle Fragen »ethisch« zu antworten. Warum das so verlockend ist, scheint mir klar: *Wertezitate dienen der Entlastung von Komplexität.* Das gilt leider auch für den wissenschaftlichen Diskurs. Heute neigt man dazu, Komplexität dadurch zu reduzieren, daß man Theorieprobleme in Moralprobleme und diese in Kommunikationsprobleme verwandelt. Das gilt eben auch für das Business. Das einfache Geheimnis der Geschäftsethik heute besteht darin, Legitimationsprobleme als Kommunikationsprobleme zu behandeln: »Reden wir darüber.«

Ich bezweifle also ganz und gar nicht, daß Ethik im Trend liegt. Das heißt jedoch nicht, daß wir neue Werte hätten. Ich meine im Gegenteil, daß der Ruf nach Ethik ein ängstlicher Ruf im Walde, ein Ausdruck des Nihilismus ist. Trends, Kultmarken und Themenwelten füllen heute das Wertevakuum. Beide Phänomene gehören also wie Vorder- und Rückseite einer Münze zusammen: Es gibt den Trend zur Ethik, und *Trends füllen das ethische Vakuum.* Umwelt- und Benutzerfreundlichkeit, Fair Trade und Kundendialog, purer Stil und neue Natürlichkeit sind Labels für Produkte und Dienstleistungen, die einen moralischen Mehrwert signalisieren. Nun kann man sich von den Sünden der Zivilisation reinwaschen, indem man bestimmte Produkte kauft. Das Geschäft mit der Ethik ist Ablaßhandel.

Doch es gibt noch eine zweite Antwort auf die Frage, warum der Appell an die Ethik so beliebt ist. Offenbar wirkt schon der Ruf als solcher entlastend. Ethik und Moral gehören – wie etwa auch Verantwortung und Betroffenheit – zu den Wörtern, deren bloßes Aussprechen schon ein zivilisatorisches Hochgefühl mit sich bringt. Die Rhetorik der Moral ist also ganz hervorragend geeignet, den Narzißmus zu pflegen. Man kann es auch so sagen: Ethik verschafft die narzißtische Befriedigung, sich für besser halten zu dürfen als die anderen. Dazu genügt schon der Ruf nach Ethik. Daß man eine Sache moralisch beurteilt, genügt vor allem in Deutschland meist schon, um als guter Mensch zu gelten.

Dagegen gelten Beobachter, die ihre Begriffe jenseits von Gut und Böse, also »moralinfrei« gewinnen, als böse – zumindest aber doch als zynisch. Das gilt zum Beispiel für Trendforscher, die »Szenen« und deren »Diskurse« beobachten; und erst recht natürlich für Menschen wie meinesgleichen, die nicht Trends, sondern Trendforscher und Unternehmensberater beobachten. Und da steckt natürlich ein interessantes Problem. Denn »böse« ist demnach nicht nur der negative Wert des Moralcodes, sondern auch jede Position außerhalb des Bezugssystems. Das heißt: Für jemanden, der moralisch wertet, erscheint jeder, der nicht moralisch wertet, als böse – also zum Beispiel ein Beobachter der Moral. Ähnlich gilt für einen politisch Linken ja: Jeder, der sich selbst jenseits von links und rechts sieht, steht rechts. Deshalb erscheinen die intelligentesten Soziologen meist als konservativ. Man braucht also Mut, aus einem System herauszutreten und es von außen zu beobachten. Ich komme noch darauf zurück.

Ein Ethiker, der sich selbst versteht, predigt keine Moral, sondern er beobachtet, wie die Menschen mit moralischen Werten umgehen. Und da könnte man heute feststellen, daß die humanistischen Werte in unserer hochkomplexen Welt ihre Orientierungskraft verloren haben und daß uns das schlechte Gewissen der westlichen Zivilisation in die Sackgasse der Katastrophenvisionen getrieben hat.

Wir nehmen heute Abschied von der Industriegesellschaft – und deshalb müssen wir uns auch von der ihr zugeordneten sozialistischen Moral verabschieden. *Für eine Gesellschaft der permanenten Transformationen braucht man eine Wertetafel des Optimismus.* Dazu genügt aber ein amerikanisch-naives »Think positive!« nicht. Ein Comeback der Zukunft setzt neue Werte voraus. Aber gerade deshalb führt der Ruf nach Ethik in eine Sackgasse, denn er beschwört angesichts einer unübersichtlichen neuen Welt die Transparenz alter Werte. Statt dessen sollten wir versuchen, diese Unübersichtlichkeit als hohe Komplexität zu verstehen und Werte zu entwickeln, die ihr angemessen sind. Wer aber versucht, neue Werte zu schreiben, erscheint rasch als böse. Denn es gibt keinen Wertewandel ohne Zerstörung alter Tafeln.

»History is bunk«, hat Henry Ford einmal gesagt – Geschichte ist Blödsinn. Und das stimmt insofern, als unsere Zukunft kaum noch etwas mit unserer Herkunft zu tun hat. Aber man kann aus der Geschichte immerhin lernen, warum etwas nicht mehr geht. Auf unser Problem bezogen, heißt das: Man kann aus der *Geschichte der abendländischen Werte* lernen, warum sie uns nichts mehr zu sagen haben. Ich will das ganz holzschnittartig in vier Etappen beschreiben:

- Die antike Einheit der Werte des Guten, Wahren und Schönen in einer kosmisch-harmonischen Ordnung; die Menschen lebten in einem Gleichklang der Werte. Auch wenn das zu schön sein sollte, um wahr zu sein, stellt diese Antikenlegende doch immerhin eine gute Kontrastfolie für das dar, was man moderne Welt nennt.
- Die frühmoderne Ausdifferenzierung der Werte; der große Soziologe Max Weber hat von einem Polytheismus der Wertreihen gesprochen. Jede Wertewelt hat seither ihren eigenen Gott. Damit ist gemeint, daß das Gute, das Wahre und das Schöne nun ganz unterschiedlichen Disziplinen zugeordnet sind, die jeweils ihre Spezialisten und eigene Logik ausbilden. Der Erkennende hat nun nichts mehr mit der Schönheit zu tun; der Künstler weiß nichts mehr vom richtigen Leben, u.s.f.

- Die spätmoderne Umwertung der Werte bringt eine Entübelung des Chaos, des Bösen, des Häßlichen und des Scheins. Die moderne Kunst folgt einer Ästhetik des Häßlichen; das Böse wird als Inkognito unserer besten Kräfte durchschaut (das ist ja unser Thema!); die Erkenntnis verzichtet auf Wahrheit und operiert mit Fiktionen und Hilfskonstruktionen; das Chaos erscheint nicht mehr als Feind der Ordnung, sondern als fruchtbarer Schoß der Möglichkeiten.
- Die postmodernen Werte-Zitate. Gerade weil unsere westliche Zivilisation keine ethische Grundorientierung mehr bieten kann und man nicht mehr sieht, wie Moral heute überhaupt noch begründet werden könnte, werden traditionelle Werte, ganz ähnlich übrigens wie Stilformen der Vergangenheit, rhetorisch und unverbindlich »zitiert«. Das gilt für Sonntagsreden, Politik und Werbung gleichermaßen. Ich komme gleich darauf zurück.

Wenn also neuerdings wieder verstärkt von Ethik in Marketing und Management geredet wird, so können wir die Diagnose stellen: Das sind Werte-Zitate! Daß ein amerikanisches Fachblatt »Business Ethics« heißt, bedeutet eben noch lange nicht, daß Geschäft und Moral sich vertragen. Wir können zunächst nur feststellen, daß das Vokabular der Political Correctness einen hervorragenden Fundus für Public-Relations-Maßnahmen darstellt.

Ethik ist in wirtschaftlichen Zusammenhängen einfach deshalb ein faszinierender Begriff, weil er Werte und Motive suggeriert, die nicht aufs Profitmotiv zu reduzieren sind. Ein neutraler Beobachter könnte sich zuweilen besorgt fragen, ob diese ökologisch und ethisch beflaggten Firmen überhaupt noch an den Gewinn denken. Doch die Sorge ist unbegründet. *Ethik und Ökologie sind selbst Mode geworden;* der Zeitgeist fordert heute genau diesen Tribut. Idealismus verkauft sich gut.

Denn gerade auch der Idealist ist köderbar. Er springt auf gewisse Zauberwörter wie Natur, Umwelt, Identität, Solidarität, Selbstverwirklichung u.ä. an. Es geht hier natürlich nicht um Wirklichkeiten, sondern um Idole, die man anbeten und verehren kann. Bis vor wenigen Jahren war das stärkste Idol der Idealisten die »Gesellschaft«. Mit dem Zusammenbruch des sozialistischen Staatsgötzendienstes hat sich das Devotionsbedürfnis von Gesellschaft auf Natur verschoben. *Natur ist der Götze unserer Zeit, und Ökologie ersetzt zunehmend die Theologie.*

Zugegeben: All das spricht auf den ersten Blick natürlich nicht für den von mir diagnostizierten Trend zum Bösen. Die offizielle Kultur, die Sonntagsreden und das schlechte Gewissen sind ganz auf Moralschauspielerei gestimmt – edel sei der Mensch, hilfreich und gut. Doch das Begehren und die unbewußten Wünsche der Leute weisen in eine ganz andere Richtung – sie brechen auf ins Land des Bösen. Um eine berühmte Formel zweckzuentfremden: Sie wissen es nicht, aber sie tun es.

Nachdem ich die Beweislast nun so weit angehäuft habe, wird es Zeit, zu zeigen, was sich unter dem Umbrella Term »das Böse« eigentlich versteckt. *Der Kern des Bösen ist das Unberechenbare – also das schlechthin Neue.* Diesen Begriff positiv zu sehen ist erst einer späten Zeit gelungen, die sich ebendeshalb Neuzeit nannte. Daß wir das Neue gut finden, ist also eine recht neue Erfahrung. Man könnte sagen: Die Neuzeit beginnt mit der Autologie, also der Selbstanwendung des Neuen: Der Wert des Neuen wird neu bewertet. Und hier wird die Lust am Risiko geboren. Was bisher Abscheu und Angst erregt hat, bildet nun das Medium raffinierter Lüste: der Zufall, das Ungewisse, das Plötzliche.

Das Neue war also ursprünglich das Böse und trägt auch heute noch dessen Spur. In einem funktionierenden System wie der Organisation eines Unternehmens tritt das Böse als Störung auf. Das Neue erscheint zunächst als parasitärer Lärm. Mit anderen Worten: *Jede Innovation hat zunächst die Gestalt eines aufsässigen Parasiten.* Das Neue stört das reibungslose Funktionieren. Und nun muß sich der unternehmerische Geist in dem fabelhaften Mut bewähren, die Störung als Nahrung zu begreifen. Das heißt, man muß den Parasiten als Ressource behandeln. Der erfolgreiche Unternehmer weiß, daß das Neue, das dem Sklaven des Systems als böse erscheint, in Wahrheit genau die nahrhafte Störung ist, die das Unternehmen jetzt braucht. Ganz analog gilt: Das Schöne ernährt sich vom Häßlichen, das Gute vom Bösen, die Erkenntnis ernährt sich vom Irrtum, die Tradition vom Fortschritt, und die Ordnung ernährt sich vom Chaos. Um es mit einer Formel des Kybernetikers Heinz von Foerster zu sagen: *Order from noise.* Das »Böse« ist eine Art Schutzimpfung des Systems gegen die Gefahren der Langeweile, Erstarrung und Entropie.

Wir müssen also lernen, über Parasiten umzudenken. Denn *Evolution gibt es nur durch Störer.* Der Parasit irritiert das System und zwingt es dazu, sich neu zu konfigurieren. Nur so kann eine Firma marktsensibel und innovativ werden. Erfahrungen sind nämlich nichts anderes als Störfälle auf dem Monitor der Erwartungen. Und Kommunikation hat vor allem die Aufgabe, mit diesen Störungen und Irritationen umzugehen. Denn es gilt ja prinzipiell: Kommunikation selektiert aus dem Chaos, dem Rauschen; sie ist ein Design von Störungen.

Und nun wird auch klar, warum Moral geschäftsschädigend ist. Ich habe ja gerade gesagt, daß jede Erfahrung ein Störfall auf dem Monitor der Erwartung ist. Das gilt eben auch für alles Neue. Eine Innovation ist eine Entscheidung gegen den Strich der Erwartung. Das setzt voraus, daß man etwas Gewohntes als »auch anders möglich« wahrnimmt. Mit anderen Worten: daß man bereit ist, vom vertrauten Wert auf den Gegenwert umzuspringen. Der Gegenwert, die Alternative, darf also nicht tabu sein. Moral verhindert aber ein funktionalistisches Bewußtsein von Alternativen – und das heißt eben: Moral verhindert Innovationen.

Fehler, Störung, Chaos, Parasit – man müßte schon den fabelhaften Mut einer Märchenprinzessin haben, um diese häßlichen Kröten in der Hoffnung zu küssen, daß sie sich romantisch in schöne Prinzen verwandeln. Die Vernunft sagt nein zu den Gestalten des Bösen – und Manager oder Marketer sind eben meistens vernünftige Leute. Doch darf es nicht etwas mehr sein? Meine These ist nun ganz schlicht die, daß wir nur dem Leitfaden der bösen Wünsche folgen müssen, um zu jener Umwertung der Werte zu gelangen, die unsere Gegenwart fordert.

Und hier lohnt sich nun ein Blick auf das vielbeklagte, vielkritisierte Sendeangebot der Massenmedien. Man kann ja prinzipiell sagen: Der Schlaf, der Krieg und die Medien lockern die Zensur, die die bösen Wünsche im Unbewußten hält. Im Traum, im Krieg und im Krimi ist die Untat erlaubt. Sie zapfen das Reservoir des Bösen an. Heute ist die *Expedition ins Böse* eine alltägliche Dienstleistung der Pop-Kultur. Gangsta-Rap ist eine der deutlichsten Formen, die dieser Kult des Bösen in der Pop-Kultur hervorgebracht hat. Dazu paßt die Ästhetik des Häßlichen in der Mode – man denke nur an Punk und Grunge, oder Beavis + Butthead von MTV. *Die Negativ-Werte versprechen das Heil;* man könnte das Vulgär-Gnosis nennen.

Zum Entsetzen von Staatsanwalt und Bundesfamilienministerin, Volkshochschule und evangelischer Akademie wächst der Wunsch nach Horror, Porno und Crime unaufhörlich. Diese »bösen Wünsche« nähren sich von dem kulturellen Sachverhalt, daß die »guten Menschen« der Aufklärung die menschliche Aggressivität blockieren. Ich argumentiere hier also mit einer Denkfigur, die auch nach fast hundert Jahren nichts von ihrer Erklärungskraft eingebüßt hat: Freuds Konzept der *Wiederkehr des Verdrängten.* Was die Gesellschaft verdrängt, tabuiert, untersagt, ist damit nicht verschwunden, sondern es kehrt anderswo und in entstellter, maskierter Gestalt wieder.

Doch kein Mißverständnis, bitte: Gesellschaft ist nicht anders möglich als auf der Basis von Tabus und Untersagungen. Anthropologen wie Arnold Gehlen haben die unverzichtbare Funktion der Tabus als Hemmungen der »virtuell hemmungslosen« Natur des Menschen kenntlich gemacht. Und das hat eben seinen Preis. Man könnte von einer Art *Treibhauseffekt der Tabus* sprechen: Unter ihrer Kuppel wuchern dann die Geschmacklosigkeiten.

Nur weil wir alle den Teufel im Leib haben, kann Hollywood einen permanenten Kult des Bösen zelebrieren. Und dieser Teufel steckt gerade auch im Leib derjenigen, die heute so medienwirksam über Pornographie und Horror, Katastrophen- und Skandaljournalismus lamentieren. Wer vor all dem Angst hat, ängstigt sich nämlich vor sich selbst. Von der Psychoanalyse kann man lernen: Im Angsttraum ängstigen wir uns nicht vor dem Schrecklichen, sondern vor unserem eigenen Wunsch nach dem Schrecklichen.

In der Wiederkehr des Verdrängten hat unsere Kultur jetzt ein Stadium erreicht, wo die Langeweile des Alltags nur noch durch die Reizwerte des Untersagten durchbrochen werden kann. Faszinierend ist alles, was unsere Zivilisation mit einem Bann belegt. Und diese Faszination der Überschreitung hat einen religiösen Kern. Denn der Tabubruch ist eine Handlung, die mit der religiösen Handlung, dem Ritual also, konkurriert. Lediglich die Vorzeichen werden gewechselt: *Das Sakrament wird durch das Sakrileg ersetzt.*

Es geht also um die *Faszination des Ausnahmezustandes,* die Wiedergewinnung von Außeralltäglichkeit – und zwar mitten im Alltag selbst. Filme wie Oliver Stones »Natural Born Killers« handeln von einer abstrakten Kriminalität. Diese Polizeiwidrigkeit um ihrer selbst willen ist ein Ideen-Ersatz, das Andere der Norm. Damit sind wir wieder bei dem Problem des Wertevakuums. Denn gerade wenn einer Gesellschaft die Ideen ausgehen, wird die Figur des Verbrechers besonders interessant – er weckt den Sinn für Normen. Besonders deutlich wird das natürlich am Mord, ohne den kein Krimi auskommt. Der Mord ist der reine Tabubruch und damit das Faszinosum des absoluten Sakrilegs: Der letzte, oberste Wert unserer Zivilisation, nämlich die Heiligkeit des Lebens, wird verletzt. Ich meine also, daß es sich bei Sex & Crime um eine religiöse Faszination handelt – vielleicht die einzige, die es in einer scheinbar tabulosen Welt noch geben kann. Meine These lautet also: Die Inszenierung des Mordes und die Pornographie sind in einer restlos säkularisierten Welt *Beschwörungen des verlorenen Heiligen.*

Wir leben nicht nur in einem Vakuum der großen Ideen, sondern auch in einem *Vakuum der großen Gefühle.* Man kann sie in unserer Gesellschaft nicht mehr »anbringen«. Das ist eine Folgelast des zivilisatorischen Fortschritts. Die westliche Welt lebt

- im Frieden; Kriege gibt es nur noch an der Peripherie;
- ohne religiöses Dogma; die offiziellen Kirchen müssen sich damit bescheiden, Träger einer »Zivilreligion« zu sein;
- ohne politische Ideologie; wir leben in einer rein formalen Demokratie, die ihre Funktionstüchtigkeit gerade ihrem unpathetischen Formalismus verdankt.

Das ist natürlich gut so. Aber das hat eben auch seinen Preis: Es gibt keine »natürlichen« Kanäle mehr für die menschliche Aggressivität, die man heute um so schlechter leugnen kann, als Hirnphysiologen sie in einem sogenannten Reptiliengehirn des Menschen lokalisiert haben. Man könnte sagen: *Aggression ist unser Schicksal,* aber unsere Kultur lehrt uns nicht, damit umzugehen.

Vor diesem Hintergrund wird erst die eminente Bedeutung von Massenunterhaltung klar. Massenmedien bedienen einige offenbar unausrottbaren anthropologischen Grundbedürfnisse, denn sie beliefern die *Urformen der Weltwahrnehmung* mit immer neuer Nahrung. Im faszinierten und zugleich zerstreuten Blick auf das Bildfenster des Fernsehers wiederholt sich allabendlich der Blick des Urmenschen aus seiner Höhle heraus in die bedrohliche Welt, um

- Nahrung und Sexualpartner zu finden;
- den Horizont nach Gefahren abzusuchen;
- Sterne zu beobachten.

Das ist das eine. Aber für unsere Fragestellung noch wichtiger ist: Massenmedien befriedigen ersatzweise die in unserer Zivilisation freigesetzte, vagabundierende Aggressionslust. Wir sollen ja Kosmopoliten in der Einen Welt sein, deren Kernländer schon im Ewigen Frieden zu leben scheinen. Nur im Spielfilm darf man noch zwischen Freund und Feind unterscheiden. Hier geht es nicht nur um ein moralisches Tabu, sondern auch um gesellschaftliche Komplexität. Denn die Freund-Feind-Unterscheidung hat ihren evidenten Sinn nur in einer segmentären Gesellschaft – in unserer funktional differenzierten Gesellschaft verlieren Freund und Feind ihre Identität. Ähnliches gilt für die Erfahrung des Sieges. Sieger und Besiegte der politischen und wirtschaftlichen Szene verschwinden nicht nur hinter dem Schirm eines moralischen Tabus, sondern auch im Gespinst gesellschaftlicher Komplexität. Nur im Sport darf man noch siegen und werden Sieger sichtbar. Und deshalb ist Sport massenmediengerecht.

Aber auch der »mündige Bürger«, der sich täglich durch Nachrichtensendungen über die Übel der Welt informiert

– und *nur das Üble, Böse hat News Value* –, ist fasziniert vom Erhabenheitseffekt des Fernsehens: Man kann, durch einen Schirm geschützt, Katastrophen betrachten. Die Medien präsentieren den Alltag des Schreckens, den Weltbürgerkrieg als Fernsehserie. Technische Medien schützen uns ja vor der Direktheit der Sinneswahrnehmung. Und so bieten uns die Massenmedien in ihren Nachrichtensendungen eine geschützte Weltwahrnehmung. Hinter diesem Schirm geborgen, wird uns der Schrecken zur Lust. Seriöse Fernsehsendungen liefern uns Gewaltberichte frei Haus – natürlich unter dem Vorwand der Abscheu vor Gewalt. Damit wird aber nicht ein Informationsbedürfnis befriedigt, sondern ein Katastrophenwunsch erfüllt.

Bei Katastrophennachrichten geht es also nicht um Information, sondern um den Genuß des Distanzgewinns gegenüber dem Schrecklichen. Und gerade weil wir von den gesendeten Katastrophen unbetroffen sind, sind wir so bereitwillig »betroffen«. Genauer gesagt: Die unbetroffenen Zuschauer sind das dankbare Publikum von Betroffenheitsdarstellern, die sich in Kommentaren und Talkshows zu Anwälten des Weltleids stilisieren. So entsteht die *Illusion der Weltverantwortung.* Doch stabile Ferninteressen gibt es eben nur in einer Medienwirklichkeit.

Solchen Katastrophenbetrachtungen und Betroffenheitsdarstellungen kommt die Sendestruktur der Massenmedien entgegen. Sie sind, genau wie die Politik, auf Harmonie fixiert – gerade weil sie von Streit und Konflikt leben. *Die Betroffenheit durch die Katastrophe ist das Inkognito des Katastrophenwunschs.* Massenmedien und ihr Publikum brauchen dringend das, was zu fürchten sie vorgeben: den Streik, den Rücktritt, den Skandal, die Katastrophe. Das ist das Diabolische, Entzweiende, Verfeindende. *Das Böse macht den Unterschied, der zählt: Bad News.*

Und damit sind wir bei Marketing und Werbung. Denn das ist ja das Problem jeder Werbung: Sie ist eine gute Nachricht – und hat deshalb keinen News Value. Deshalb muß auf allem »Neu« stehen. Erst vor diesem Hintergrund wird deutlich, wie genial durchdacht die Kampagne von Benetton war: Sie versuchte erstmals Werbung mit »schlechten« Nachrichten – eben Nachrichten aus »unserer Welt«. Wir können generell feststellen, daß die *Faszination des Schreckens* für das Marketing immer wichtiger wird – man zitiert »Realität«, die großen Weltprobleme. Werbung von Otto Kern oder Body Shop bis zu Greenpeace und den Grünen adressiert sich jetzt gerade auch an die Spaziergänger der Apokalypse.

Solche Schock-Werbung ist natürlich eine Skandal-Technik; sie zielt auf Publicity, das ist klar. Aber ich will hier einmal den Trick benennen, mit dem diese Technik operiert: Der Unterschied von Werbung und Nichtwerbung (also Nachricht, Reportage) wird in die Werbung hineinkopiert – ein Trick, den man ja längst von der Kunst kennt. Mit dem Logiker George Spencer Brown könnte man von einem Re-Entry der Unterscheidung (Werbung/Nachricht) ins Unterschiedene (Werbung) sprechen. In einem Spiegel-Gespräch sagte Luciano Benetton: »Mit unserer Werbung wollen wir Information bieten, und zwar nicht zu unseren Produkten. Unsere Werbung ist keine Werbung, die den Verkauf fördert. Wir machen eine neue Art der Kommunikation. Wir verbreiten keine Lügen. Wir sagen, in dieser Welt gibt es Krankheit, Krieg und Tod.« Das ist natürlich Firmenphilosophie und nicht at face value zu nehmen. Ein nüchterner Beobachter könnte präziser – und paradoxer – sagen: Wir fördern den Verkauf durch eine Werbung, die nicht auf Verkaufsförderung angelegt ist. Wir lügen mit der Wahrheit.

Und was lernt man daraus? Heute ist *das Böse als Konfektionsware* erhältlich. Das betrifft natürlich vor allem die Gralshüter des kulturell Bösen: die Subkulturen des Underground. Wir können seit Jahren beobachten, wie die Gegenkultur zum Verkaufsschlager geworden ist. Wer die Dynamik der Pop-Kultur verstehen will, muß begreifen, daß fast alle Innovationen auf diesem Markt aus einer *Entübelung des Subversiven* entstanden sind. Designer-Grunge ist dafür nur das spektakulärste Beispiel – Geschmacklosigkeit und Armseligkeit als letzter Schrei der Haute Couture. Man denke aber auch an die Einführung von S&M-Accessoires auf dem »normalen« Markt. Um es auf eine Faustformel zu bringen: *Die neuen Nischen-Märkte entstehen durch die Entübelung der Ghettos* – seien es nun unterdrückte Rassen oder verdrängte Triebe. Pop ist also die Kraft, mit der unsere Kultur ihr eigenes Gegenteil übergreift. Und das ist die unerschöpflichste Ressource der Zukunftsmärkte.

Klassiker der Gegenkultur – das ist eine Paradoxie, die für die Pop-Szene charakteristisch ist. Man weiß heute, daß Punk eine grandiose Marketingidee von Malcolm McLaren war. Und die »Sex Pistols« stehen deshalb auch ganz zu Recht im CD-Tower des Jungmanagers. Das Schema ist deutlich: Der Außenseiter wird zum Pop-Idol – wie zuletzt Eddie Vedder von »Pearl Jam«. Und für die Alternativen der Independent Labels gilt eben dasselbe, was für die Alternativen in der Politik gilt: Sie sind Fermente in der Evolution des Massengeschmacks. Der Mainstream wird gerade von denen bestimmt, die anders sein wollen als der Mainstream. Wir haben es heute mit einer Art *Konformismus des Andersseins* zu tun. Die Subkultur wird zum Markenartikel, der Rebell wird zum Fernsehstar, die alternative Szene wird zum Motor der Unterhaltungsindustrie. Das Anderssein ist also längst nicht mehr »links« und »subversiv«.

Hinzu kommt, daß die Wirtschaft Spione in die Szenen schickt. Das steigert nicht nur die Marktflexibilität eines

Unternehmens, sondern hat auch weitreichende Folgen für die Pop-Kultur als den Inbegriff aller Szenen. Es wird nämlich immer schwieriger, »jenseits«, »subversiv« oder »underground« zu sein. *Die Gegenkultur ist ausspioniert.* Das Marketing übernimmt die semantische Pflege der Szene-Diskurse. Und das bedeutet eben: *Alles wird zur Mode entübelt!* Man denke nur an die Hippies, Punk und Grunge. Der Kampf gegen den bürgerlichen Chic endet auf den Cat-walks von Paris und Mailand; das Protestlied gegen den Weltsound von MTV endet als Nr. 1 der Charts.

Das große Nein negiert nichts mehr, sondern wird unmittelbar vermarktet. Deshalb meinte Richard Linklater, der Regisseur des Kultfilms »Slacker«, jüngst in einem Gespräch mit der kalifornischen Medienzeitschrift Wired: »The ultimate counterculture act to this whole media-nugget life is to not pay attention to any of it.« Die einzige Haltung gegen die herrschende Kultur wäre, sie gar nicht erst zur Kenntnis zu nehmen. Eine schöne Paradoxie, die für alle Gegenkulturen charakteristisch ist.

Kritisches Bewußtsein steht also vor schweren Zeiten. Es stellt sich nämlich in der Tat die Frage, ob man in unserem System des totalen Konsumismus überhaupt noch erfolgreich nein sagen kann. Welche subversive Technik kann heute an die Stelle der klassischen Kulturkritik treten? In den Traumwelten der Literaturwissenschaft hat Jacques Derrida sich schon vor Jahren ein ähnliches Problem gestellt und die Textpraxis der »Dekonstruktion« entwickelt; es handelt sich also um eine Technik, die ihren Gegenstand konstruiert, indem sie ihn zugleich destruiert, d. h. seine Elemente entstellt und verschiebt. Daran knüpfen heute die pfiffigsten Köpfe des Underground an – man denke nur an die famose Zeitschrift Adbusters. Wie der Name schon sagt, geht es hier um Störung, Noise, ein parasitäres Dasein in der Welt der Reklame. Hier haben wir also eine erste Antwort auf die Frage nach der Möglichkeit, nein zu sagen: *An die Stelle der Kulturkritik tritt ein witziges Culture Jamming.*

»Adbusters« heißen die Hacker in der Bilderwelt – sie arbeiten an der Dekonstruktion der Werbung. Man trifft auch schon auf den Begriff De-Marketing. Aber die Trennung zwischen Marketing und De-Marketing, zwischen Werbung und ihrer Dekonstruktion, wird immer problematischer. Schon heute ist es oft schwer, zwischen Subversion im Sinne von Adbusters und pfiffiger Selbstironie des Marketing zu unterscheiden. Mein Fazit lautet also: Es gibt durchaus noch überzeugende intellektuelle Techniken der Distanz und Subversion im Zeitalter der neuen Medien. Doch können solche subversiven Unterscheidungen von einem geschickten Marketing eben immer wieder im Sinne des Re-Entry (Spencer Brown) ins Unterschiedene eingeführt werden. Im Klartext: Die Unterscheidung von Mainstream und Underground wird im Mainstream selbst wieder eingeführt – Punk von Lagerfeld, Grunge von Gauthier, der Piercing-Ring in der Nase des Jungunternehmers.

Solche Entwicklungen muß man als Trendchiffren zukünftigen Konsumverhaltens lesen lernen. Die heutigen Konsumprozesse sind schon hoch komplex. Konsum umfaßt heute nicht nur den ironischen Konsum des Konsums – reflexiv und selbstbezüglich wie bei den Yuppies. Sondern er umfaßt auch die Negation des Konsums wie bei der Generation X, also der Zielgruppe, die sich dadurch definiert, daß sie keine sein will. *Reflexion und Negation sind also Grundhaltungen des postmodernen Konsums, auf die sich das Marketing einstellen muß.* Gerade wo ethisch-kritische oder Subkultur-Attitüden maßgebend sind, muß die Wirtschaft eine Art Marketing des »Anti-« entwickeln. Bahnbrechend war da Steve Jobs. Sein Apple Macintosh suggerierte ja sehr kunstvoll, daß der Kunde gemeinsam mit der Firma gegen den restlichen Markt, genauer gesagt: das Weltreich IBM, konspirieren würde. Dasselbe gilt heute für Anita Roddicks Body Shop.

Um zu begreifen, was hier geschieht, muß man den paradoxen Versuch machen, als Ethnologe der eigenen Kultur aus dem System unserer Lebensstile herauszutreten, um es von außen zu beobachten. Dabei stößt man dann auf interessante Sachverhalte, deren Strukturen eine gewisse Familienähnlichkeit aufweisen:

- Die Wirtschaft inszeniert sich ethisch.
- Das Marketing alliiert sich der Subkultur.
- Die Werbung verwischt die Grenze zur Reportage.
- Systemkritiker gründen eine politische Partei.
- Religionen begründen ihr Dogma wissenschaftlich.
- Kunstmuseen stellen Anti-Kunst aus.
- Musik inszeniert das Rauschen, den Lärm der Welt.

Die Liste ließe sich noch verlängern. All diese Phänomene haben die gleiche Struktur: *Die Negation eines Systems wird in dieses System selbst eingeführt* – und genau das vollendet seine Autonomie.

Pop-Kultur, Massenmedien und Unterhaltungsindustrie folgen dem Leitfaden des Bösen, und – um ein treffendes Wort des großen Wissenschaftshumoristen Odo Marquard zu zitieren – sie »entbösen« dabei das Böse zur Konfektionsware. Das heißt aber auch, daß die Menschen ihre alte Angst vor den Gestalten des Bösen zu verlieren beginnen: Der Parasit ist willkommen, das Chaos grüßt freundlich, der Teufel ist interessanter als die Engel, Gefahr wird in einer Ästhetik des Risikos zum Lebensreiz. Hier fehlt nun nur noch der Schritt zur *Versöhnung mit dem kognitiv Bösen,* also mit dem Fehler, der Störung und der Ungewißheit. Und eben das wäre die Aufgabe der Manager.

In einer Zeit, in der es zur Selbstverständlichkeit geworden ist, daß nichts mehr selbstverständlich ist, markieren

Gewißheiten Sackgassen. Die Probleme von heute sind ja deshalb so schwer zu erkennen, weil sie aus den Problemlösungen von gestern entstehen. Die Krise von heute ist so schwer zu enträtseln, weil sie aus dem Erfolg von gestern resultiert. Das Problem der Probleme ist also: Niemand wagt Fehler! Hier müssen Manager von der Evolutionstheorie lernen. Mutationen sind ja Konkurrenz. Wohlgemerkt: *Es gibt keine Anpassung an die Bedürfnisse der Kunden.* Aber was dann? Hier hilft ein positiver Begriff von Störung weiter: Der Kunde irritiert das Unternehmen durch sein Kaufverhalten – das Unternehmen irritiert den Kunden durch die Werbung.

Daß man dem König Kunden Honig ums Maul schmiert, ist selbstverständlich. Und »Dialog mit dem Kunden« ist sicher eine brauchbare Werbeformel. Aber davon dürfen sich die Marketing-Manager nicht das Denken verkleben lassen. Die Wahrheit ist doch: Die Kunden stören – nämlich durch ihre diffusen Wünsche. Deshalb will man mit ihnen in Kontakt treten. Aber nach dem gerade Gesagten ist klar, daß das nur heißen kann: Das Unternehmen stimuliert den Kunden, Lärm zu machen. Überall warten auf uns Fragebogen, denen wir unsere Unzufriedenheiten anvertrauen sollen – im Hotel, in der Wartehalle des Flughafens, neuerdings sogar an der Universität. Daraus können wir schließen: Die wichtigste Form der wirtschaftlichen Kommunikation ist die Reklamation. Wir werden zum Protest eingeladen. Wie dieser Lärm dann verarbeitet wird, ist allerdings Sache des Managements.

Die Innenperspektive einer Organisation, zumal der faszinierte Blick auf die Zahlen, verstellt den Blick auf die Umwelt, den Auftrag und den Kunden. Und daraus definiert sich die wichtigste Aufgabe des Managers, die er dann aber meist dem Unternehmensberater überläßt – nämlich die Unterscheidung Unternehmen–Umwelt wieder ins Unternehmen einzuführen (Re-Entry im Sinne von

George Spencer Brown). Statt immer nur harmoniesüchtig vom Dialog mit dem Kunden zu schwärmen, sollte sich der Manager klarmachen, daß es vor allem darum gehen muß, den Unterschied zwischen Firma und Markt, Firma und Kunden in der Organisation selbst zu repräsentieren. Im Klartext: *Manager müssen Unruhestifter sein.* Statt Friede, Freude und Eierkuchen – order from noise. Also Irritationen nach innen, Ordnungsangebote nach außen. Ich meine deshalb: *Menschenfreundlichkeit schadet dem Unternehmen;* dann werden Probleme unbenennbar, ja unsichtbar.

Das Management soll also die Irritationen der Firmenumwelt interpretieren und verarbeiten, ja mehr noch: Der Manager soll selbst der Repräsentant dieses Lärms in der Firma sein. Es geht hier, wie Kybernetiker sagen würden, um den Einbau einer Beobachtung zweiter Ordnung ins Unternehmenssystem. Die eigentliche Funktion des erfolgreichen Managers läßt sich nur als »seltsame Schleife« im Sinne von Douglas Hofstadter beschreiben: »Something *in* the system jumps out and acts *on* the system, as if it were *outside* the system.« Ein Element innerhalb des Systems bezieht sich so auf das System, als ob es außerhalb des Systems wäre. Sobald dem Manager dieses Kunststück nicht mehr gelingt, ruft man den Unternehmensberater.

Unternehmensberater gibt es also deshalb, weil Manager ihre Aufgabe harmonistisch mißverstehen. Der Gegenstand der Unternehmensberatung ist nämlich der blinde Fleck eines Unternehmens. Und um eine Metapher mit einer anderen zu erläutern: Der blinde Fleck ist die Leiche im Schrank. Wenn sie von außen entdeckt wird, erscheint diese Entdeckung als guter Rat. Wenn dieselbe Beobachtung aber von einem Mitglied des Systems gemacht wird, erscheint sie als Störung.

Betrachten wir das Treiben von Management und Unternehmensberatung einmal von außen. Es handelt sich eigentlich um Beobachtungsverhältnisse, man könnte auch sagen: eine *Stufenfolge böser Blicke.*

- Der gute, also »böse« Manager stört den Betrieb;
- der Unternehmensberater delegitimiert das auf Harmonie fixierte Management;
- der Management-Theoretiker entlarvt den Unternehmensberater, der die Rezepte eines »Management by...« ausschreibt, als Guru.
- Zukunfts-Symposien und Trendtage sind Gelegenheiten für beratene Firmen, die Berater zu beobachten.

Man kann diese innersten organisatorischen Zusammenhänge auch als *Stufenfolge parasitärer Verhältnisse* deuten:

- Die Produktion kann sich nicht selbst koordinieren – deshalb gibt es Manager.
- Die Kontrolleure können nicht finanzieren – deshalb gibt es Aktionäre und Banken.
- Diese Unfähigkeiten und blinden Flecke kann man als wunde Punkte deuten – deshalb gibt es Unternehmensberater.

Zu diesen interessanten Figuren noch eine letzte Bemerkung: Der Unternehmensberater hat ganz offenbar die Funktionen des Beichtvaters und Psychoanalytikers übernommen. Sein Urahn ist der Fürstenberater, also jene Schlüsselfigur streng hierarchischer Gesellschaften, die den Zugang zur Macht kontrolliert hat. Damit hat sich der Kapitalismus sehr weit von seinen heroischen, nämlich puritanischen Ursprüngen entfernt. Ich bin versucht zu sagen: *Unternehmensberatung ist ein Katholischwerden des Kapitalismus.* Der Unternehmer folgt nicht mehr seinem Dämon, sondern hält sich »geistliche« Berater. Ich meine, das – und das Geld – könnte man sich sparen: durch »böse Blicke« aufs eigene System. Wirtschaft heute ist eine

Denkaufgabe, die man nicht delegieren und »outsourcen« kann.

Um Ihnen diese Zusammenhänge deutlich zu machen, habe ich die Rolle des Advocatus diaboli gespielt. Das ist der Fürsprecher dessen, der Unterscheidungen benutzt; der Anwalt des Beobachters. »Gute Menschen« neigen dazu, den Advokaten des Teufels selbst für den Teufel zu halten. Und ich denke, Sie verstehen nun, warum. Für die Moral mit ihren zwei Wertstellen kann das Jenseits von Gut und Böse eben nur böse sein. Deshalb sind »gute Menschen« schlechte Beobachter. Sie wollen nicht unterscheiden und analysieren, sondern helfen und retten. In ihrer Andacht vor dem Altar der alten Werte fühlen sie sich aber durch den parasitären Lärm der Begriffe gestört. Und sie haben recht: *Alle Theorie ist des Teufels.*

Kevin Kelly

Die Biologisierung der Technologie

Vor noch nicht allzu langer Zeit wußte praktisch jeder, wie die Millenniums-Welt der Jahrtausendwende aussehen würde. Sie würde ein sauberer und hellerleuchteter Ort sein. Die Menschen würden unzerstörbare Kleider tragen – etwa so wie bei Star Trek – und rasend schnell über stromlinienförmige, bewegliche Bürgersteige sausen. Alles wäre in erreichbarer Nähe eines Schalters. Es würde keine Schatten mehr geben. Kein Unkraut, das aus Mauerrissen wüchse. Die Technologien gegen Ende des 20. Jahrhunderts, aus reinem Plastik, wie Fernsehen, elektrische Motoren und Pillen, würde auf eine Zukunft hinweisen, die so geglättet, effizient und sicher wäre wie rostfreier Edelstahl.

Allerdings haben wir noch nicht einmal 1999 und wissen doch schon heute, daß wir alles falsch verstanden haben. Die Zukunft wird nicht aus Glas und Stahl bestehen. Im Gegenteil: Jugendliche in schwarzem Leder, tätowiert und mit von Ringen durchstochenen Nasen, vergnügen sich in der weiten Wildnis, genannt *Cyberspace.* Gut ausgebildete Erwachsene verwenden die neuesten Technologien nicht dazu, die Schubkraft von auf dem Rücken tragbaren Turbinen zu berechnen, sondern dazu, online-lebensfähige Gesellschaften von Druiden, Hexen und Drachentötern zu konstruieren. Zu unserer großen Überraschung wurden die alten und verrotteten Strukturen von gestern nicht vollständig durch die neue, sterile Plastikversion ersetzt; beide bestehen nebeneinander in einer mehr zum Organischen neigenden Gegenwart. In den Worten des Science-fiction-Schriftstellers *William Gibson* scheint die Zukunft *»unevenly distributed«,* also ungleichzeitig zu verlaufen. Statt daß nun irgendeine elegante High-Tech-Welt unsere Zukunftsvorstellung dominiert, werden die leistungsstärksten Apparate, die wir herstellen, immer kleiner und treten mehr und mehr in den Hintergrund unseres Lebens.

Eigentlich sollte in der Zukunft die Biologie keine große Rolle mehr spielen, doch gerade unsere Verletzlichkeit durch AIDS zeigt deutlich, daß die Biologie vielleicht die einzige Sache sein wird, die wirklich zählt. Was geht hier eigentlich vor? Wir erahnen eine Zukunft mit einer ganz anderen Ästhetik. Das nächste Millennium wird durch vielfarbige Randbereiche, Spiralen und Nicht-Linearität gekennzeichnet sein, durch Maschinen, die sich selbsttätig weiterentwickeln, Produkte, die auf einer Chaos-Struktur aufbauen, Leben, das aus Keyboards erwächst (denken Sie einfach an Computer-Viren, nur viel besser), durch Kühe, die mit Chips versehen sind, Automobile, die mutieren, Ziegen, die Medizin produzieren (biotechnische *pharms,* also pharmazeutische Farmen genannt), durch individuell entworfene Stoffe und Hunderte von Agenten, die uns repräsentieren und auf einem basarähnlichen, freien Marktplatz auf die Agenten anderer Menschen treffen.

Whew! Es wird eine schmuddlige, verkrautete Zukunft. All die Oualifikationen, von denen wir dachten, wir würden sie unbedingt benötigen, werden sich als irrelevant erweisen. Wir brauchen keine linearen Extrapolationen.

Wir brauchen keine Kontrolle bis zur zehnten Stelle hinterm Komma als Perfektionskriterium. Wir brauchen keinen Gehorsam und keine zentralisierte Herrschaftsstruktur. Wir brauchen keine Maximierung der Effizienz. Was wir statt dessen benötigen, sind gärtnerische Fähigkeiten, wenn wir unsere neo-biologische Zukunft errichten. Denn genau dahin werden wir gehen: in eine technologische Welt, in der die Maschinen sich mit der Natur vereinen.

Bis vor kurzem galt als guter Ingenieur, wer bis spät in die Nacht daran herumerfand, wie man einen Bolzen effektiver in Massenproduktion herstellen könnte – mit weniger Metall, weniger Energie und weniger Zeitaufwand für jeden Bolzen. Er bemaß seinen Erfolg danach, wie er die Haltekraft eines Bolzens pro Dollar oder pro jedes verwendete Gramm Metall verbessern konnte. Er strebte danach, die »Bolzigkeit« des Bolzens zu optimieren: Je mehr Bolzen er verkaufen könnte, desto mehr Geld würde er verdienen.

Vergleichen Sie diesen Weg bitte mit dem zukünftigen Ingenieur. Er wird jemand sein, der sich Methoden ausdenkt, um eine große Bolzenfabrikhalle in eine sehr kleine Maschine zu verwandeln, die Bolzen eher handwerklich herstellt – in Einheiten von sehr wenigen, einzelnen Bolzen, die für einen bestimmten Verwendungszweck kundenorientiert hergestellt werden. Er wird seinen Erfolg nicht daran bemessen, wie viele Bolzen er verkauft, sondern wie viele Kopien seiner Bolzen-Design-Software er verkaufen kann. Vielleicht wird er die Bolzen sogar kostenlos herstellen, wenn man ihm seinen Bolzen-Produktionsprozeß abkauft. Statt nun zu versuchen, seinen Output an Bolzen zu optimieren, wird der gute Ingenieur der Zukunft seine Zeit damit verbringen, nützliche Bolzen-Mutanten zu entwickeln oder auch ganz neuartige Verwendungsmöglichkeiten für Bolzen, oder er wird sogar Ersatzprozesse überlegen, bei denen gar keine Bolzen mehr benötigt werden.

Dieses kleine Beispiel kann sehr gut die drei Dimensionen der großen Revolution, die die Technologie durchmachen wird, illustrieren:

- die Bewegung von *massenproduzierter Gleichheit* zu *massenproduzierten Unterschieden,*
- die Bewegung vom Wohlstand durch Besitz an Vermögenswerten hin zum Besitz am Prozeß,
- die Bewegung von einer Technologie der Optimierung hin zu Technologien der Anpassung.

Diese drei Transformationen werden die Technologie in den Bereich von Biologie und Natur bringen. Wie die tribalistischen *Cyberpunks* und ihre peripheren Vorstellungen der Chaos-Wissenschaft zeigen, wird die Technologie zukünftig sehr viel mehr der Ökologie als der Plastikwelt ähneln. Die Lebenswelt, in der wir wohnen werden, wird wahrscheinlich so aussehen: Bei Ihnen zu Hause wird das Telefon etwas lauter klingeln, wenn Sie gerade die Stereoanlage eingeschaltet haben; die Stereoanlage wird sich von selbst etwas zurückstellen, wenn Sie ans Telefon gehen. Ihre *voice-mail unit* im Büro erkennt, daß Ihr Wagen nicht auf seinem zugewiesenen Parkplatz steht; also wird dem Anrufer automatisch mitgeteilt, daß Sie noch nicht im Büro sind. Ein Buch, das Sie in die Hand nehmen, erinnert auch schon gleich die Lampe über Ihrem Lieblingslesestuhl daran, sich anzuschalten. Ihr Fernseher weist Sie darauf hin, daß der Roman, den Sie gerade lesen, in der nächsten Woche als Film gesendet wird. Die Uhren reagieren auf das Wetter, und Kameras wissen, worauf sie gerichtet sein sollen. Alles wird mit allem verbunden sein. Wir werden praktisch einen Regenwald der Geräte um uns haben.

Im Gegensatz dazu ist der Kühlschrank, den Sie heute noch kaufen, ein arroganter Snob. Bringen Sie ihn in Ihre Wohnung, geht er einfach davon aus, er sei das einzige Gerät im Haus. Er kann weder von den anderen Geräten im Gebäude lernen noch ihnen etwas mitteilen. So wie eine Uhr Ihnen die Tageszeit mitteilt, aber nicht ihren Gerätekollegen. Jedes Utensil dient hochnäsig nur seinem Besitzer, ohne sich darum zu kümmern, wieviel besser es in Kooperation mit den anderen Gegenständen um sich herum seine Aufgabe versehen könnte.

Doch ein Kühlschrank im Jahr 2044 wird in einem ökologischen System mit anderen Maschinen zusammenleben, ihnen zuhören, antworten und mit ihnen einen gemeinsamen Lebensraum bevölkern. Zukünftig wird der Kühlschrank die Uhr im Auge behalten und telefonisch bei einem Lieferanten Milch bestellen, bevor der Karton geleert ist.

Prototypen für die Integration räumlicher Intelligenz in Gegenstände, pfennigklein, befinden sich bereits in der Entwicklung. Im Xerox PARC, Kalifornien, wird schon mit einem drahtlosen Orts- und Kommunikationsnetzwerk, das intelligente Objekte in einem Raum miteinander verbindet, experimentiert. Chips, die in Lampen eingebaut sind, in Stühle und in Namensschilder, ermöglichen es einem Raum, seinem Benutzer wie ein Butler zu folgen und seine nächsten Bewegungen zu antizipieren. Diese allgegenwärtigen Chips besitzen selbst nur die Intelligenz einer Ameise, doch die zukünftige Technolgie wird auf dem Prinzip beruhen, daß eine ausreichende Anzahl von ameisenähnlichen Agenten, die eng miteinander vernetzt sind, sich zu einer Art *colony intelligence,* einer Kolonie-Intelligenz, hin entwickeln kann.

Nicht nur Räume werden eine eingebaute Intelligenz haben und ökologisch funktionieren, sondern sogar ganze Gebäude, Straßen, Einkaufszentren und Städte. Straßenschilder werden mit einem Auto-Navigationssystem oder einem Stadtplan, den Sie in Händen halten, kommunizieren (wird ein Straßenname geändert, ändern sich gleich auch alle Straßenkarten). Die Parkplatzbeleuchtung schaltet sich ein, wenn Ihre Schritte wahrgenommen werden. Zeigt man auf eine bestimmte Art auf eine Werbewand, bekommt man sogleich weitergehende Informationen über das dort angepriesene Produkt, wodurch gleichzeitig der Auftraggeber der Werbemaßnahme Informationen darüber erhält, auf welcher Straße die meisten Anfragen eingehen. Unsere Umwelt wird belebt, entgegenkommend und anpassungsfähig. Sie reagiert nicht nur auf Sie, sondern auf alle anderen Handelnden, die zur gleichen Zeit angeschlossen sind.

Das alles klingt irgendwie sehr organisch, biodynamisch. Aber auch das Organische hat seinen Preis. Diese ökologische Intelligenz wird jeden Neuankömmling benachteiligen, der einen Raum betritt, so wie etwa das ökologische System der Tundra jeden Neuankömmling in der Arktis benachteiligt. Ein Vorteil, den der hochnäsige alte Kühlschrank aus dem Jahr 1995 hatte, war, daß er jedermann gleich ignorierte, sei es Besitzer oder Besucher. In einem Raum, der durch eine Kolonie-Intelligenz belebt wird, sind die Besucher eindeutig im Nachteil. Jeder Raum wird anders sein; ja, jedes Telefon wird anders sein. Wir können jetzt schon die Richtung erkennen, in die diese Bewegung geht. Versuchen Sie doch nur einmal, das intelligente Telefon eines anderen zu benutzen. Entweder ist es zu intelligent oder nicht intelligent genug. Muß man die 9 wählen, um telefonieren zu können? Kann man irgendeinen Knopf drücken, um eine Leitung zu bekommen? Wie (Schluck!) wird ein Anruf auf einen anderen Apparat umgelegt? Nur der Besitzer kennt die nötigen Operationen genau. Das Spezialwissen, das man braucht, um auch nur einen bestimmten Videorecorder-Typ richtig programmieren zu können, ist legendär. Nur weil Sie Ihren eigenen Recorder so programmieren können, daß er die Wiederholung Ihres Lieblingsfilms aufnimmt, heißt das noch lange nicht, Sie könnten auch schon den Recorder Ihres Freundes programmieren. Wenn der Designer es richtig gemacht hat, wird die Kaffemaschine, die ein ungeduldiger Besucher einzuschalten versucht, auf die Voreinstellung »Anfänger« zurückschalten, wenn sie registriert, daß jemand verzweifelt versucht, sie zu starten. Mr. Coffee wird die Situation retten, indem nur noch, wie bei Spielgeräten, die fünf grundlegenden Funktionen angeboten werden, die bereits jedes Schulkind beherrscht.

Doch so niedlich lebensfreundliche Kaffe-Spielmaschinen auch sein mögen – viele Bürger sorgen sich am Ende des 20. Jahrhunderts darum, ob diese Systeme nicht auf Kosten des Bio-Systems dieser Erde entstehen. Doch auch dabei wird die Biologisierung der Technologie Abhilfe schaffen können.

Es wird sowohl für die Natur wie auch für die Industrie Überlebensmöglichkeiten geben. Werden biologische Grundprinzipien in die mechanischen Systeme »importiert«, dann bearbeitet der Herstellungprozeß gewissermaßen seine eigenen Folgeschäden, so wie ein biologisches System immer wieder sich selbst aufräumt. Die Natur selbst kennt kein Müllproblem, da nichts verschwendet wird. Eine Industrie, die dieses Prinzip imitieren würde, wäre sehr gut mit dem Vorrang des Biodynamischen vereinbar, das sie unterstützt.

Die Idee besteht darin, die Bandbreite der Möglichkeiten der Natur *in* Maschinen hinein zu expandieren, den umfassenderen industriellen Bereich eingeschlossen. So werden wir eine ökologische Industrie schaffen können. »Ich denke, daß man mit der Vorstellung, jede Form von Abfall könnte auch wieder ein Rohstoff sein, sehr weit kommt«, meint *Hardin Tribbs,* ein englischer Ingenieur, der industrielle ökologische Methoden entwickelt. Tibbs berichtet darüber, wie ein internes, mechanisches Ökosystem sich bald bezahlt machen kann: »In Massachusetts entsorgte ein metallveredelnder Betrieb seit Jahren Schwermetalllösungen in die örtlichen Gewässer. Und jedes Jahr hoben die Umweltschützer die Belastungsgrenze an, bis man an den Punkt gelangt war, daß entweder die Fabrik ihre Arbeit hätte einstellen und die Veredelung irgendwo anders hinverlegen oder eine sehr teure, nach modernsten Erkenntnissen entwickelte Wasserreinigungsanlage hätte gebaut werden müssen. Statt dessen unternahmen die Veredeler etwas sehr Radikales – sie erfanden ein vollständiges *closed-loop,* also ein geschlossenes System.

Ein *closed-loop*-System recycelt ständig die gleichen Materialien wieder und wieder, etwa so, wie es in einer Weltraumkapsel geschieht. Die Veredelungsfirma in Massachusetts fand einen Weg, um die ungeheuren Wassermassen und toxischen Lösungen, die für den giftigen Veredelungsprozeß benötigt wurden, vollständig recyceln zu können, und das innerhalb des Betriebsgeländes. Ihr innovatives System, das die Umweltverschmutzung auf Null sinken ließ, zahlte sich schon nach zwei Jahren aus. So meint Tibbs: »Die Wasserbehandlungsanlage hätte sie eine halbe Million Dollar gekostet, wohingegen das neuartige *closed-loop*-System nur noch eine viertel Million Dollar kostete. Sie sparten Wasserkosten, da sie nicht länger Abermillionen Liter Frischwasser pro Woche benötigten. Sie reduzierten ihren Chemikalienbedarf, da sie die Metalle wiederverwerten. Zur gleichen Zeit verbesserten sie die Qualität ihres veredelten Produkts, da ihr Wasserfiltersystem so gut arbeitete, daß das gebrauchte Wasser sauberer war als das örtliche Frischwasser, das sie zuvor bezogen hatten.«

Closed-loop-Produktionsprozesse spiegeln die natürliche Produktion als geschlossenes System in lebenden Pflanzenzellen wider, die ja die große Menge ihrer Materialien während der Nichtwachstumsperioden innerhalb ihres Systems zirkulieren lassen. Ähnliche Null-Umweltverschmutzung und *closed-loop*-Prinzipien können auch für ganze Industrieregionen oder vielleicht sogar für den ganzen Planeten entworfen werden. Nichts wird in diesem großen Schleifensystem mehr weggeworfen, da es kein »weg« mehr gibt.

Stellen Sie sich bitte vor, wir verfolgen diesen Weg der Biologisierung und bringen es fertig, daß unsere umweltbelastende Industrie nach den Prinzipien biologischer Prozesse abläuft. Statt mit extremem Hochdruck und Hochtemperaturen zu arbeiten, die bei den meisten Herstellungsprozessen erforderlich sind, könnten wir eine Produktion innerhalb der Bandbreite biologischer Werte entwickeln. Heiß ist schnell, wütend und effizient. Kalt ist langsam, sicher und flexibel. Das Leben ist eher kalt. Leben geht in Raumtemperatur vor sich und mit »kalter« Sonnenkraft. In diese Richtung wird die Entwicklung gehen. Pharmazeutische Firmen werden revolutioniert werden, wenn bioindustrielle Hefezellen den Platz toxischer Chemikalien einnehmen, die heute zur Medizinherstellung verwendet werden. Während die High-Tech-Installationen der pharmazeutischen Fabriken bestehen bleiben, werden Gene, in eine lebende Hefe-Suppe hineingegeben, die Funktion der Antriebsmaschine übernehmen. Der Einsatz von Bakterien bei der Gewinnung mineralischer Erze aus leergeschürften Minen – eine Arbeit, die in der industriellen Vergangenheit den Einsatz harter und umweltfeindlicher

Methoden erforderlich machte – ist ein anderer, schon bewährter biologischer Prozeß, der einen rein mechanischen ersetzt.

Wird der industrielle Prozeß nach dem Vorbild des organischen Modells umgestaltet, werden Bionik-Ingenieure, ausgebildet in Grenzgebieten zwischen Biologie und Technik, ein ganzes Spektrum von unterschiedlichen Ökosystemen entwickeln. Das eine Extrem werden reine, natürliche Ökosysteme sein. Diese Systeme können Biomasse, Sauerstoff, Nahrungsmittel und Tausende organischer Chemikalien produzieren, von denen wir einige sogar ernten können. Auf der anderen Seite findet sich als Extrem das reine industrielle System, das Komponenten synthetisiert, die so in der Natur nicht vorkommen oder zumindest nicht in so großer Menge. Dazwischen befindet sich ein Spektrum von Mischformen, wie etwa Kläranlagen (die Mikroben einsetzen zum Abbau der Abfälle) oder Weinkellereien (die lebende Hefe verwenden, um edle Weine zu produzieren) und bald schon biotechnische Prozesse, die durch Gene veränderte Organismen verwenden werden, um Seide oder Vitamine oder Leim herzustellen.

Sowohl die Gentechnik wie auch die industrielle Ökologie stellt uns eine dritte Kategorie an Bionik-Systemen in Aussicht: zum Teil Biologie, zum Teil Maschine. Wie bei der Biologisierung von Verbrauchsgütern bringt die Biologisierung der Produktionsprozesse die Technologie näher an das Ideal des Lebendigen. Die Zukunft der Technologie ist das Leben, da das Leben die eigentliche Technologie ist.

Im einzelnen wird die technologische Produktion sich aus folgenden Gründen an biologische Methoden anpassen:

- Es wird weniger Material verbraucht, um die Arbeit dennoch besser ausführen zu können. Automobile, Flugzeuge, Häuser und, selbstverständlich, die Computer verbrauchen heute schon weniger Energie als noch vor zwei Jahrzehnten und erbringen sehr viel bessere Leistungen. Die meisten der Prozesse, auf die unser zukünftiger Wohlstand sich begründen wird, werden auf eine biologische Ebene und entsprechende Vorgaben zurückgehen. Produzenten werden biologische Prozesse als konkurrenzfähig und die konstruktive Phantasie als stimulierend wahrnehmen; auf diese Weise werden Produktionsprozesse zu bio-typischen Lösungen gebracht werden.

- Die Komplexität hergestellter Dinge erreicht schon jetzt den Standard biologischer Komplexität. Die Natur, als Meistermanager von Komplexität, bietet kostenlos Orientierungsvorgaben an für die Handhabung komplizierter, kontraintuitiver Netzwerke. Artifiziellen komplexen Systemen werden absichtsvoll organische Prinzipien beigegeben, nur um sie in Gang zu halten.
- Die Natur will sich nicht bewegen, aus diesem Grund muß sie angepaßt werden. Die Natur – die mächtiger ist als alle unsere Apparate – gibt den grundlegenden Takt für den industriellen Fortschritt an, so daß das Künstliche langfristig mit dem Natürlichen harmonieren wird.
- Die natürliche Welt selbst – die Gene und die Lebensformen – kann »technisiert« (und patentiert) werden, wie industrielle Systeme auch. Dieser Trend verringert den Abstand zwischen den natürlichen und den künstlichen/industriellen Ökosystemen – und erleichtert es der Industrie, das Biologische auch wertschätzen und finanzieren zu können.

Monique R. Siegel

Die Renaissance des Unternehmertums

Trendforscher sind keine Wahrsager, Schlangenbeschwörer oder Berufsoptimisten, sondern Menschen, die vorhandene Zeichen orten und ordnen, ein darin enthaltenes Muster erkennen und daraus realistische Entwicklungsmöglichkeiten extrapolieren. Dabei wird ihnen kein Pardon gegeben, wenn sich die Trendvorhersage als falsch erweist. Und in unserer schnellebigen Zeit läßt sich sehr schnell herausfinden, ob sich ein paar erkennbare Anzeichen als verläßlicher Trend entpuppen. Der Trend, der in diesem Kapitel abgehandelt wird, dürfte jedoch die Jahrhundertschwelle mühelos nehmen und sich im neuen Jahrtausend als wirtschaftliche Wirklichkeit bewähren.

Der Titel nimmt es allerdings gleich vorweg: Hier geht es nicht um eine bahnbrechend neue Seite menschlichen Zusammenlebens, sondern um die Wiedergeburt einer wirtschaftlichen Komponente, die schon lange ein Grundbestandteil unserer Volkswirtschaft ist. Unternehmertum gibt es schon, seit es Gewerbe und Handel überhaupt gibt, also seit Beginn einer mehr oder weniger organisierten Tauschwirtschaft. Was also ist daran so trendig, so zukunftsträchtig? Nun, die Karten sind neu gemischt, und der Einsatz ist längst nicht mehr so hoch. Die Spielregeln haben sich sehr geändert, und das hat vielen neuen Mitspielenden den Zugang ermöglicht. Und schließlich haben wirtschaftliche Notwendigkeit ebenso wie die »Suche nach dem Sinn« das Spiel sowohl nutzbringender als auch attraktiver gemacht.

Je größer die (Spielwiese der) Weltwirtschaft, desto mächtiger sei ihr kleinster Mitspieler, erklärt der amerikanische Trend- und Zukunftsforscher *John Naisbitt* in seinem jüngsten Buch das *Globale Paradoxon*. Wenn diese auf den ersten Blick etwas verwirrende Feststellung zukunftsweisend ist, dann sehen Klein- und Kleinstunternehmer/innen goldenen Zeiten entgegen. Aber selbst wenn man diese Feststellung mit Skepsis betrachtet, so ist doch nicht zu übersehen, daß die Chancen für ein neu definiertes Unternehmertum – ein Unternehmertum, das den Sprung vom 19. ins 21. Jahrhundert geschafft hat – gut stehen. Noch nie hat es so viele gute Gründe gegeben, aus dem Angestelltenverhältnis in die Selbständigkeit zu wechseln, und noch nie ist es so leicht gewesen, den ersten Schritt in dieser Richtung zu tun. Veränderte wirtschaftliche Rahmenbedingungen und ein psychologisch positives Klima haben also weltweit zu einer Renaissance des Unternehmertums geführt – unter neuen Vorzeichen und mit neuen Möglichkeiten.

Gute Gründe für Firmengründungen

»Das Amerika der Konzerne, so wie wir es heute kennen, existiert nicht mehr. Die Leute mit Durchblick haben die Großkonzerne verlassen, um eigene Betriebe aufzumachen, die der sozialen und ökologischen Verantwortung gerecht werden.« Dies ist einer der Bausteine in der optimistischen Weltvision des Jahres 2010 von der erfolgreichen US-Trendforscherin *Faith Popcorn,* die sie Anfang der 90er Jahre veröffentlichte. Die bisherige Entwicklung gibt ihr bereits recht – aber die echte Beschleunigung erfährt die Umsetzung dieser Vision durch diejenigen, die die Konzerne nicht freiwillig verlassen haben, sondern wegrationalisiert worden sind. Mit Ende 40, Anfang 50 sind sie von einer zahlenbesessenen, grausamen Wirtschaftswelt als »nicht mehr vermittelbar« abgestempelt worden.

Gleichzeitig hat die medizinische Forschung ihre Hausaufgaben mit Fleiß gelöst: Die Lebenserwartung der Menschen in westlichen Industrieländern liegt für Männer bei 73, für Frauen bei fast 80 Jahren. Und alle, die in diesen Ländern leben, wissen, daß diese sogenannten »Senioren« noch recht jugendlich auftreten: Fit, aktiv, lebenslustig und informiert, denken sie nicht daran, eine ihnen aufgezwungene Frühpensionierung zu akzeptieren. Wenn also schon die Menschen, die bisher altersmäßig zu den Pensionierten gehören sollten, sich dieser Forderung verweigern, wieviel mehr Recht auf ein sinnvolles drittes Lebensdrittel haben die 50jährigen, die unverdientermaßen auf die Straße gestellt werden? Da die Rezession sich jedoch als Strukturwandel entpuppt und immer mehr Großfirmen sich dabei nicht mehr nur zu schlanken, sondern geradezu zu magersüchtigen Firmen umstrukturieren, wird die Zahl derjenigen, die »gebeten« werden, sie zu verlassen, gleichfalls immer größer. Viele von ihnen entdecken daraufhin Fähigkeiten in sich, die bis dahin noch nicht gefordert waren: Überlebensdrang und Schaffenskraft bilden die Basis neuen unternehmerischen Denkens und Handelns. Nicht auszudenken, wie sich das weiterentwickeln könnte, wenn die »Leute mit Durchblick« sich noch freiwillig dieser Gruppe zugesellen ...

Unternehmertum also als ein Weg aus der Aussichtslosigkeit der Arbeitslosigkeit. In diesem Zusammenhang sicher auch eine Option für junge und »mittelalterliche« Arbeitslose, die vielleicht noch vermittelbar wären, sich aber nicht mehr auf diese Option verlassen wollen. Oder sich den erhöhten Anforderungen der Großunternehmen an ihre Angestellte verweigern. Dazu gehören zum Beispiel die Anforderungen an Mobilität, die heute kompromißlos gestellt werden. Man hat dorthin zu gehen, wo die Arbeitsplätze (noch vorhanden) sind – eine Forderung, die als krasser Gegensatz zur zunehmenden Wertschätzung von Lebensqualität empfunden wird.

Aber das ist nicht der einzige Irritationspunkt. Je mehr Mitarbeiterinnen und Mitarbeiter entlassen werden, desto weniger Verbleibende müssen die anfallenden Arbeiten ausführen. Natürlich gehen Rationalisierungsmaßnahmen meistens mit größeren Entlassungswellen Hand in Hand; dennoch bleiben genügend Aufgaben, die erledigt werden müssen, aber häufig nicht mehr genügend Menschen, die sie erledigen können. Zeit- und Leistungsdruck können hie und da von einem kostensenkungsbesessenen Management ins Unerträgliche gesteigert werden; Angst um den Job bei den Betroffenen wird es zwar vorerst vor einer Palastrevolution schützen. »Leute mit Durchblick« aber, die kompetent sind und gerne wieder motiviert sein möchten, werden die erste echte Möglichkeit eines Ausstiegs wahrnehmen: Sie werden entweder zu einem kleineren Unternehmen mit menschlicheren Zügen wechseln – oder aber den Sprung in die Selbständigkeit wagen. Die in den letzten Jahren sprunghaft angestiegene Zahl der *Consultants* und Seminarveranstalter legt beredt Zeugnis von dieser Entwicklung ab.

Auf alle Fälle liegen in diesem fragwürdigen Verhalten von Großfirmen einige der offensichtlichsten Gründe für die steigende Zahl von Firmengründungen. Wer nun allerdings auf Gründerpersönlichkeiten wie *Henry Ford, Thomas Watson* (IBM), *Robert Bosch* oder *Henri Nestlé* mit den von ihnen entwickelten Unternehmen spekuliert, wird aller Voraussicht nach enttäuscht. Sie gehören dem Konzept Unternehmertum an, wie wir es in der Vergangenheit oft in unseren Köpfen gespeichert hatten. »Unternehmertum« – das hatte doch etwas mit großen Investitionen zu tun, mit viel Kapital, noch mehr Grund und Boden und sehr vielen Arbeitern. »Unternehmertum« – das wurde verkörpert durch den Unternehmer, der sehr oft mit seiner Hände Arbeit angefangen, sich mit sehr viel Fleiß und Sparsamkeit »hochgearbeitet« und schließlich viele Arbeitsplätze geschaffen hatte, über die er nun als Patriarch regierte. »Unternehmertum« – das hatte schließlich in einer ganzen Reihe von Fällen mit ausbeuterischen Systemen zu tun, denen – »zum Glück« oder »Gott sei's geklagt«, je nachdem auf welcher politischen Weltanschauung der Kommentar fußte – die Gewerkschaften die Stirn zu bieten versuchten. Auf alle Fälle hat sich der Begriff bis in unsere Zeit hinein in den Köpfen vieler mit negativen Vorzeichen eingenistet. Und ebenso sicher ist, daß die allermeisten Unternehmer Ambitionen in Richtung Großunternehmer hegten und pflegten, daß sie Wachstum verherrlichten und Expansion anstrebten.

Hier ist eine Kehrtwende in unserem Denken dringend angesagt. Der Trend heute geht eindeutig in Richtung kleiner (und kleinster) Unternehmen, deren Ambitionen – wenn sie überhaupt dahin gehend welche haben – allerhöchstens in Richtung mittlere Größe gehen. Mehr braucht es heute ohnehin schon nicht mehr, und die nächsten Jahrzehnte werden diese Richtung nur verstärken. Hilfreich sind dabei *»How to ...«*-Bücher wie das 1993 erschienene *Million Dollar Home-Based Business*. Es berichtet von vielen erfolgreichen Unternehmerinnen und Unternehmern, die ernstzunehmende Firmen aufgebaut haben, indem sie ihr Wohnzimmer oder ihre Garage zum ersten Firmensitz umfunktioniert hatten.

Einen Vorteil bieten die Schlankheitskuren der Großen allerdings: Bei der Besinnung auf ihre Kernkompetenzen finden sie häufig heraus, daß sie auf einige Abteilungen,

Dienstleistungen, Stabsstellen oder sogar Produktionsverfahren schmerzlos verzichten können. Wenn sie sie trotzdem noch für das Gesamtergebnis brauchen, entdekken sie die Vorteile des *Outsourcing*. Diese Verlagerung von Diensten oder Produkten, die bisher in den Bilanzen als eine Art »Klotz am Bein« erschienen, hat einen zweifachen Vorteil: Sie entschlackt das Großunternehmen und ermöglicht einem Kleinunternehmen (oder sogar mehreren) eine Existenzgrundlage. Ein weiterer ganz pragmatischer Grund also, warum es zu so vielen Firmengründungen kommt; viele starten ihr Kleinunternehmen sogar mit dem existenzsichernden Auftrag ihres früheren Arbeitgebers, in den sie ihre Fähigkeiten und ihr ganzes *Know-how* einbringen können.

Unternehmensgründung – auch mit kleinen Konten machbar!

Einerseits offeriert also »der Markt« eine Reihe von unternehmerischen Betätigungsfeldern, andererseits erleichtert die Entwicklung im *High-Tech-Sektor* eine Unternehmensgründung ganz beträchtlich. Theoretisch ist es möglich – und in der Praxis oft bewiesen worden –, daß mit einem PC, einem Faxgerät, einem Anrufbeantworter und vielleicht noch einem Mobiltelefon im Auto das »Startkapital« bereits vorhanden ist, besonders wenn es sich um einen reinen Dienstleistungsbetrieb handelt. Leistet man sich dazu noch eine Halbtagskraft fürs Administrative und die Buchhaltung, gilt das schon geradezu als weitsichtig und ambitiös. Auf alle Fälle ist mit dem Minimum an Ausrüstung der Zugang zur wichtigsten Ressource gewährleistet: die Information – in einer globalen Wirtschaft das wichtigste Gut – kommt ins Wohnzimmer, das nicht allzu selten auch, zumindest am Anfang, Firmensitz ist.

Das Mieten von Produktionsstätten, Zentralverwaltungshauptsitzen oder Repräsentationsräumlichkeiten erübrigt sich, wenn die Produktion über Diskette läuft, die Administration über den Datei-Manager erfolgt und die »Besucher« übers Internet in die gute Stube kommen. Die »gute Adresse« ebenso; Hauptsache, das Postfach ist groß genug, um die Aufträge der Kunden und die Lieferankündigungen der Lieferanten zu fassen!

Oft aber ist auch das Postfach nicht einmal mehr so wichtig, denn die Kommunikation – der wichtige Schritt, um Information zu nutzen – geht nicht mehr den traditionellen Weg der Post, sondern den der jungen Telekom. »Telekommunikation ist der Antriebsfaktor, der eine riesige globale Wirtschaft kreiert und gleichzeitig deren Bestandteile kleiner und mächtiger macht«, ist John Naisbitt überzeugt, und er widmet diesem Phänomen das längste Kapitel seines neuesten Buches. Der Zugang zu weltweiter Information zu jeder Tages- und Nachtzeit und überall, vorausgesetzt, man verfügt über einen Laptop, setzt dem globalen Geschäftemachen keine Grenzen. Jungunternehmer – egal welchen Alters und Geschlechts – sind ohnehin keine Menschen, die mit einer geregelten Arbeitszeit von 8.00 bis 17.00 Uhr an fünf Wochentagen rechnen; sie sind telefonisch erreichbar, wenn die USA oder Südostasien ihre Geschäftszeiten haben. Sie lernen schnell, ihr Fax mit genügend Papier ausgerüstet zu halten, Sendungen für kundenzeitgerechten Empfang zu programmieren und das Gerät während des Tages laufend auf Eingänge zu kontrollieren. Anrufbeantworter, E-mail oder, in jüngster Zeit, die Teilnahme am Internet tun ein übriges, um individuelles, kundenorientiertes Arbeiten zu ermöglichen. Viele amerikanische Firmen nutzen den Vorteil der 800er-Nummern-Bestellungen, die 2 Stunden täglich hereinkommen; andere Firmen weltweit haben schnell entdeckt, daß sie sich teure Werbeprospekte sparen können, wenn sie die Möglichkeiten der Telekommunikation einsetzen, um ihre Angebote gestreut oder gezielt an potentielle Kunden zu bringen.

Just-in-Time-Produktion und -Warenabruf haben die Arbeit für diejenigen erleichtert, die Produkte statt Dienstleistungen anbieten bzw. begriffen haben, daß sie ihre Produkte im Sinne einer Dienstleistung absetzen: dann und dort nämlich, wo die Kunden sie haben wollen. Kleinere Lager, vermindertes Risiko und weniger Investition ermöglichen auch im Produktionssektor kleineren Produzenten den Einstieg.

Jenseits der Pragmatik: die »wahren« Antriebsfaktoren

Bei allen Vorteilen, die Telekommunikation, bescheidenes Startkapital und globale Wirtschaft bieten: Es gibt darüber hinaus noch andere Gründe, die die Blütezeit der KMU (Kürzel für »kleine und mittlere Unternehmen«) bewirken. Diese Gründe sind psychologischer Natur; sie sind der eigentliche Motivator, der über die wirtschaftliche Notwendigkeit hinaus die neue Unternehmerkaste bei der Stange hält. Ein kurzer Überblick zeigt die persönliche Färbung dieser Antriebsfaktoren; sie sind eine Mischung aus dem Gefühl des Bedrohtseins und der Bereitschaft, Verantwortung zu übernehmen. Dazu gehören

- eine Welt, in der die bekannten Parameter zerfallen
- die Einsicht, daß Größe nicht (mehr) verläßlich ist
- das Bedürfnis nach
  - Sicherheit
  - Überschaubarkeit
  - Orientierungshilfen
  - menschlichem Maß
  - Entscheidungsfreiräumen

Ebenso wichtig sind andere psychologische »Hygienefaktoren«:

- der Wunsch nach Selbstverwirklichung (im besten Sinne, d.h., seine Talente, Fähigkeiten, Neigungen dort zum Zuge kommen zu lassen, wo sie mit größtmöglichem Nutzen *und* Lustgewinn eingesetzt werden können)
- das Bewußtsein, eine neue Lebensphase gestalten zu können
- das Bedürfnis, für sich selbst und für andere einen Sinn in dem zu sehen, womit man seinen Lebensunterhalt verdient
- der Wunsch nach mehr Lebens*qualität* (statt mehr Lebens*standard*)
- die (Wieder-)Entdeckung dessen, was bei den Amerikanern unter der Bezeichnung *Family Values* sowohl bejubelt als auch kritisiert worden ist

Der Makrokosmos der aus den Fugen geratenen Welt und die Rückbesinnung auf den Mikrokosmos der Familie bilden die Gegenpole in diesem psychologischen Erdbeben; dazwischen gilt es, eine Skala verschiedenster Ängste und Zweifel zu überwinden.

Wertezerfall in einer zerbröckelnden Welt

Das Bedürfnis nach Sicherheit ist ein Grundbedürfnis des Menschen; der Glaube daran drückt sich auf verschiedenste Arten aus: Besitzgier, Geiz, Versicherungswesen, Feindbilder, Armeen, Religion oder der Glaube an *Law and Order* und tradierte Werte – dies alles sind Varianten desselben Phänomens. Mit den Veränderungen, die unsere Welt in den letzten Jahren hat verkraften müssen, ist der Glaube an sichere Werte bedrohlich ins Wanken geraten.

Die Nichtabdeckung eines Urbedürfnisses hat zu einer massiven individuellen Beunruhigung geführt.

- Der Fall der Berliner Mauer hat den Menschen, die in Rechts-Links-Mustern denken, ihr Feindbild genommen. Es hat zudem die Heilsbringer gelehrt, daß Freiheit nicht überall den gleichen Wert hat oder beliebig verpflanzt werden kann, wenn die, denen das Heil gebracht wird, nicht genügend vorbereitet sind, um damit umzugehen. Die große Illusion, die dabei zerstört wurde, macht vielen noch immer zu schaffen: *Nicht der Kapitalismus hat gesiegt – der Kommunismus hat versagt!*
- Die voraussehbare Rezession (wie lange wissen wir schon, daß alles im Leben, also auch die Wirtschaft, zyklisch und antithetisch verläuft ...?) hat sich als ein vielleicht nicht ganz so voraussehbarer Strukturwandel entpuppt, der die freie Marktwirtschaft – soeben noch als alleinseligmachend in die ehemaligen Ostblockstaaten exportiert – in ihren Grundfesten erschüttert hat. Davon betroffen sind besonders viele der als mächtig und unverletzlich angesehenen Großfirmen und deren Mitarbeiterinnen und Mitarbeiter. Auf dem Weg zu den superschlanken Unternehmen haben sie die Loyalität langjähriger Mitarbeiter/innen ignoriert und den Glauben der Öffentlichkeit an ihr Verantwortungsbewußtsein arg strapaziert. *Groß* heißt nicht mehr länger »verläßlich, sicher, lebenserhaltend«, sondern »rücksichtslos, imkompetent und selbst massiv verunsichert«. Für den Durchschnittsmenschen in westlichen Industrieländern – besonders für Entlassene oder ungewollt Frühpensionierte – ist es dabei unbedeutend zu erfahren, daß nicht alle Großfirmen so gehandelt haben, daß gewisse Umstrukturierungen mehr als überfällig waren, daß der Einbruch der Technologie in Produktion und Administration eine ganze Reihe von Jobs (beson-

ders auf der mittleren Management-Ebene) tatsächlich überflüssig gemacht hat.

- Geld: ein angeblicher Sicherheitsfaktor, auf den sich viele fälschlicherweise immer noch zu sehr verlassen. Es ist wohl kaum verwunderlich, daß auch ihre Welt zertrümmert vor ihnen liegt: Der Zerfall der Währungen, die einst als tonangebend galten, läßt eine Zusammenkunft wie die der »G-7«-Staaten lächerlich und passé erscheinen. Die Tatsache, daß ein 28jähriger Größenwahnsinniger eines der ältesten und angesehensten Bankhäuser zu Fall bringen kann, zeigt, wer die »wahren Helden« unserer Zeit sind: Männer mit weißen Hemden und Krawatten, die vor kleinen grauen Kästen mit grünen Bildschirmen sitzen und Milliardenwerte von Tokio nach Frankfurt verschieben. In einer Welt, die vom *Dow Jones* und seinen jeweiligen Landesäquivalenten besessen ist, hat Geld nur noch den (abstrakten) Wert, den die Börsen ihm an einem beliebigen Tag zuordnen. Fassungslos sieht der Durchschnittsmensch diesem unverständlichen Treiben zu und sorgt sich zu Recht darum, ob er sich die Erreichung des medizinisch errungenen Durchschnittsalters überhaupt noch leisten kann ...
- Vertrauen: ein anderer Sicherheitsfaktor von mehr als zweifelhafter Qualität! Worauf können Menschen noch vertrauen? Freie Marktwirtschaft ist mit Demokratie gekoppelt, und Demokratie hat man bisher mit einem gewissen Vertrauen in die vom Volk gewählten Regierungen assoziiert. Ganz offensichtlich wissen nicht alle vom Volk Gewählten dieses Vertrauen zu würdigen, wie die weltweite Welle von Korruptionsenthüllungen erbarmungslos zeigt. Italien, Japan, Belgien, USA, Deutschland und sogar die sonst auf solchen Gebieten eher zurückhaltende Schweiz – um nur einige der jüngsten Fälle zu nennen – zeigen, wie ungerechtfertigt

Volksvertrauen in Volksvertreter zuweilen sein kann. Auch hier: Es sind leider nicht die nichtkorrumpierbaren Politikerinnen und Politiker, die einem sofort als Gegenpol in den Sinn kämen; was im Gedächtnis hängenbleibt, ist, daß Vertrauen in »die da oben« immer weniger angebracht scheint – eine Haltung, die sich bei jedem Urnengang als wachsende Wählerabstinenz manifestiert. Auch hier sollte man mit der Sprache sorgfältig umgehen: Es ist nicht Politik-Verdrossenheit, die den abstinenten Wählerinnen und Wählern vorgeworfen werden sollte, sondern *Politiker*-Verdrossenheit!

- Schließlich: die Frage der Staatssicherheit. Viele scheinen sich irgendwie mit der wachsenden Rechtsradikalität abgefunden zu haben – die Giftattentate auf eine wehrlose Bevölkerung in Tokio und Osaka sowie das Bombenattentat auf ein Staatsgebäude in Oklahoma sollten sie aufgeweckt haben. Sekten und Gruppierungen, die den Feind in der eigenen Landesregierung sehen, sind ernstzunehmende Bedrohungen der Sicherheit eines Landes. Sie haben »Erfolge« zu verzeichnen, indem sie nicht nur auf Tote und Verletzte verweisen können, sondern auch eine tiefe Verunsicherung der Bewohner von Rechtsstaaten verursacht haben.

In einer Welt der zerfallenden Werte hilft es natürlich auch nicht gerade, daß zwanzig Jahre nach Beendigung eines der grausamsten und unnötigsten Kriege der Verteidigungsminister der damals zuständigen Regierung in den USA zugibt, es habe sich um einen gigantischen Irrtum gehandelt …

Rückkehr zum menschlichen Maß

Worauf soll man nun wirklich noch vertrauen? Woran kann man sich halten? Vielleicht kann man sich (nur) noch auf das verlassen, was man selber bewältigen und steuern kann. Vielleicht ist es noch möglich, diesem allgemeinen Vertrauensschwund in öffentliche und große Institutionen etwas entgegenzusetzen, was mehr Aussicht auf Verläßlichkeit bietet. Vielleicht ist es doch nicht die spektakulär-vulgäre Geldgesellschaft der 80er Jahre, die für unsere Zukunft maßgeblich ist, sondern eine Rückbesinnung auf Werte, die für das menschliche Zusammenleben entscheidender sind, als mit Mitte 20 die erste Million auf dem Bankkonto und mit Mitte 30 den ersten Herzinfarkt zu haben. Vielleicht werden die bestimmenden Faktoren der Wirtschaft im letzten Jahrzehnt – Hab- und Raffgier, Expansion und Größe, Geld statt Geist – abgelöst vom dem, was im *Popcorn Report* bereits zu Anfang dieses Jahrzehnts als Reaktion auf diese Entwicklung proklamiert worden ist: von einem neuen Verantwortungsbewußtsein nämlich, für dessen Existenz und Wachstum ausschließlich der oder die einzelne zuständig ist.

Das sind sicherlich nicht Gedanken, die sich jemand systematisch bei der Gründung eines Kleinunternehmens macht. Es sind eher diffuse Wahrnehmungen, die Unbehagen auslösen oder ausgelöst haben und für die aus psychohygienischen Gründen nach einem Abwehr- oder Heilmittel gesucht wird. Wenn *big* inzwischen mit *ugly* gleichgesetzt werden muß, könnte *small* tatsächlich wieder als *beautiful* angesehen werden. Zumindest vermittelt diese These, die schon einmal, in den 70er Jahren, von dem britischen Ökonomen und ehemaligen Wirtschaftsmanagers *E. F. Schumacher* so eloquent und überzeugend propagiert worden ist, das Gefühl der Machbarkeit. Als Visionär war Schumacher natürlich seiner Zeit weit voraus, und es ist dem 1977 Verstorbenen nicht vergönnt gewesen, die Wichtigkeit seiner Thesen erkannt zu wissen; andererseits ist es ihm erspart geblieben, mitzuerleben und zu erleiden, wie weit sich die Wirtschaft in den 80er Jahren in die Gegenrichtung des von ihm Erkannten entwickelt hat.

Schumachers These vermittelt auf alle Fälle heute, mehr als 20 Jahre nach ihrer Entstehung, dem oder der einzelnen ein Mindestmaß an Sicherheit, das auf der eigenen Arbeitskraft, der eigenen Finanzkontrolle und der eigenen Kreativität basiert. Seinen Entscheidungsfreiraum selbst bestimmen und gestalten zu können sagt vielen, wenn auch nicht allen Menschen zu. Die Überschaubarkeit eines *Business Plan,* den man selbst erstellt hat und umzusetzen gedenkt, gibt allein schon auf dem Papier mehr Sicherheit als das unbehagliche Gefühl, Spielball geheimer Mächte in einem Großunternehmen zu sein.

In der Kombination von wirtschaftlicher Notwendigkeit, dem Bedürfnis nach einem Mindestmaß an Sicherheit und dem Wunsch, die Gestaltung einer neuen Lebensphase weitgehend selbst zu bestimmen, liegt ein großes Potential für eine erfolgreiche unternehmerische Tätigkeit. Weitere Zutaten wären die entsprechenden Talente, Fähigkeiten, Neigungen, die bisher zu kurz gekommen sind, aber im neuen Kleinunternehmen voll eingesetzt werden könnten. Schließlich gehören noch Risikobereitschaft, Durchhaltewillen, Lösungs- statt Konfliktorientierung und eine große Innovationsbereitschaft zur Basisausrüstung erfolgreicher Firmengründer. Auf diesem Fundament lassen sich realistische Erfolgsprognosen erstellen.

Darüber hinaus gibt es eine spirituelle Komponente, die am besten mit »Sinnsuche« umschrieben werden kann. Immer mehr Menschen möchten gerne etwas Sinnvolles tun, eine Tätigkeit ausüben, von der man weiß oder sich zumindest erhofft, daß sie über das Verdienen des Lebensunterhaltes hinaus jemandem zugute kommt. Ohne diesen Aspekt überbetonen zu wollen, sehen doch viele Unternehmensgründerinnen und -gründer eine tiefe Befriedigung darin, Arbeitsplätze zu schaffen und anderen dadurch zu einem Lebensunterhalt zu verhelfen. Man sagt den amerikanischen Vollblutunternehmerinnen und -unternehmern nach, die allermeisten von ihnen seien von den vier Buchstaben MABW angetrieben worden: *Make a better world* – und sei es in einem noch so kleinen Radius – sei das Credo gewesen, das sie über den Wunsch nach gewinnbringendem Unternehmertum hinaus motiviert habe. Es ist ein Motivator, der heute ganz besonders auch Frauen anspricht. Nicht umsonst ist die 1994 erschienene Übersetzung eines amerikanischen Buches über erfolgreiche Unternehmerinnen unter dem herausfordernden Titel *Die neuen Unternehmerinnen: Geld verdienen, Spaß haben, Gutes tun* erschienen.

Dort, wo Arbeitsplätze geschaffen werden, entstehen sie unter neuen Vorzeichen, denn neue Arbeitsplätze werden nicht nach alten Vorstellungen von starren Anwesenheitsregeln, rigiden Pflichtenheften und genauen Ausführungsvorgaben konzipiert. Viele dieser Jobs bestehen ja im Dienstleistungssektor, und da gelten ohnehin andere Regeln als für Produktionsstätten. Aber auch dort ist ein Bedürfnis vorhanden nach mehr Lebensqualität, nach einer gütlichen Vereinbarkeit von Berufs- und Privatleben, Arbeitgeber und Familie. Auch hier die Rückbesinnung auf Verläßliches – Familie und Nachbarschaft – bei den Mitarbeiterinnen und Mitarbeitern sowie die Einsicht auf der Unternehmerseite, daß Menschen sich als ganzheitliche Wesen in den Arbeitsprozeß einbringen möchten und nur dann auch dem Unternehmen etwas bringen.

Marktbedürfnisse, Marktmöglichkeiten

Alle Begründungen für eine Renaissance des Unternehmertums, und mögen sie noch so überzeugend und altruistisch sein, wären nutzlos, wenn es nicht Interessenten für dieses Angebot auf einem globalen Markt gäbe. Zum Glück entdecken aber Abnehmer überall die Vorteile der KMU und nutzen sie. Und die KMU werden dabei nicht gerade ärmer ...

Was heute bereits für die Wirtschaft gilt, wird sich in den kommenden Jahren noch verdichten und verfeinern. Die *High-Tech*-Wunderwelt wird zwar zuerst einmal ihren Teil zu einer allgemeinen Verunsicherung beitragen. Die ersten Warnrufe liegen bereits in Buchform vor. Nur: Alle Warnrufe verhindern nicht Forschung und Weiterentwicklung in diesem Bereich. Was wir tun können, ist, das Potential erkennen und nutzen, aber das potentiell Schädigende ebenfalls erkennen und versuchen, es zu verhindern.

Gerade hier tun sich übrigens ungeahnte Möglichkeiten für unternehmerisch denkende Menschen auf: Der Gefahr der Ausgrenzung ganzer Bevölkerungsschichten (ältere Menschen, Arme, Arbeitslose, junge Menschen ohne entsprechende Schul- oder Ausbildung usw.) können Unternehmen begegnen, die ihren *MABW*-Wunsch im Bildungssektor ausleben möchten. Mit etwas Phantasie und Traditionsbewußtsein könnten sie sogar verhindern, daß Bibliotheken und Museen dabei verschwinden, nur weil deren Inhalt auf CD-Rom abrufbar ist.

Die Verlagerung der Weltwirtschaft von menschengesteuerter Produktion zu menschenorientierter Dienstleistung ruft allerorten nach Innovation. Das gewachsene Kostenbewußtsein sowie die Tatsache, daß es immer weniger Arbeit für immer mehr Menschen geben wird, tun es ebenso. Hier haben die KMU einen unbezahlbaren Vorteil:

Mit größerer Risikobereitschaft, kurzen Entscheidungswegen und einem positiv besetzten Konkurrenzbewußtsein sind sie in der Lage, schneller und (meistens) preiswerter auf Markt- und Kundenbedürfnisse einzugehen.

Innovationsbereitschaft heißt: den Wandel lieben zu lernen, sich nicht auf den Lorbeeren (auch wenn sie sich einladend als vergoldetes Bankpolster präsentieren) auszuruhen und das Bessere als Feind des Guten zu betrachten. Das sind Eigenschaften, die in vielen Großfirmen als Unruhestifter angesehen werden und daher unerwünscht sind. Nicht viele Großfirmen sind wie das für seine Innovationsfreude (und den damit verbundenen Umsatz) berühmte Weltunternehmen 3 M bekannt. Dort gibt es seit neuestem die Vorgabe, daß 30 Prozent des Umsatzes (statt wie bisher nur 25 Prozent) mit *neuen* Produkten erwirtschaftet werden müssen.

Aussichten, in die Produktion aufgenommen zu werden, haben besonders die Produkte, die bereits Bestehendes mit Neuem zu vereinen wissen. Aber eben: 3 M ist da eher die Ausnahme, was sich u. a. auch in der beispielhaften Kommunikationskultur ausdrückt, wo jeder Zugang zu jedem hat und Entscheidungen nicht auf einem langen Dienstweg verenden.

Selbst die Firmen, die für das »M« im Kürzel KMU stehen, haben meistens nicht genügend Beschäftigte, um lange Dienstwege zu kreieren, und bei kleineren und ganz kleinen sind Innovatoren und Entscheidungsträger oft in derselben Person zu finden. Intuition spielt dann oft eine große Rolle – etwas, was bekanntlich in Großfirmen auf der Bedrohungsskala gleich nach der Pest kommt.

Aber nicht nur Gefühle sind ein Faktor bei Entscheidungen. Flexibilität, schnelle Reaktionsfähigkeit, die Bereitschaft, auf spezielle Kundenwünsche einzugehen, sowie eine meist überdurchschnittlich hohe Mitarbeitermotivation sind Trumpfkarten, wenn KMU sich daranmachen, den Konkurrenzkampf mit den Großen aufzunehmen. In einem Artikel über Unternehmer, die mit ihren genialen Ideen zu Milliardären geworden sind, ortete das deutsche *Manager Magazin* 1990 ein paar Gemeinsamkeiten bei diesen ehemaligen KMU:

- o gute Grundausbildung (»von der Pike auf«)
- o ausgeprägter Teamgeist (am liebsten mit Brüdern)
- o alle Fachleute müssen Kundenkontakt pflegen
- o flache Hierarchien, dezentrale Organisation, kreatives Chaos
- o keine Diversifikation in Gebiete, von denen man nichts versteht

1992 brachte das amerikanische Wirtschaftsmagazin *Business Week,* das seit einigen Jahren mit gut recherchierten Titelgeschichten das Hohelied der KMU singt, eine beeindruckende Geschichte über Kleinunternehmer, die im Mittleren Westen der USA plötzlich das Potential des Exportgeschäfts entdeckten. Möglich wurden die daraus resultierenden Millionenaufträge fast ausschließlich durch den innovativen Einsatz von Fax und Telefon, der den nicht gerade im Herzen der Business-Metropolen Amerikas ansässigen Firmen den Zugang zum globalen Markt ermöglichte.

Ein eindrückliches Beispiel von KMU, die wider Erwarten Märkte erobern und es durchaus mit Großfirmen aufnehmen können, war im Januar 1994 Thema für den Schweizer *Tagesanzeiger:* Zwei Wochen lang hatten 16 Schweizer Geschäftsleute China, Malaysia und Indonesien besucht und dort den Markt bearbeitet. Beim Heimflug hatte jeder einzelne mindestens einen Vertrag in der Tasche, denn gerade in China sind Technologie und Kapital mittelständischer Schweizer Firmen hoch begehrt. Vertreter dieser Firmen sind bereit und in der Lage, sich schnell auf die völlig anderen Produktionsbedingungen in

China einzustellen und mit Angeboten aufzuwarten, die auf die schwierigen Kunden zugeschnitten sind.

Bei allen Erfolgen sei nicht verschwiegen, daß es speziell in Europa immer noch sehr schwierig ist, Risikokapital zu bekommen. Banken scheinen diesen Begriff auf ihre Art zu interpretieren, nämlich so: Wenn das Risiko vorbei ist, dann kann man über Kapital reden. Junge, motivierte Unternehmer in England, Frankreich, Deutschland und Italien haben ihre Lektion zähneknirschend lernen müssen, geben sich jedoch nicht so leicht geschlagen, wie *Business Week* Ende April 1995 in seiner Titelgeschichte berichtete. Sie suchen sich risikofreudigere Investoren in den USA, wo das Klima für Neuunternehmer viel günstiger ist als in Europa, und profitieren zusätzlich vom dort vorhandenen technischen Know-how. Hier entsteht also ein Verbindungsnetz nicht über Internet, sondern über den Kapitalmarkt – und damit eine neue Art von Vernetzung.

Und »Vernetzung« ist das Stichwort, bei dem KMU-Vertreter hellhörig werden sollten. »Gemeinsam sind wir – noch stärker«, könnte der Leitspruch der Kleinen und Mittelständischen lauten. Anleitung dazu gibt ein ehemaliger Forschungslaborleiter eines Schweizer Großkonzerns, der jetzt Unternehmer ist. Zusammen mit ein paar Kollegen hat er im Rahmen eines Management-Buyout ein Software-Produkt übernommen, das zuvor bei der Großfirma entwickelt worden war. Er empfiehlt den Aufbau eines hochkalibrigen Infrastruktur-Netzes, das öffentlich mitgetragen wird und den KMU bei der Lösung folgender Probleme professionelle Unterstützung anbietet:

- Anschluß an internationale Netze
- Datenvernetzung, Informationsbörsen
- Electronic Marketing
- Zugriff auf umsetzbare Informationen über neue Technologien

- Zollformalitäten
- Qualitätssicherung und Zertifizierung
- Accounting, Finanzierung
- Planung, Risiko-Management
- Verträge, Schutz geistigen Eigentums

Modelle könnten hier von einer virtuellen Holding-Firma, die als Zentrale und Interessenvertreterin für viele kleine und kleinere Firmen fungieren könnte, bis zu einer losen Vereinigung von verschiedenen Kleinunternehmen reichen, die sich auf einem dafür passenden Gelände zusammenschließen und sich die beste verfügbare Infrastruktur leisten. Sekretariats- und Buchhaltungsdienstleistungen stehen diesen Firmen dann in einer Oualität zur Verfügung, die sie sich allein wahrscheinlich nicht leisten könnten; dasselbe gilt für Empfangs- und Konferenzräume, High-Tech-Einrichtungen und vielleicht sogar Firmenwagen. Modelle dieser Art existieren bereits, wie zum Beispiel der *Technopark* in Zürich oder die *Weiberwirtschaft* in Berlin; sie auszubauen wird eine der vordringlichsten Aufgaben für die wachsende Zahl von KMU sein.

Es sei denn, sie wären schon auf eine andere Art miteinander verbunden – so wie es zum Beispiel 50 Kleinbetriebe in Oberitalien sind, die für den amerikanischen Spielzeugkonzern *Mattel* Zubehör für die Barbie-Puppen herstellen. Als Land in Konkurrenz mit Billigproduzenten wie Mexiko, Malaysia, Indonesien und Hongkong, haben sie den amerikanischen Auftraggeber von ihrer Leistungsfähigkeit überzeugen können. *Mattel* hat sie alle getestet und für gut befunden. Die Firmen sind über ganz Oberitalien verstreut, die Produktion jedoch ist zentral gesteuert; das Hauptquartier in Oleggio Castello kommt mit 120 Fachleuten für Logistik und Marketing aus – bei einem bisherigen Jahresumsatz von 200 Millionen Dollar, der 1995 auf 240 Millionen erhöht werden soll. Für den einen großen

Auftraggeber und die vielen kleinen Auftragnehmer ist dies offensichtlich ein lohnendes Arrangement, denn trotz doppelt so hoher Löhne wie in Mexiko produzieren die Italiener kostengünstiger: »Wir bauen auf die industrielle Tradition Norditaliens, kombinieren modernes Management mit neuesten Fertigungstechniken und schlagen damit die Konkurrenz«, lautet das Credo der initiativen, fleißigen Kleinunternehmer. Sie könnten damit beispielhaft für andere potentielle Kooperativen werden.

Haben Großfirmen noch eine Zukunft?

»Selbst heute sagt man uns des öfteren, riesige Organisationen seien unbedingt nötig. Bei genauerem Hinsehen jedoch zeigt sich, daß man sich – kaum ist eine bestimmte Größe erreicht – oft eifrig um kleine Einheiten innerhalb des großen Ganzen bemüht. Die bedeutende Leistung des Mr. Sloan von *General Motors* bestand darin, das riesige Unternehmen so aufzugliedern, daß es in Wirklichkeit zu einer Verbindung von Firmen einigermaßen vernünftiger Größe wurde.«

Das »heute« in diesem Zitat liegt bereits gut zwei Jahrzehnte zurück – der weitsichtige Prophet E. F. Schumacher hat mit dieser Prognose 1973 die derzeitige Entwicklung schon vorweggenommen. Und ebenso weitsichtig scheint Mr. Sloan gewesen zu sein, der offenbar auch schon sehr früh begriffen hatte, was heute weltweit praktiziert wird: Großfirmen »mit Durchblick« bemühen sich, ihre Strukturen in kleinere, überschaubare Einheiten aufzugliedern. Das können Kleinst-Netzwerke von jeweils 10 Menschen sein, wie sie *Bill Gore* bei *Goretex* eingeführt hat; es können Einheiten von 150 bis 200 Mitarbeiterinnen und Mitarbeitern sein – eine Größe, die noch das Gefühl vermittelt, in einem mittleren Unternehmen zu arbeiten –, oder es sind in multinationalen Firmen zumindest die Länder und Regionen, die einigermaßen autonom entscheiden und tätig werden können. *Johnson & Johnson* oder *Nestlé* sind Beispiele in dieser Kategorie. Gefragt (und überlebensnotwendig) sind aber in allen Großfirmen unternehmerisch denkende Menschen, die ihre Fähigkeiten, ihr Know-how und ihre Ideen dem Unternehmen zur Verfügung stellen, anstatt sich selbständig zu machen. Nicht umsonst hat die amerikanische Wirtschaftswelt für sie eine neue Bezeichnung kreiert: *Intrapreneur* – innerhalb der Großfirma unternehmerisch denkende und handelnde Mitarbeiterinnen und Mitarbeiter, die damit dem *Entrepreneur,* dem echten Unternehmer, eine neue Dimension hinzufügen.

Auch Großfirmen haben inzwischen begriffen, daß Expandieren und Dazukaufen, also ein forciertes Größerwerden, zwar den Umsatz, nicht aber zwingend den Gewinn steigern muß. Was hingegen mit schöner Regelmäßigkeit zunimmt, ist die Demotivation – und damit Produktivitätsverluste – der Mitarbeiterinnen und Mitarbeiter, sobald die Unvereinbarkeit von gänzlich verschiedenen Unternehmenskulturen offensichtlich wird. Eine Konsequenz daraus ist, daß nicht mehr unbedingt das Wachsen im Vordergrund steht, sondern statt dessen echte Synergien angestrebt werden, indem Großfirmen Allianzen eingehen. Viele Firmen haben dieselben Probleme, deren Lösungen so verschieden gar nicht sein können. Was liegt also näher, als sich zu verbinden, die besten Lösungsfinder einzusetzen und die gefundenen Lösungen dann den Bedürfnissen der einzelnen Unternehmen individuell anzupassen?

Auch hier leuchtet eine Rückbesinnung auf das menschliche Maß ein. E. F. Schumacher erläutert die Logik einer solchen Begrenzung anhand eines Themas, mit dem sich alle schon einmal auseinandergesetzt haben: »Nehmen wir die Frage, wie groß eine Stadt sein soll. Wenn man diese Dinge auch nicht genau beurteilen kann, so denke ich doch, daß man mit ziemlicher Sicherheit die Obergrenze dessen, was als Größe einer Stadt wünschenswert ist, in der Nähe von einer halben Million Einwohner ansetzen darf. Es ist völlig klar, daß oberhalb einer solchen Größe die Vorteile der Stadt sich nicht vermehren. In Städten wie London, Tokio oder New York fügen die Millionen von Menschen dem wirklichen Wert der Stadt nichts hinzu, sondern schaffen lediglich *ungeheure* Schwierigkeiten und führen zur Erniedrigung des Menschen.«

Dies, wohlgemerkt, Beobachtungen aus dem Jahre 1973! Es ist zu hoffen, daß die Lernfähigkeit der Konzernleitungen größer ist als die von Stadtregierungen ...

KMU verführen mit Vorteilen

Es wird also auch in Zukunft größere Betriebe und sogar Großfirmen geben. Diejenigen, die den Sprung ins 21. Jahrhundert unbeschadet überstehen wollen, müssen jedoch von ihrem hohen Roß herunterkommen. Größe ist kein erstrebenswerter Faktor mehr, Pomp und Statusgebaren sind Anachronismen aus der Blütezeit des Managements (und die war in den 60er, 70er und 80er Jahren!). Der Konkurrenzkampf wird sich immer weniger im Bereich Marktanteile, Markt-Leadership oder Markendominanz abspielen, sondern im Bereich des wichtigsten Kapitals eines Unternehmens: der Mitarbeiterinnen und Mitarbeiter. Der Kampf wird um die Qualifiziertesten, Motiviertesten, Innovationsfreudigsten, Kreativsten und Dynamischsten ausgefochten werden – und die werden es vielfach vorziehen, in KMU zu arbeiten. Denn was ihnen dort geboten wird, sind Vorteile, die nur in dieser volkswirtschaftlichen Kategorie vorhanden sind. KMU bieten sich als echte Option an – auch für berufliche Neueinsteiger, denn immerhin sind zum Beispiel in der Schweiz 99 Prozent aller Firmen KMU und stellen damit 75 Prozent aller Arbeitsplätze dieses Landes. Nicht umsonst nennt man sie in den Artikeln der Wirtschaftspresse, die sich eingehend mit ihnen beschäftigt, »kleine Riesen« oder »mächtige Zwerge«. Sie bieten potentiellen Mitarbeiterinnen und Mitarbeitern zum Beispiel

- leichtere Einführung neuer Arbeitszeiten, -orte und -formen, die den Bedürfnissen aller Rechnung tragen
- große Chancen, schnell zu Verantwortung und Budget-Kompetenzen zu kommen
- die Möglichkeit, innovativ, flexibel und lösungsorientiert zu wirken
- kundenspezifische Lösungen zu erarbeiten und damit immer wieder Neues zu lernen
- motivierte Kolleginnen und Kollegen
- kleine Fix-Gehälter, große Gewinnbeteiligung
- größere Sicherheit des Arbeitsplatzes
- in Krisenzeiten vermehrt Bereitschaft, individuelle Lösungen zu erarbeiten und so Mitarbeiter nicht zu verlieren.

Die Vorteile für diejenigen, die sich als potentielle Firmengründer sehen, sind noch größer:

- Altersunabhängigkeit
- echte Option bei beruflicher Neuorientierung oder Arbeitslosigkeit
- organisches, selbstbestimmtes Wachstum
- Eigenständigkeit bei der Realisierung von Erfindungen, neuen Ideen für Produkte oder Dienstleistungen
- Vereinbarkeit von Berufs- und Privatleben; größere Nähe zur Familie (die häufig auch eine Rolle in der Firmenstruktur spielt)
- fündig werden auf der »Suche nach dem Sinn«

Besonders die letzten beiden Punkte weisen in eine Richtung, deren Daseinsberechtigung im neuen Jahrtausend immer stärker zutage treten wird: eine Wertschätzung der positiven Faktoren im menschlichen Zusammenleben.

Die Wiederentdeckung menschlicher Werte – vom Wunschdenken zur Wirklichkeit

Schon Anfang der 90er Jahre proklamierte Faith Popcorn die Wiederentdeckung der kleinen, vertrauten Einheiten: Zwischen ihrem Trend des *Cocooning* (das Sich-Einspinnen in die eigenen vier Wände, die Verschönerung des Heims, die Konzentration auf die Familie als verläßlichsten Faktor in einer unsicheren Welt) und dem, den sie *S.O.S. – Save Our Society!* nannte (Nachbarschaftspflege, Einsatz der privaten Zeit für gemeinnützige Anliegen usw.), hat sie damals schon eine Renaissance menschlicher Werte prognostiziert. Diese Prognose ist nicht so verwunderlich, wenn auch noch nicht überall wahrnehmbar, wenn man sich immer wieder vor Augen hält, daß unser Leben in Zyklen verläuft: Nach den extrem egozentrischen 80er Jahren ist die Sehnsucht nach Anständigkeit und Altruismus so verständlich wie voraussagbar.

Nicht nur diese Vorhersage stammt von einer Frau, sondern es sind auch vielfach überhaupt Frauen, die dafür sorgen, daß es hier nicht nur beim Wunschdenken bleibt. Denn der Trend zum eigenen Unternehmen hat ganz besonders Frauen angesprochen. Viele haben ihn als äußerst wünschbare Option zur unbefriedigenden Situation der Frauen im Management erkannt und dabei Aufregendes entdeckt: die Lust an unternehmerischen Freiräumen, die Freude an der Verwirklichung eigener Ideen, den Spaß am Kreieren von neuen Produkten. Sie zeigen ein besonderes Faible fürs Unternehmertum, nicht zuletzt, weil eine Reihe weiblicher Charaktereigenschaften gerade Frauen zum Unternehmertum hinzieht und dort erfolgreich werden läßt. Traditionell – nicht biologisch – gehören Belastbarkeit, Durchhaltevermögen, Flexibilität, Reaktionsfähigkeit, eine Gewohnheit im Umgang mit Risiko wie auch gleichzeitig eine gewisse Vorsicht zur Vorbereitung auf ein Leben als Ehefrau und Mutter. Bei aller Vorbereitung – auch der Frauen, die später weder Ehefrau noch Mutter sein werden – gibt es bekanntlich weder Lehrzeit noch Abschlußprüfung, geschweige denn eine Generalprobe für die Zeit nach der Hochzeit, so daß Frauen hier nicht nur eine enorme Flexibilität, sondern auch eine große Portion autodidaktischen Talents zugesprochen werden darf. Ganzheitliches Angehen von Pflichten und Problemen, budgetbewußter Umgang mit den – im Anfang meist sehr knappen – Finanzen sowie schließlich das Verantwortungsbewußtsein, das mit den traditionellen Aufgaben von Ernähren und Bewahren einhergeht, bilden in Kombination mit den anderen Eigenschaften eine solide Grundlage für (angehende) Unternehmerinnen.

Das Interessante daran ist allerdings, daß sich offenbar die wenigsten Frauen im Vorfeld ihres Entschlusses, sich selbständig zu machen, über diese Ansammlung von guten Voraussetzungen Gedanken machen. Frauen gehen nicht analytisch in einem synthetischen Umfeld an diese Art von Entscheidungen heran, sondern sie spüren entweder ein tiefes Unbehagen über etwas, was sie ändern wollen und können, oder sie haben eine wirklich gute, neue Idee, wie man die Welt zu einem etwas besseren Ort machen kann – und dabei durchaus nicht ärmer wird!

1993 gab es in den USA mehr als fünf Millionen Unternehmen in Frauenhänden; sie haben insgesamt mehr Arbeitsplätze kreiert als alle Firmen der berühmten *Fortune-500-Liste!* Den Amerikanerinnen wird vorausgesagt, daß sie bis zum Jahre 2000 mindestens 40 Prozent, wenn nicht sogar die Hälfte aller Firmen besitzen werden. Großbritannien schickt sich bereits heute an, diesen Trend auch für Europa zu bestätigen. Und es ist wirklich nur eine Frage der Zeit, bis sich die Zahlen für statistisch so gut erfaßte Länder wie Deutschland und Österreich, wo bisher jede dritte Firma von einer Frau gegründet wird – oder die Schweiz, wo es jede vierte ist –, denen der USA annähern werden. Praktisch veranlagt und innovativ, arbeitsam und beharrlich, sehen Frauen viele Nischen, wo sie sich mit ihren Produkten und Dienstleistungen einnisten können – und viele entdecken dabei Möglichkeiten, den oft geäußerten Wünschen ihrer Mitarbeiterinnen und Mitarbeiter nach menschen- oder familiengerechteren Arbeitsbedingungen zu entsprechen. *Anita Roddick,* Gründerin des erfolgreichen Unternehmens *The Body Shop,* oder *Susie Tompkins,* Mitgründerin der ebenso bekannten Bekleidungsfirma *Esprit,* sind hervorragende Beispiele für diese neue Art Unternehmertum. Und auch dafür, daß kleine Anfänge mit ethischer Grundlage durchaus zu Großunternehmen mit menschlichem Gesicht führen können. In der Autobiographie der *The-Body-Shop-*Gründerin heißt das so: »Unsere Message ist: *Es gibt einen besseren Weg.* Das Buch des *Business* kann neu geschrieben werden. Man kann seine Geschäfte auf ethischer Grundlage machen, sich zu seiner sozialen und globalen Verantwortung bekennen. Man kann seinen Mitarbeitern Macht geben. Und es ist okay, wenn es Spaß macht.«

Frauen wie sie und Susie Tompkins haben den *Turnaround* im Konzept »Unternehmertum« begründet, der von vielen ihrer Nachfolgerinnen weitergelebt und verfeinert wird. *Joline Godfrey,* Autorin des zuvor erwähnten Buches *Die neuen Unternehmerinnen,* gewährt Einblick in die Unterschiede zwischen traditionellem und neuem, weiblichem Unternehmertum:

Alte Regeln	Neue Regeln
1. Arbeite, arbeite, arbeite	Arbeite, lebe, liebe, lerne
2. Strebe *nur* nach Geld	Strebe nach Sinn *und* Geld
3. Pyramide	Netzstruktur
4. Mißtraue jedem	Schade niemandem
5. Ressourcen verbrauchen	Ressourcen erhalten
6. Schnelles Wachstum	Natürliches Wachstum
7. Arbeit *oder* Familie	Arbeit *und* Familie

Fern jeder falschen Romantik, aber nahe am Puls der Bedürfnisse ihrer Mitstreiter/innen im Betrieb, wissen diese Frauen, daß auch sie als Ziel den wirtschaftlichen Erfolg anstreben. Aber der Weg dorthin ist mindestens ebenso interessant, und es ist wichtig, daß man bei der Erreichung des Ziels Spaß hat. Das heißt: Die Arbeit muß sinnvoll und herausfordernd sein, darf nicht mit dem Privatleben und den Familienbedürfnissen in Konflikt stehen und sollte Raum für Neues, Experimentelles bieten. Dann aber kommt das dritte Element zum Zug: der Gesellschaft, die einem den unternehmerischen Erfolg mit ermöglicht hat, einen Teil des Erwirtschafteten wieder zugute kommen zu lassen. Anita Roddick faßt das so zusammen: »Was wir jedem, der für *The Body Shop* arbeitet, begreiflich machen wollen, ist unser Prinzip, daß wir, wo immer wir geschäftlich tätig sind, *integraler Bestandteil des betreffenden Umfeldes* sind, mit allen Konsequenzen, Pflichten und Verantwortungen, die sich daraus ergeben.«

Die Umsetzung des Wunschdenkens in bezug auf eine humanere Welt schließt eine sinnvolle Unterstützung einheimischer Industrien in Entwicklungsländern mit ein. Auch hier spielen Klein- und Kleinstunternehmerinnen eine zentrale Rolle: Mehr als 90 Prozent ihrer Einkommen fließt in die Familie zurück (im Gegensatz zu den 40 Prozent, die die Männer nach Hause bringen). Einrichtungen wie die in New York ansässige Finanzinstitution *Women's*

World Banking, die diesen Mini-Unternehmerinnen durch Erschließung von Finanzierung, Marketing und Management-Know-how die wirtschaftliche Existenzgrundlage sichern, helfen mit, daß Unternehmertum neu definiert wird: Nicht Entrepreneur und nicht Intrapreneur sind die Schlüsselfiguren in der Wirtschaft der Zukunft, sondern es sind die *Repreneurs* – Frauen und Männer, die dem Konzept »Unternehmertum« mit neuem Mut und unkonventionellen Ideen zu einer erfolgversprechenden Renaissance verhelfen.

Vielleicht sogar zu mehr als einer, denn wie lautet das Credo des unkonventionellen Kosmetik-Imperiums: »Bei *The Body Shop* glauben wir, daß alles der Veränderung unterliegt, und wir haben gelernt, die Veränderung zu lieben.«

David Bosshart

Die Neuerfindung des Menschen

I
Corporate Fitness – Manager wechseln von einem Provisorium ins nächste

Der Grundtenor und die Metaphern im Management sind in der jüngsten Vergangenheit langsam, aber kontinuierlich von sportivem Geist durchdrungen worden. Unternehmungen und Märkte sind zu sportlichen Arenen geworden. Der Sport *als Denke* gibt insgeheim die Matrix für Wertehaltungen, Vorstellungen und Beurteilungen ab; auch wenn Manager selbst in der Mehrzahl noch immer keine sehr sportlichen Menschen sind. Aber Manager müssen fit bleiben, um unterschiedlichste Situationen zu meistern.

Diese Denke wird wichtig für die Organisation von Unternehmen. Viele Unternehmen haben sich bereits extrem in eine Richtung entwickelt, die sie zu einer Art »Durchlauferhitzer« macht. Das heißt: Die Zeit, in der ein Manager für eine Firma attraktiv ist, ist eng begrenzt und wird tendenziell kürzer. Die »fitte« Alterskategorie der Manager befindet sich zwischen 25 und 40 Jahren: Vor 25 steckt man in der Ausbildung und braucht erste Erfahrungen, nach 40 wird man träge, seßhaft, zu teuer, und man kann die Leute nicht mehr so leicht loswerden, wenn man sie nicht mehr braucht. Nur noch wer ganz oben ist, hat einen Freipaß und fällt aus den marktrelevanten Überlebens-Kategorien der Fitness heraus. So werden der Jugendwahn gefördert und Altersvorurteile stabilisiert. Diese Denke ist geprägt von Metaphern wie Junioren, Senioren, Durchhänger, Verletzungsanfälligkeit und Leistungsabfall.

Fitness ist somit mit der Metapher der *Mobilität* eng gekoppelt. Manager sind zu *Transit-Menschen* geworden, die Räume so schnell als möglich überwinden. Unternehmen ihrerseits sind zu Organisationen geworden, die Transiträume für Manager zur Verfügung stellen: das eigene Büro, in dem man nur noch wenige Stunden pro Woche verbringt (Kosten!), das Büro des Vorgesetzten oder der Sekretärin, der Meeting-Room. Manager eilen von einem Transitraum in den nächsten: vom Flughafen ins Sitzungszimmer, von der Autobahnraststätte ins Einkaufszentrum, von dort in die Hotel-Lobby, vom Hotelzimmer in den Hochgeschwindigkeitszug und schließlich in die Seniorenresidenz. Es sind alles Durchgangsstationen, die man abhakt. Es gibt kaum mehr feste Wohn- und Lebensräume. Manager wie Unternehmen kommen nicht mehr zur Ruhe. In Abwandlung des berühmten Satzes von Postman könnte man sagen: We are mobilizing ourselves to death.

Aber das heißt ganz nüchtern: *Fitness* ist der große Trend. In gesättigten, enger werdenden Märkten entscheidet die Corporate Fitness, der »fitte« Umgang mit schnell wechselnden Strukturen, Werten und Kontexten. Nicht zufällig sprechen Manager davon, ihr Kader sei »fit for change«. Oder man spricht in den verschiedensten Varianten von »Verschlankungsprozessen«. Man setzt kein Fett an oder baut den Wasserkopf ab. Unternehmungen zeigen ihre Muskeln. Fitness gilt als Garant für Schnelligkeit und

Wendigkeit. Oder man praktiziert direkt »Lean Management« und »Lean Production«. Immer häufiger findet man »mentale Fitness«. Das Kader ist mental fit. Oder man sorgt sich um »Wellness«. Aus den USA kennen wir ja das Schlagwort der »Corporate Wellness«, das zwar schon einige Jahre alt ist, aber in den kommenden Jahren in unterschiedlichsten Facetten einen großen Boom erleben dürfte – spätestens dann, wenn Unternehmen erkennen, daß sie die Verschlankung zu weit getrieben haben und die Organisation an Magersucht zu leiden beginnt. Oder wenn sie erkennen, daß sie sich in den eigenen Muskel geschnitten haben und dringend Aufbaupräparate benötigen.

Die heimliche Maxime, die Vorgabe in einem Management, in dem nicht mehr stabile Verhältnisse und sorgfältig geplante Entwicklungen durchgesetzt werden können, sondern die formale Fähigkeit wichtig wird, von einem Provisorium ins nächste zu gelangen, scheint zu lauten: *»Halte dich fit, um dich schnell und behende dorthin zu begeben, wo etwas los ist, wo neue Erfahrungen gemacht werden können und wo es etwas zu entscheiden gibt.«* Interessant dabei ist, daß eigentlich zum erstenmal mit der Symbolik der Fitness auch körperliche Metaphern ins Management einfließen. Das ist ein neues Ideal. Bislang war der Körper ein großes Tabu im Management. Ein Manager hat – offiziell – allenfalls einen Kopf, um Entscheidungen zu treffen, und eine Hand für die fällige Unterschriftsleistung. Der Fokus auf Fitness drückt natürlich auch eine ganze Reihe hochrelevanter Ängste aus: Verlust vor körperlicher Integrität, Verdrängung des Alterungsprozesses des Körpers, aber auch Aids, Drogen, neue Viren etc.

II
Ressourcen-Scanning: Auf Spitzenleistungen programmiert

Solange wir uns im Management-Bereich bewegen, sind wir auf der Suche nach Spitzenleistungen. Management ist immer die Flucht nach vorn. Werfen wir einen Blick auf die Entwicklung der Management-Techniken, auf die Beraterkonzepte und Unternehmensstrategien der letzten einhundert Jahre, so stellen wir fest: Unsere Arbeitstechniken sind heute allesamt zu Techniken des Umgangs mit schnellen Veränderungen geworden. Und alle haben *als Arbeitstechnik* das gleiche Ziel: Sie dienen de facto dem Zeitgewinn und der Effizienzsteigerung. Wem dienen die heute so beliebten Dezentralisierungsmaßnahmen oder der Abbau von Hierarchieebenen? Sicher nicht einem humaneren Verständnis von Management. Und wem dienen die Verkleinerungen von Vorstands- und Verwaltungsratsgremien? Sicher nicht dem Abbau des Filzes, den kann man mit weniger Leuten auch konzentrierter haben. Es sind Techniken, mit denen man *formal* Zeit gewinnt. Es sind Techniken im Dienste der Geschwindigkeit. Jede neue Management-Technik, vom Scientific Management über die Unternehmenskultur-Bewegungen bis zum Reengineering, zeigt: Das Ziel bleibt dasselbe, die Sprache, mit der man es einfordert, ist einmal etwas weicher, einmal etwas härter. Der Mensch ist das Mittel. Das ist die Ausgangslage, der man sich vergewissern sollte. *Es gibt keine rationale Möglichkeit, sich ein modernes Management anders zu denken.* Das bessere Management ist zugleich das bessere Zeitmanagement. Schon vor ungefähr einhundert Jahren bemerkte Max Weber zur modernen Betriebsführung: »Zeitvergeudung ist also die erste und prinzipiell schwerste aller Sünden.« »Zeitverlust«, wie etwa »faules Gerede«, oder gar ein Schlaf, der die für die Gesundheit notwendigen 6 bis maximal 8 Stunden übersteigt, ist moralisch »absolut verwerflich«. Die größte Gefahr ist die Gefahr des Ausruhens. Denn im irdischen Leben geht es um eine Tätigkeit, die »nur dem Handeln dient«. Die ewige Ruhe der Heiligen gehört ins Jenseits. Wer in dieser Welt lebt, muß rackern; er muß – als Manager – seine »Nützlichkeit« beweisen und hat daher gegenüber seinem Geldgeber die absolute Pflicht, der »Profitlichkeit« zu dienen.

Das heißt: daß der Manager je zu einer anderen Ruhe als der ewigen Ruhe kommt, ist eine Illusion. Wenn er eine neue Methode gefunden und damit Zeit gewonnen oder, etwas kräftiger formuliert, herausgeschunden hat, *ist er moralisch verpflichtet, diese gewonnene Zeit sofort zu reinvestieren.*

Wer Zeit spart, beginnt ein neues Projekt – denn in der Zwischenzeit können die anderen ja aufholen. Sehr schön formulierte es der CEO von Ameritech, einer amerikanischen Großunternehmung, die vor kurzer Zeit »Reengineering« einführte. Er stand vor seinem Topkader und meinte: »This is like a race where you run the first four laps as fast as you can – and then you gradually increase the speed.«

Kurz: Management-Techniken sind – wenn sie professionell gemacht sind – immer verpflichtet, den kürzesten Weg zum Ziel zu finden, also etwa Abläufe standardisierend zu optimieren und Umwege zu vermeiden, wie z. B. lange Vorbereitungs- und Konzeptarbeitszeiten. Management-Techniken müssen den wichtigsten aller Rabattformen gewähren, den Denkrabatt. Daher sind die *Zahlen* die wichtigste Leitgröße, denn sie erlauben die schnelle, mühelose Übersicht und den Vergleich. Das setzt voraus, daß im Management immer qualitative Werte in quantitative Werte übersetzt und handhabbar gemacht werden. Das erklärt z. B. die Attraktivität von NLP. Denn hier wird suggeriert, daß mit minimalem Denkaufwand, mit einfachen Schemata langfristige Erfolge erzielt werden können.

III
Von einfachen Psychotechniken zu mentalem Sprengstoff

Heute sind die Anforderungen gestiegen, und daher suchen viele Management-Szenen subtilere Techniken, während das eigentliche Ziel unverändert dasselbe bleibt. Damit ist gemeint: Insgeheim geben nicht mehr der Common Sense oder die posivistische, an empirischen Tests sich orientierende Methodik den Ton an, sondern *ausgeklügelte Persönlichkeits-Veränderungsstrategien.* Sie treten sozusagen aus dem wissenschaftlichen, parawissenschaftlichen und esoterischen Untergrund hervor und revolutionieren klassisches Effizienz-Denken. Gehirnforschung, Medientechnologie, Schamanismus und Philosophie werden so zu interessanten Beobachtungsfeldern.

Das heißt: Management-Techniken scannen ständig neue Ressourcen, die *die Natur, der Körper, der Geist, das Bewußtsein, die Psyche, die Emotionen, die Kultur, die Technik oder das Gehirn* zur Verfügung stellen können, um sie für bessere Leistungen neu zu programmieren.

Daher haben Fitness-Strategien für Manager – im Unterschied zur privaten Pflege der Fitness – immer die Aufgabe, sichtbare Effizienzverbesserungen zu bringen. Allerdings zeigen die vielen, oftmals kurzlebigen Tendenzen der letzten Jahre, daß sich »Fitness« nicht mechanisch herstellen läßt. Inzwischen wissen wir: Es gibt keine »Turbo-Meditation«, bei der man nur auf den Knopf zu drücken braucht, und schon funktioniert die Persönlichkeit wie gewünscht. Es gibt keine Schnelltechniken, die Langzeiterfolge ausweisen können. Vielmehr geht es um eine *permanente, intelligente Vernetzung von Bio-High-Tech, Multi-Media und Beziehungs-Management zu einem Management-Fitness-Programm.*

Scanning ist übrigens zu einem der Schlüsselmetaphern im Management und zu einem weltweiten Trend geworden. Weil es technisch immer leichter wird, alle möglichen menschlichen oder nichtmenschlichen Bewegungen, Äußerungen, Abläufe und Strukturen zu scannen, kehrt der göttliche Mythos der Allmacht zurück: der *panoptische Traum,* daß man alles beobachten und speichern könne und somit über den relevanten Datenvorsprung verfüge. Dieser Traum muß in Zusammenhang mit den durchaus rational verständlichen, steigenden Sicherheitsbedürfnissen von Personen und Unternehmen gesehen werden. Wenn strukturell, wertemäßig und im Umfeld die Unsicherheiten zunehmen, versucht man wenigstens im kleinen, Sicherheitsnetze aufzubauen. Das Abhören von Telefonaten war der Anfang. Die Kontrollfunktion von Kreditkarten kam dazu, dank deren man das Lifestyling des Benutzers erfassen kann. Nun gibt es die überall präsenten Kameras in privaten und öffentlichen Bauten, und wir stehen vor der Tatsache, daß ein Milliardstel Gramm eines Weichspülers in der Kriminalistik als Beweismittel dienen kann. Niemand mehr entgeht auf Dauer dem Code, der Registrierung, der allgegenwärtigen Klassifizierung. *Scanscape* scheint allgegenwärtig zu werden (vgl. Mike Davis, 1992) und neue Machtdispositive und Hackerszenen hervorzubringen.

Wir verfügen heute bereits über ein wachsendes, fast unüberschaubar gewordenes Arsenal an Techniken, unser Selbst zu verändern und für verschiedene Strategien einzusetzen. Mit den Entwicklungen der Medientechnologie, der Biologie, der Medizin und der Philosophie können wir feststellen: Ihre Erkenntnisse fließen zusammen in einen neuen Wissensbereich. *Eine neue Art »Humanlehre« entsteht,* die Techniken aufzeigt, den Menschen *perfektibel* zu machen. Der Mensch soll sich selbst so verbessern, daß er auf Dauer fit ist für den evolutionären Überlebenskampf in liberalisierten Märkten. Dabei erhalten auch uralte Techniken der Selbstveränderung wieder neue Impulse und werden reaktualisiert. Ganz alte, oft esoterisch anmutende Techniken werden mit High-Tech versöhnt und gehen neue Kombinationen ein. So können etwa Schamanismus und High-Tech plötzlich zusammenfinden. Ein Phänomen wie der *Zippie* zeigt diese Richtung an, d. h. der »Zen-inspired professional pagan«, also »someone who has balanced their hemispheres to achieve a fusion of the technological and the spiritual«.

Das Spannungsfeld für die Entwicklung von Fitness-Programmen für das Management scheint in den kommenden Jahren zwischen folgenden Polen zu liegen:

1. Genetic Fitness:
Darwin Engineering – Human Design – DNA-Ikonen

Damit ist der neue Kunstmensch gemeint, der als Mischung aus Mensch und Maschine entsteht. Diese Entwicklungen sind erst vage einschätzbar und geben zu Recht Anlaß zu größten Spekulationen. Aber es ist wichtig, sie zu kennen, denn sie bergen die größten Veränderungspotentiale in sich (= Androiditätsfaktor). Die Geschichte lehrt uns:

1. Was die Menschen technisch können, setzen sie irgendwann auch praktisch um.
2. Die Menschen lernen nichts aus der Geschichte (Hegel).

In vielen Bereichen beginnen wir, uns in einer völlig künstlichen Welt einzurichten. Erst allmählich kommt das Bewußtsein auf, daß wir dabei sind, die Wurzeln zur Natur und zu dem, was wir als Natürlichkeit bezeichnen, abzuschneiden. Bei der sogenannten »äußeren Natur« von der Pflanzenwelt bis zur Tierwelt entstehen Veränderungstechniken, indem z.B. der natürliche Rhythmus beim Pflanzenwachstum erhöht oder die Ertragsleistung der Milchkuh verdoppelt werden. Dank der Gentechnologie entstehen neue Arten, die heute bereits rechtlich patentiert und industriell in die Massenproduktion integriert werden.

Je mehr wir uns der »äußeren Natur« des Menschen nähern, desto mehr steigen die Hoffnungen und Ängste. Mit der Möglichkeit der massenhaften Vermarktung von Humanorganen und der zunehmenden Bedeutung von Organtransplantationen wird der Körper zum Ersatzteillager und Gebrauchsgegenstand mit einem bestimmten Commodity Value. Geradezu kometenhaft aufgestiegen sind in den letzten Jahren die Gene als Symbol für neue Machbarkeiten. Der Traum der Verbesserung des Erbmaterials und die Möglichkeiten der Gentherapie geistern herum. *Die Gene werden zu einer kulturellen Ikone verklärt:* das DNA-Mysterium hat ideologischen Charakter erhalten. Damit soll angedeutet werden: Es wird schwieriger, mit dem Argument der Natürlichkeit und der Natur zu operieren. Ob sich von Natur aus etwas so oder nicht so verhält, wird mehr und mehr unentscheidbar.

Warum also nicht in Zukunft erfolgreiche Manager verdoppeln, Kunden ver-x-fachen, um sich so den zukünftigen Absatz der eigenen Produkte in komplexer werdenden Märkten zu sichern?

2. Beziehungs-Fitness: Schwaches Ich – Virtuelle Beziehungen – Multiple Identitäten

Wie bleibt der einzelne im schnellen Wandel von Strukturen und Umfeld überlebensfähig? Sich persönlich fit zu machen wird nicht mehr heißen, ein starkes Ich zu entwickeln, sondern in virtuellen Beziehungen zu leben und multiple Identitäten zu pflegen. Das heißt: Ich setze nicht mehr auf einen persönlichen »Kern« und suche ihn, sondern ich trainiere mir die Fähigkeit an, mich nicht mehr definitiv auf etwas festzulegen. Damit bleibe ich fit für neue Wege. Metaphorisch gesprochen: *Statt in die Tiefe gehe ich in die Breite.* Ich werde zum Oberflächengestalter, ich gestalte mit meinen Stilen, torsohaften Charakteren und Identitäten Oberflächen (was nichts mit Oberflächlichkeit zu tun hat!). Statt mich auf eine bestimmte Karriere zu versteifen, halte ich mir – so lange als möglich – horizontale und fremde Wege offen. *Persönliche Kapitalbildung entsteht durch Beziehungspflege und emotionalisierte Benimm-Techniken,* nicht durch das Bekenntnis zur (ohnehin enttäuschungsschwangeren) Loyalität. Wir brauchen einen postmodernen Machiavelli des Benehmens.

Was heißt das? Dreh- und Angelpunkt der persönlichen Fitness ist nicht mehr der Aufbau einer eigenen, stabilen Identität, sondern das Vermeiden des Festgelegtwerdens. Statt eine klare Identität auszubilden, bleibt alles Wichtige in der Schwebe, unentscheidbar. Darin liegt auch der Sinn der schönen Formel von Bartleby: »Ich möchte lieber nicht.« »I would prefer not to« (vgl. Deleuze 1994). Sie besagt ja: Ich bereite mich darauf vor, von einem Provisorium ins nächste zu gehen. Ich möchte alles Wesentliche in der Schwebe halten, um mir die Freiheit zu erhalten, einen Rückzieher zu machen, wenn mir etwas nicht (mehr) paßt. Also: niemandem gänzliche Loyalität schwören, um sich jederzeit einem neuen Projekt widmen zu können.

Erfolgreiche persönliche Identitäten scheinen sich durch ein »Identitäts-Moratorium« auszuzeichnen. Die wichtigste persönliche Ressource für die Identitätsbildung sind *soziale Netzwerke.* Dabei hat man festgestellt, daß Netzwerke mit geringer Größe und hoher Dichte, mit starken Bindungen, geringer Dispersion und hoher Homogenität die Bildung und Aufrechterhaltung eines Identitätsmusters ergeben, das relativ einfach strukturiert ist und sich wenig verändert. Auf der anderen Seite erhalten

Netzwerke, die groß sind, mehr schwache Bindungen enthalten, eine geringe Dichte, hohe Dispersion und geringe Homogenität aufweisen, eher eine Identität aufrecht, die offen ist für Veränderungen und eine komplexe Struktur aufweist. Eine solche Konfiguration ermöglicht eine sogenannte *multiple Identität,* die sich nie ganz festlegt, sondern immer den Ausstieg offenhält (vgl. aus der sozialpsychologischen Forschung z. B. die Arbeiten von Kenneth J. Gergen oder Heiner Keupp).

Diese weichere Form der Netzwerkkonstellation und Identitätsbildung entspricht dem, was man früher Rollenkomplexität genannt hat. Früher hätte man eine solche Konstellation als Überforderung des Individuums bezeichnet. Interessant ist der Wechsel in der Beurteilung. Heute gilt das, was man noch vor 15 Jahren als Überforderung angesehen hat, wenn auch nicht einstimmig, eher als gesundheitsfördernd. Also heißt das: Auf der individuellen Ebene ist die weichere Form der Identität, die sich nicht festlegen läßt auf starke Bindungen, stabiler als eine Identität, die sich auf starke Bindungen einläßt. Die besten Beweise dafür liefert etwa die Frauenforschung, weil sie zeigen kann, daß bei Frauen mit Mehrfachbelastung hinsichtlich beruflichem, freizeitlichem, familialem oder partnerschaftlichem Engagement stabilere Identitätsmuster entstehen als bei Frauen mit einfachem Rollenmuster. Das heißt: Multiple Identitäten erhöhen die Ressourcen einer Person – ihre Fitness, ihre positive Gratifikation und ihre existentielle Sicherheit. »Relationship Fitness« ist zukunftsträchtiger als innere Emigration.

3. Körperliche Fitness: Body Management – Software vs. Wetware

Body Management wird zu einem großen, aber zwiespältigen Management-Trend. Einerseits schreitet die Zerstörung und Ausgrenzung des Körpers fort, andererseits wird dieser zum Kultobjekt und -subjekt. Der Körper war bislang das Tabuthema. Er war ein räumlicher, zeitlicher und finanzieller Störfaktor. Mit der Bewußtwerdung von global sich ausweitenden Immunsystem-Defekten wird er zum Outlaw-Phänomen. Er wird zur Gefahr: Körperflüssigkeiten können tödlich wirken. Die medientechnischen Entwicklungen kommen diesem Störfaktor-Trend entgegen: Wo immer mehr das Denken in Software und Hardware dominant wird, hat die *Wetware* (menschlicher Körper aus Fleisch, Knochen, Flüssigkeiten) keinen Platz mehr. Denn die Wetware ist behäbig, Alterungsprozessen ausgesetzt und kann nicht beliebig für den Information Highway funktionalisiert werden. Der Körper ist – in Kategorien der Fitness und der Wetware gedacht – zu wenig mobil und viel zu langsam. Er ist ein ärgerliches Randphänomen, das Kosten verursacht und auch für die Diversifikation nur noch mit hohem Risikopotential Zusatzleistungen erbringen kann (vgl. Arthur Kroker: Sex without secretions). Kurz: Wer in Begriffen des Software–Hardware denkt, versucht die Wetware weitgehend zu eliminieren. Die Metapher »Körper« wird neu positioniert und erscheint im Internet und im Information Superhighway als *elektronischer Körper,* der de facto nur eine *Ausweitung unseres Nervensystems* darstellt. Der »alte« menschliche Körper wird im Zeitalter der Cyberkultur und der virtuellen Realität zur Nostalgie. Insbesondere die Körperdarstellungen in der SF (Science fiction) sind ein hochrelevanter Hinweis darauf, wie der Körper des Menschen in Zukunft gedacht und eingesetzt wird (z.B. menschliches Fleisch, das von Cyberscanning Machines durchleuchtet wird, was dazu führt, daß mit besserer Software versucht wird, den Körper an die Geschwindigkeits-Anforderungen des Medianetzwerkes anzupassen – ein ungleicher Kampf, bei dem der Körper verliert).

Umgekehrt gibt es einen starken entgegengesetzten Trend, den Körper zu pflegen und zu hegen wie noch nie.

Neue *Körperreligionen* entstehen in der Alternativmedizin (die sehr stark auf eine Integration von drogenunterstützten Psychotechniken zielen, wobei auch sogenannte körpereigene, also vom Körper selbst durch verschiedene Selbstveränderungstechniken induzierte Drogen wichtig sind). Die äußere und innere »Natur« kämpft gegen ihre Auflösung und Dekonstruktion. Die Selbstheilungskräfte des Körpers sollen uns alles zurückgeben, was wir – als Kinder einer technisierten, durchorganisierten Gesellschaft – vergessen haben. Sogenannte »Naturprodukte« haben ja ihr Image auch bei kritischen Zeitgenossen stark verbessert. »Ageless Body – Timeless Mind« (Deepak Chopra 1993) – das ist die unübertrefflich präzise Kurzformel für das mystische Körperverständnis der Gegenwart. Die Sehnsucht nach dem Sprung aus den weltlichen Kategorien, einer Position »jenseits von ...«, zeigt sich auch in diesem Bereich. Daß dabei auch neue Allianzen zwischen uralten, natürlichen Techniken und High-Tech-Methoden entstehen können, zeigt das erwähnte Beispiel des Zippies.

Die spezielle Rolle spielt auch hier der Körper als materielles, räumlich-zeitliches Phänomen. Die Aussage, *High-Tech bringt High-Touch,* ist sicherlich angemessen. Die steigende Anzahl von Körpertherapien soll das schon in der Kindheit nicht mehr erworbene Gefühl für die körperliche Welterfahrung wieder erlebbar machen. Die Konzentration auf zwei Sinne in unserer Informationswahrnehmung, nämlich Sound und Vision, hat bereits zu groben Vereinseitigungen geführt (u.a. die Vernachlässigung des Taktilen und des Geschmacklichen, also der Fähigkeit, Gegenstände und Körper zu ertasten, und der Fähigkeit, Geschmacksdifferenzen wahrzunehmen. Taktilität ist heute reduziert auf das Betasten des Keyboards, das ein mechanisches Geklapper erzeugt, und das Geschmackliche wird durch Schnelltechniken wie Fast food normiert).

Mit Sicherheit wird Jean-Jacques Rousseau noch stärker zum großen Vorbild der gesamten High-Touch-Bewegungen. Und damit wird auch das *Wiedererlernen der Kindlichkeit* zum Trend (Äußerlichkeiten wie die verstärkte Betonung des Farbigen, des Runden, des Überdimensionierten oder des Prallen sind nur einige Anzeichen dafür). Der eigentliche, »richtige« Mensch ist das Kind, und Erwachsenwerden – als Verlust von Kindlichkeit und »guter Wildheit« – ist ein Abfall vom Menschsein. In unserer durch Künstlichkeit entfremdeten und fremdbestimmten Welt ist allein das Kind noch »gut«. Es verkörpert den letzten Rest an Menschlichkeit, weil es unverdorben ist und sich die Welt in aller Naivität – ohne böse Absichten – aneignet. Kindliche Sinnlichkeit ergänzt/bekämpft männliche Rationalität. Wir lehnen uns in Zukunft dagegen auf, erwachsen zu werden, und pflegen die kindliche Form der Weltfremdheit. Denn für die Kinder ist die Welt vorwiegend fremd, neu, undurchschaubar, unvertraut. Es ist die Gegenwelt, in der man mit naiver Unschuld und ohne den »Ernst des Lebens« leben kann (Odo Marquard). Dahinter steckt natürlich auch ein wachsender Entlastungswunsch. Das Lob des Infantilismus und der Verkindlichung ist der Wunsch, die eigenen Schwächen zu loben.

Interessanterweise geht auch die Multi-Media-Entwicklung insgesamt in Richtung Kindlichkeit. Statt wie bis 1989 mehr die militärisch orientierte Dimension der NASA einzunehmen, scheint sich die Medienwirklichkeit immer mehr in Richtung der Dimension »Toys'R'Us« zu entwickeln. Die Kinder sind die primäre Zielgruppe der Medienentwicklung, nicht mehr der technische Vorsprung für globale kriegerische Auseinandersetzungen. Der Trend zur Verschmelzung von High-Tech und Kindlichkeit zeigt sich auch in der noch immer wachsenden Beliebtheit der Techno-Musik.

4. The Last Sex: Fitness der Geschlechter

The Last Sex (vgl. Arthur Kroker und Marielouise Kroker, Judith Butler) meint das Ende des Geschlechterzwangs. Ist es möglich, eine optimale Mischung des Weiblichen und Männlichen jenseits einer auf ein bestimmtes Geschlecht bezogenen Ableitung von Ressourcen und Fähigkeiten zu erreichen? Dieses Ideal scheint der einzig spannende Ausweg aus der verkorksten Geschlechterfrage zu sein. Die regressiven Tendenzen nehmen nicht nur im Management zu, sondern auch in der Gesellschaft. Man will angesichts unsicherer Entwicklungen alte Sicherheiten und Vorurteile bestätigt wissen, insbesondere hinsichtlich Vererbung. Menschen lassen sich dann nämlich wieder typologisch klassifizieren und beurteilen. Gerade im Bereich Gehirnforschung werden gegenwärtig sexistische Mythen aufgebaut, die mit allem erdenklichen Forschungsaufwand beweisen wollen, daß Mann und Frau voneinander völlig verschiedene Denkstrukturen haben. Negativ ist dabei nicht die Forschung, sondern ihre populär wirksamen Folgen. Sie liegen in der Festschreibung von Überlegenheitsverhältnissen und der Suche nach »natürlichen« Hierarchiebeweisen und sozialen Rollenverteilungen.

The Last Sex hat aber subkulturell die Konsequenz, daß nicht zufällig der Transvestit der heimliche Held und die Kultfigur der Gegenwart ist, weil »es« nicht mehr in die geschlechtsspezifischen Zwänge eingebunden sein will und eine Identität »jenseits von« sucht (= Androgynie-Faktor). Die steigenden Körperveränderungstechniken von der plastischen Chirurgie über die kommende Fusion von Pharmazeutik und Kosmetik bis zu Designer Food geben zumindest neue Methoden an, um alte Dilemmata zu überwinden.

Die eindeutig negativen Tendenzen dürften sich insgesamt aber akzentuieren: Die Geschichte der Männer holt die Geschichte der Frauen nach. Das westliche Ideal der männlichen physischen Entwicklung von Sokrates bis Schwarzenegger bringt neue Frustrationen und blockiert eine fortschrittliche Entwicklung zum »Last Sex«. Der durch die Werbung forcierte Trend zu maskulinen Beauty-Techniken macht Beauty analog zu den femininen Erfahrungen zum Kapital und kann zu neuen Formen des Rassismus führen (Normierung des Körpers, die Abweichungen nicht duldet: wiederum Software statt Wetware). Der Körper wird so nicht nur als Ersatzteillager, sondern in seiner metaphysischen Ganzheit zum »Consuming Body«. Der Körper wird zur Beauty-Religion mit öffentlichem Gebrauchswert. Die Folgen sind Hyper-Ästhetik und Anti-Ästhetik.

5. Mentale Fitness: Mind Management vs. Brain Management

Die Entwicklungen im *Mind Management* gehen in Richtung einer Spaltung zwischen umfassendem Mind Management und *Brain Management.* Mind Management war ursprünglich ein Ansatz zu Mentaltraining, der von High-Tech-Methoden (z. B. dem Einsatz von Mind Machines) bis zu vergessenen, uralten Geisttechniken reichte. Sein Ziel war ebenfalls disparat und reicht von der leistungsorientierten Nutzung von Hirnkapazitäten bis hin zur primären Fun-Orientierung im Cyberpunk (Entspannung, Ablenkung, Spaß, Experiment). Hier steht der persönliche Aspekt im Vordergrund. Brain Management dagegen setzt einseitig auf Brain Power. Es ist ein Machtinstrument. Es ist eine stark reduktionistische Form des Mind Managements. Relevant sind nur noch die für das Unternehmen relevanten funktionierenden Gehirnleistungen des Managers. Überall geistern Prozentzahlen herum, die suggerieren, wie wenig unseres tatsächlichen Hirnpotentials wir effektiv ausnützen. In der Tat suggeriert auch die Hirnforschung, unser Gehirn sei formbar wie ein Muskel, und daher könne man seine *Neuro-Fitness* trainieren.

Dieser Trend liegt allerdings konsequent auf der Hardliner-Welle. Für sie wird der Manager in Kategorien des Silikon-Gehirns und des bewußten Roboters gedacht. Man denkt also den Geist in Kategorien des Computer-Modells. Dieses Modell ist wegen seiner Handlichkeit beliebt. Denn es geht davon aus, daß es eine Identifikation mentaler Zustände mit Computer-Zuständen gibt, die sich aus einem Programm ergeben, das das Verhalten eines Organismus kontrolliert – ein Programm, das physisch realisiert wird in der Hardware des Gehirns.

Auch wenn John R. Searle schon 1992 auf die praktische Unmöglichkeit dieser Analogien hingewiesen hat, besteht durchaus die Möglichkeit, mit der Medien- und Technikentwicklung das »Drumherum« des Gehirns (Geist, Seele, Körper, Mensch) sukzessive wegzutrainieren. Es geht dann nur noch um die entsprechende Technik, die Gehirnleistung zu optimieren. Dieser Trend hat seine Logik: »Jeder arbeitet für das System, fristet sein Dasein, so gut es ihm möglich ist, und nimmt an der allgemeinen Verkomplizierung teil. Das System entwickelt sich. Es strebt nach nichts, es entwickelt sich wie ein nichtentropisches System, das unaufhörlich neue Energien erbeutet und Informationen hortet, um seine Leistungen zu steigern. Die große Schwierigkeit liegt darin, die Entwicklung für die Menschen erträglich zu machen, weil das System den Menschen immer weniger braucht. Daher rührt zum Beispiel die Arbeitslosigkeit. Das System benötigt nur Gehirne, mehr nicht. Jedenfalls keine Menschen« (Jean-François Lyotard 1994).

IV
Vom klassischen Managerismus zur postmodernen Neuerfindung des Menschen

Ist das ein Grund zu Pessimismus? Mitnichten. Es heißt nur, daß bei Veränderungsprozessen und beim Aufbau von unverzichtbaren Fitness-Programmen gewisse Rahmenbedingungen beachtet werden müssen. Sonst kann man nicht mit dem »System« spielen. Die folgende Auflistung stellt in abstrakten Begriffen das Verhältnis zwischen klassischem Management und einem Management dar, das sich auf die ständige Neuerfindung des Menschen einläßt. Zwischen beiden besteht nicht ein Ausschließlichkeits-, sondern ein Ergänzungsverhältnis.

Klassisches Management:	Neuerfindung des Menschen:
Knüpft an Aufklärung und Humanismus an und vereinseitigt deren Stärken	Definiert einen »posthumanen« Humanismus
Reduziertes Menschenbild: Geistige Essenz	Variables Menschenbild: Multiple Anschlüsse
»Ich«-Stärke/Cartesianisch	Schwaches Ich/Proteisch
»Kern«-Metaphern	»Zwiebel«-Metaphern
»Identität« und »Selbst«	Schnittstellen-Mensch: (Mensch/Medientechnik) relationales Selbst, multiple Identität
»Natur« des Menschen	»Künstlichkeit« des Menschen (Body Altering Techniques, High-Tech-Mensch, Bioengineering, etc.)
»Homo Oeconomicus« / rationaler vs. irrationaler Mensch	rationaler und irrationaler Mensch

Focus: EINSEITIG auf »Bright Side«: rationalisierter Mensch das »Rationale« im Manager »Management of Illusions«	Focus: AUCH auf »Dark Side«: destruktive Humanität das »Böse« im Manager »Emotions Management«
Bewußtsein > Unbewußtsein: Kontroll- und Sicherheitsmythen Zahlen-Monotheismus (ein Gott)	Bewußtsein < Unbewußtsein: Imaginationsmythen freiwilliger Polytheismus (viele Götter)
Zoo-Metaphern: gefütterte Menschen hinter Gitter; Käfighaltung	Dschungel-Metaphern: »umherirrende Ratten im Layrinht« (Luhmann)
Ziel und Weg sind vorgegeben	Spannungsverhältnis Weg und Ziel
Geistige Mono»kultur«	Subversive Kultur / Störkultur

Sicher ist: Die linke Seite steht. Sie ist das Triebwerk des Managements und dessen, was wir als »Managerismus« bezeichnen. Aber man kann die moderne Bio-Technologie, die Medienentwicklung und die Beziehungen nutzen, um sie so zu unterminieren, daß eine ständige Neuerfindung des Menschen im Wandel möglich wird. Das Nadelöhr für das Gelingen ist die Definition der Fitness und die Frage, in welche Richtung sich die Glückstechniken entwickeln.

V
»Be happy!«
Die Standards der menschlichen Glückstechniken

Die Neuerfindung des Menschen wird zur permanenten Aufgabe. Mit dem Fortschreiten des Bio-High-Tech und der speedorientierten Medien wird die aktive Gestaltung der Schnittstellenthematik zwischen Mensch und Maschine wichtiger. Neue Möglichkeiten eröffnen sich. Damit kehren auch religiöse Sehnsüchte nach effizienten, »endgültigen« Glückstechniken und Selbstveränderungstechniken in unsere coole Management-Welt zurück.

Folgende Glückstechniken scheinen *besonders relevant* zu sein:

Glück durch Dauerarbeit
Das ist sozusagen der »Klassiker der Moderne«. Ein Teil der Manager sieht die bedingungslose Aufopferung für den Job als einzigen Ausweg, nicht in eine Krise zu geraten (Motive: Selbstbestätigung, Selbstbehauptung, Anerkennung, Sicherheit). Die Welt wird als geschlossenes Leistungssystem wahrgenommen. Diese Glückstechnik hat einen großen Vorteil: Sie hat keine sogenannte *direkte* Glücksintention. Für sie ist Glück stets nur die positive *Nebenfolge* des rastlosen Tuns. Glück stellt sich ein, wenn man ständig »auf Draht« ist, wenn man ständig angeschlossen ist am Arbeitsprozeß. Weil alles unter dem Leistungsaspekt gescannt wird, entgeht man auch der fatalen Spaltung von Freizeitwelt und Arbeitswelt.

Glückspillen – Consuming Souls und Designer-Psyche
Sie sind kaum zu überschätzen, denn sie entspringen dem Begehren, eine ganz persönliche Innenwelt zu schaffen und das Glück direkt als psychischen Zustand zu stabilisieren. Wir wissen: Management-Fitness muß auf Dauer auf »positiv« geschaltet sein, also eine positive Grundhaltung für Veränderungen haben, sonst kann sie den schnellen Wandel nicht meistern. Daher müssen Depressionen und psychische Labilität unbedingt vermieden werden. Klassische Antidepressiva hatten ein schlechtes Image wegen der zu vielen negativen,unangenehmen Nebenfolgen. Nun aber kommt eine neue Generation auf den Markt. »Glad again«, so lautet nicht der Songtitel einer

Popband, sondern der prägnante Werbeslogan des Pharmakonzerns Boehringer Ingelheim für ein solches Produkt. Der Erfolg von Prozac und in gewissem Sinne auch der Massenkonsum von Ecstasy sind ein Hinweis darauf, daß der Wunsch, sich nicht einfach besser, sondern besser als gut zu fühlen, einen Massenwunsch darstellt. Kosmetische Psychopharmaka scheinen gegenüber anderen Rausch- und Drogentechniken Vorteile zu besitzen. Die Prozac-Glückstechnik scheint so etwas wie der Archetyp der plastischen Chirurgie des Geistes zu sein. Das heißt: Das Glück wird sozusagen toxisch erzwungen, und wenn erst noch die Chance besteht, daß der Therapeut überflüssig wird, um so besser (vgl. Peter D. Kramers einführendes Buch »Listening to Prozac«, ferner Peter R. Breggin, »Talking Back to Prozac«). Kommt der »Cyber-Freud«, die Software für die Seele, in der die Seele so schnell konsumiert werden kann wie ein Big Mac in einem Drive-in-Restaurant?

Spirituelle Fitness

Der schnelle Wandel und die notwendige persönliche Anpassungsbereitschaft verlangen nach immer neuen Argumentationsmustern und persönlichen Welterklärungen des eigenen Erfolgs oder Mißerfolgs (persönliche Sinnfrage). Es ist eine Binsenwahrheit, daß der spirituelle Faktor als Glückstechnik eine große Zukunft hat (wenn auch sicher nicht mehr in der traditionellen, institutionalisierten Form der Religion, deren Kräfte nachlassen). Daher wird eine quasireligiöse Form der persönlichen Deutung von Veränderungen notwendig. Die New-Age-Fitness wird eine größere Bedeutung haben als christlich-jüdische Traditionen, da sie von ihren Voraussetzungen her auf »positiv« gepolt ist – und daher gerade für Manager verlockend ist. Denn das Management ist ja eine Philosophie, die auf das Positive angewiesen ist: Sie ist eine Siegerphilosophie!

Spirituelle Fitness wird als Überbegriff die unterschiedlichsten Formen der Fitness zusammenfassen und ihnen eine Richtung geben.

Andere Glückstechniken wie z.B. die klassische *Liebe* dürften es dagegen schwer haben – nicht weil die Liebe als *Ideal* verschwindet, sondern weil es immer schwieriger wird, ihren hohen Anforderungen im Zeitalter der Fitness zu genügen, also sozusagen enttäuschungsresistent über die Runden zu kommen.

VI
Persönliche Fitness – Die Checkliste für die Agenda des Managements

Folgende Selbstveränderungstechniken werden *besonders wichtig* sein:

Multiple Identitäten antrainieren
Das heißt: das Training der oben erwähnten »Ich möchte lieber nicht«-Formel und die Ausbildung eines »schwachen Ichs«. Statt innere Emigration und neue Formen der Ich-Suche zu entwickeln, um irgendwann auf einen (imaginären) Kern zu stoßen, empfiehlt sich die Entwicklung eines *außenorientierten Persönlichkeitsprofils.* Wer viele unterschiedliche Beziehungen pflegt und darin sein Ich auflöst (Stichwort: »Identity Cancelling«), pflegt indirekt sich selbst. Denn die »fitte«, beziehungsorientierte oder »relationale« Identität vermeidet definitive Entscheidungen, auf die man nicht mehr zurückkommen kann. Sie legt sich nicht mehr fest, und zwar gerade deshalb, weil sich das Verhältnis von Stabilität und Variabilität umgekehrt hat. Im schnellen Wandel ist diejenige Psyche stabil, die sich nicht auf einfache und stabile Beziehungen festlegt, sondern auf Vervielfältigung. Persönliche Stabilität entsteht

durch Variabilität des Netzes, das sich auf keine definitiven Bekenntnisse und Loyalitätsversprechungen mehr einläßt. »Sich selbst sein« heißt dann immer die Möglichkeit offenlassen, ein anderer sein zu können. Das »Ich« nimmt die Form eines Terminals in multiplen Netzwerken an (Baudrillard). Das verlangt nach einem postmodernen Machiavelli des Benehmens und der Beziehungspflege. Quereinsteiger-Karrieren, Frauenbiographien und die Überlebensstrategien von Patchwork-Familien sind hier besonders lehrreiche Übungsbeispiele.

Daraus soll sich auch eine Neufassung der *Intelligenz* entwickeln. Aufgrund der Vervielfältigungs- und Verkünstlichungstendenzen muß man fragen: Wo sind denn noch die Grenzen zwischen Individuum, Organisation und Gesellschaft? Wo lassen sich noch Fixpunkte festmachen, wenn sich alles in Beziehungen verflüssigt? Für wen bin ich dann eigentlich noch tätig? Wofür werde ich dann eigentlich (noch) bezahlt? »Ich« bin ja nicht »Ich«, sondern eine »Beziehung«, die Summe dessen, was ich als »Terminal in multiplen Netzwerken« aufnehme und weitergebe.

Howard Gardner von der Harvard University, der das Konzept der multiplen Intelligenzen entwickelt hat, weist die Richtung dieses Beziehungs-Ichs und unterstreicht, daß wir mit gängigen Methoden die Intelligenzleistung von Menschen nicht mehr erfassen können (vgl. z.B. »Abschied vom IQ): »Menschlich kompetentes Verhalten ergibt sich erst aus dem Zusammenspiel verschiedener Intelligenzen – von denen die meisten nicht in Standardtests erfaßt werden können.«

Kompetentes Emotions-Management erlernen

Das meint die Fähigkeit, mit der zunehmenden Öffentlichkeit der Gefühle umzugehen, also in der Öffentlichkeit emotional aufzutreten. Technisch gesprochen: Wie setze ich die Kräfte des Geistes, des Gehirns und des Körpers marketinggerecht ein? Das beste Vorbild für solche Techniken liefert sicherlich – bislang unerreicht – Hollywood. Hollywood als die wichtigste »Dream Corporation« liefert paradigmatisch die sogenannten emotionalen Patterns der nachhaltigen Selbstinszenierung. Die heute wichtigen, medienwirksamen öffentlichen und privaten Verhaltensmuster schaffen wir nicht mehr selbst, aus uns heraus. Das können wir gar nicht mehr. Sie werden uns vorgegeben. Der Hollywood-Film ist das typischste und lehrreichste Beispiel für unser Angewiesensein auf vorgegebene Verhaltensmuster. Sie vermitteln uns oft unbewußt, aber in exemplarischer Weise und Dichte die emotionalen Patterns, was »Business«, was »Liebe«, was »Lüge«, was »Betrug«, was »Absturz« etc. bedeutet. In einer künstlichen Welt leben wir immer mehr von solchen emotionalen, mit starken Bildern inszenierten Patterns und integrieren diese in unsere eigenen Handlungen.

Die Fähigkeit, solche Patterns zu erkennen, ist identisch mit der Fähigkeit, »Medien zu lesen«, also Medienbotschaften zu dechiffrieren. Das heißt fachsprachlich: über die Kompetenz der Media Literacy zu verfügen. Die Medien sind die Sprache unserer Zeit. Sie formen unsere Kategorien und Denkhaltung über Bilder, Symbole und Ikonen. Und die umgekehrte Fähigkeit, diese Patterns selbst zu benutzen und für eigene Strategien einzusetzen, heißt »Emotional Design« (Bolz/Bosshart 1995). Kinder, die mit den unterschiedlichsten Medien aufgewachsen sind, haben sich diese Fähigkeiten bereits antrainiert und verfügen über große Vorteile gegenüber Erwachsenen.

Wellness-Komponenten zusammensetzen

Das heißt die Wiederaneignung sinnlicher Erfahrungen im Zusammenhang mit Mind und Body Management. Ein besonders zukunftsträchtiges Beispiel soll kurz erwähnt werden: der *Food-Bereich.* Er eignet sich insbesondere gut, weil er weit fortgeschritten ist und seinen Akzeptanzwert in den letzten Jahren stark erhöht hat. Er bietet inzwischen ausreichend gute Grundlagen für die Entwicklung von Persönlichkeits-, Teambildungs- und Corporate-Programme. Statt auf eine einseitige Fusion von Food und Leistung zu setzen (Brain Food, Food Design), sollten unbedingt Querverbindungen eingegangen werden:

Food ist erstens geschmackliche Aneignung der Welt. Geschmack haben heißt ganz elementar: unterscheiden können. Mit der Einnahme von Speise und Trank erlebe ich die Grundlagen einer sinnlichen Welterfahrung: riechen, schmecken, fühlen, hören, sehen. Und Food ist zweitens *kommunikativ.* Ernährung entzieht sich der rein sprachlichen Erfahrung und erfordert Diskussionen, Gespräche (vgl. Stephen Mennell 1985, Jean-Marie Bourre 1990 und 1993). Und Food ist drittens *gemeinschaftlich.* Essen und Trinken verbindet. Es gibt wahrscheinlich keine bessere Einführung in ein interkulturelles Training als das Erlernen von anderen Eßkulturen: Sie klären gründlicher und differenzierter über die Werthaltung und das Selbstverständnis einer Kultur auf als alle intellektuellen Kategorien. Und Food ist viertens *lustbetont.* Speise und Trank können alle unsere Sinne und Lustquellen reizen und kreativ anregen. Faith Popcorn hat wohl recht mit der folgenden Feststellung: Nachdem der Sex mit Aids problembeladener geworden ist, wird der Stellenwert von Food als Lustquelle global wichtiger. Food kann sich so zu einem »Fit for Fun« entwikkeln, nachdem der Höhepunkt der Diät- und Light-Welle überschritten zu sein scheint. Food ist anscheinend sogar göttlich, weil uns der richtige Umgang mit Food göttlich macht (so Terence McKenna, vgl. seine Arbeiten zur Beziehung des Menschen zu den Pflanzen, insbesondere Food of the Gods).

Subversive Programme – Störpotentiale und »brauchbare Illegalität« aufbauen

Gegen den oben erwähnten reduktionistischen Geist des klassischen Managements kommt man nur wieder mit Geist an. Das klassische Management mit all seinen kurz erwähnten Rahmenbedingungen steht. Was können wir tun, um nachhaltig Lernprozesse einzuleiten? Wir können das System herausfordern, testen, stören, mit seinen eigenen Mitteln überlisten. Wir können mit ihm *spielen* und es reizen. Da wir uns daran gewöhnen müssen, daß das »System« in Zeiten des schnellen Wandels immer weniger Extreme kennt, ist der *Abschleifungseffekt* sehr rasch da und sehr groß. Das System ist sozusagen eine »Normalisierungsmaschine«. Empfindungen stumpfen rasch ab und werden – oft unbemerkt – in Rauschen übersetzt. Man nimmt gar nicht mehr wahr, daß man vom schnellen Wandel selbst auch betroffen ist. Daher ist die Fähigkeit, unsere Grundannahmen und Begriffe des Managements ständig neu zu definieren und anzupassen, nicht nur nötig, sondern überlebenswichtig. Das ist vordringlich eine Aufgabe des kreativen Namings – alte Begriffe neu formulieren und in eine neue Sichtweise kleiden, damit *kontinuierlich* neue Perspektiven entstehen.

Unsere westliche (Management-)Kultur ist so angelegt, daß die Kopflastigkeit als Voraussetzung nicht grundsätzlich in Frage gestellt werden kann. Niemand kann diesen Apparat abschalten – außer man wollte die Basis des Wohlstands abschaffen. Also: Gegen den Mini-Geist der einseitigen Rationalisierer kann nur ein anderer Geist ankommen – da helfen allerdings östliche Konzepte oder die umgekehrt vereinseitigte Betonung von Seele, Gefühl oder Körper nicht weiter. Es gibt nur ein erfolgversprechendes Rezept: *Fight Fire with Fire.* Wer nachhaltig fit sein will, muß ein qualifizierter Störgeist werden. Und damit eine neue Störkultur entwickeln, die zwar letztendlich dem klassischen Management dient, aber neue Formen der persönlichen Souveränität entwickeln läßt – und damit einer neuen Management-Kultur entgegenkommt. Mit Hans Blumenberg gesprochen: »Kultur ist und wird bleiben eine ›Verschwörung‹ gegen die exklusive Standardisierung des Menschlichen durch die Tüchtigsten, Nützlichsten, Stärksten.«

Und dazu braucht es, in Kombination mit den erwähnten anderen Punkten der persönlichen Fitness, leistungsfähige Metaphern mit hohem kommunikativem Wert. Nur die qualifizierte Bissigkeit hilft weiter. Als erstes gilt es, die langweilige und kommunikationsschwache Management-Sprache umzudefinieren und neu zu benennen: Kreativität, Innovation, Struktur, Prozeß etc. Diese Imaginationskiller dominieren immer noch unser Denken und lasten als schwer zu eliminierender Traditionsballast »wie ein Alp auf dem Gehirne der Lebenden« (Marx).

Michael-A. Konitzer

Schöne digitale Welt

Willkommen in der digitalen Welt! Willkommen in einer neuen, virtuellen, aber dennoch real erlebbaren Welt. In einer neuen Welt mit völlig neuen Qualitäten, mit völlig neuen Optionen und neuen Freiräumen. Eine Welt ohne Grenzen, (noch) ohne Zensur und ohne Limits. Willkommen in einer neuen medialen Welt mit neuen Chancen, mit neuen Phänomenen, mit neuen Gesetzmäßigkeiten – und neuen Problemen. In einer Welt, die eine ganz neue Kultur ausbilden und pflegen wird – und die vermutlich die nondigitale, die »normale«, also unsere Alltags-Welt deutlich beeinflussen, ja verändern wird.

Diese neue, digitale Welt existiert schon eine Weile. Als weltweite Vernetzung von Wissenschafts- und Militär-Computern war sie lange eine Parallel-Welt, die dem Normalbürger bisher verschlossen war. Seit rund drei Jahren steht diese digitale, mediale Welt jedermann offen. Als interaktives, hyperkommunikatives Abenteuer in Computernetzwerken: im Internet, im World Wide Web (WWW) oder über Online-Provider wie »Compuserve«, »Europe Online«, »America Online«, »Microsoft World« oder »Datex J« (alias »Telekom Online«). Oder auch als buntes digitales Bilderbuch mit Klang und Videosequenzen – per CD-ROM oder CDi.

Aber erst 1995 kam der große Boom für die digitalen Medien. Kein Magazin, das nicht ausführlich über den »Daten-Super-Highway«, über »Multimedia«, Online oder Internet berichtete. Teilweise überschwenglich begeistert, oft neuigkeitslüstern, oft wenig kenntnisreich, gerne aber auch mäklerisch- skeptisch.

Das Negativ-Szenario

Vor allem in deutschen Medien wurden gerne Schlimmst-Szenarios gezeichnet. Sie sahen in der Welt der Computernetzwerke nur mehr pixelsüchtige »Otaku« leben, wie in Japan die Computerfreaks genannt werden. Ein düsteres Bild: junge Byteabhängige, die ihre gesamte Zeit vor dem Computerbildschirm verbringen, dort vereinsamen, jeden Kontakt zur Wirklichkeit verlieren, psychisch degenerieren und schließlich der Paranoia anheimfallen. Vor allem der mittleren und der älteren Generation scheint hierzulande solch ein Negativbild plausibel. Das ist jedenfalls meine Erfahrung aus etlichen Vorträgen, Diskussionen, Präsentationen und Gesprächen zu diesem Thema. Es ist auffällig, welch massive Ängste die neue, digitale Welt in Deutschland weckt. Wir Deutsche scheinen große Probleme mit jeder Art von Virtualität zu haben. Wir assoziieren beinahe automatisch einen unerwünschten Verlust an Kontrolle und Struktur. Die neuen Freiräume, die die digitale Welt schafft, scheinen uns eher zu ängstigen als zu begeistern. Ein deutsches Kulturphänomen. Ganz anders in Amerika. Dort herrscht eine riesige Begeisterung für diese neue, digitale Welt. Dort kennt man keine Angst vor dem neuen Freiraum der Digitalität. Im Gegenteil. Amerika liebt solche »terra incognita«, solches Neuland, »the new frontier«. Nicht umsonst ist Amerika das Land, das einst den Wilden Westen erobert hat. Amerika sieht in der digitalen Welt ein neues, virtuelles Pendant für den Wilden Westen; ein Brachland, das es zu entdecken, in Besitz zu nehmen und urbar zu machen gilt. Ein einziger, riesiger, neuer Freiraum, der neue Möglichkeiten und neue Chancen in ungeahntem Ausmaß birgt.

Entsprechend groß ist in den USA der Zuspruch zum Internet und zu dessen neuer, optisch ansprechendster Plattform, dem World Wide Web (WWW). Die Zuwachsraten reichen in astronomische Höhen von bis zu 2000 Prozent pro Jahr. Und noch ist eine Abflachung der fast vertikal ansteigenden Exponentialkurve nicht in Sicht.

Das Positiv-Szenario

Amerikas digitale Vision kennt keine Otaku. Amerika liebt statt dessen das – etwas verklärende – Bild des Cybernauten, der mit seinem Computer online jederzeit mit aller Welt kommuniziert: um global Gesprächspartner zu finden, sich mit ihnen nett die Zeit – online – zu vertreiben und so einfach »fun« zu haben. Cybernauten lieben es, sich global mit Gleichgesinnten auszutauschen. Sie wollen per Netzwerk mit anderen zusammen aktiv werden, zugunsten der Welt (Ökologie), der Gesellschaft (Welt-Demokratie) oder auch zum eigenen, auch kommerziellen Nutzen.

Dieses Best-Case-Szenario spielt vorzugsweise mit solch positiven und angenehmen Begriffen und Assoziationen wie (virtuelle) Gemeinschaft, Solidarität, Pluralität, Demokratisierung, Weltbürgertum, Globalität, Aktivität, Engagement, freie Kommunikation, neue Freiheit, Aufbruchstimmung.

Eine allzu schönfärberische, vielleicht gar naive Sicht der – digitalen – Dinge, zugegeben. Dennoch möchte ich in der Folge vor allem die attraktiven Seiten der neuen digitalen Welt skizzieren. Das ist speziell in Deutschland besonders notwendig.

Gegenargumente zur Online-Welt, seine Widersprüche, Gefahren und Risiken fallen Deutschen (und Schweizern – Österreichern eher weniger) jederzeit, sozusagen im Schlaf ein. Vor allem bei Menschen über 35 Jahre, für die Computer eben keine kulturelle Selbstverständlichkeit sind, weckt die digitale Welt fast reflexhaft immense Ängste. Dem gilt es Informationen, Know-how und eine gehörige Portion Enthusiasmus entgegenzusetzen. Die digitale Welt hat schließlich ungeheure Potentiale, die man erkennen und nutzen muß, wenn man nicht den Anschluß an die technologische, wirtschaftliche und vor allem auch kulturelle Entwicklung unserer Welt verlieren will. Wir dürfen nicht digitale Analphabeten oder Klippschüler bleiben, wenn wir in Zukunft nicht (noch mehr) von den USA kulturell abhängig werden wollen. Nach Hollywood und Silicon Valley wäre sonst das Internet ein dritter, markanter Kulturimperator (McDonald's einmal nicht eingerechnet).

Und es gibt einen dritten Grund, warum mir daran liegt, Begeisterung für die Online-Welt zu schaffen und Knowhow zu vermitteln: Wer die positiven Seiten dieses virtuellen Universums nicht sieht, wer dessen Chancen nicht erkennt, der verliert auch den Einfluß auf die künftige Entwicklung dieses Mediums. Und der hat keine Chance, sie so zu gestalten, wie er sie gerne hätte: offen, pluralistisch, kommunikativ, demokratisch, bunt, spontan, innovativ, evolutionär, witzig, libertin ... – you name it! Wer sich um diese digitale Welt nicht kümmert, der gibt sie kampflos in die Hände phantasiearmer Techniker, gerissener Geschäftemacher und einfallsreicher Krimineller. Noch einmal sei das Bild vom Wilden Westen bemüht. Was wäre gewesen, wenn es dort »die Guten«, die an die Sache glaubten, nicht gegeben hätte, sondern statt dessen nur die Eisenbahntechniker, die Spekulanten und die Gunmen? (Hätte es dann überhaupt Hollywood und seine Western gegeben?)

Multimedia kommt – ganz bald

Dieses Wissen um die neuen digitalen Medien muß schnell kommen, der Enthusiasmus muß bald geweckt werden. Es ist nicht viel Zeit. Deutschland ist Amerika technologisch und mental um drei bis fünf Jahre hinterher. Das streßt schon genug. Zudem werden sich die neuen digitalen Medien schneller durchsetzen, als viele noch ahnen oder prognostizieren. Und sie werden unsere Gesellschaft dabei so verändern, daß ganz fix auch die letzten Vorbehalte gegen diese Medien verschwinden werden.

Ich bin nicht, wie etwa Horst W. Opaschowski vom B.A.T Freizeit-Forschungsinstitut, der Meinung, daß sich die neuen Medien nicht vor dem Jahr 2010 durchsetzen werden. Dazu wird zu viel Geld in Multimedia, in digitale Medien und in die Online-Welt investiert. Bill Gates etwa oder Paul Allen, sein Ex-Partner bei Microsoft, die reichsten Männer Amerikas, investieren ausschließlich in diese Welt, Milliarden von Dollar. Alle großen Medienkonzerne (Time Warner, NBC, Murdoch etc.), auch hierzulande (Bertelsmann, Burda, Springer, Kirch) tun dasselbe. Auch alle großen Mediendistributoren und Kabelfirmen (MCl, Sprint, AT&T, British Telecom, Telekom etc.), rüsten technologisch auf und gehen – teure – Allianzen mit den großen Medienverlagen und Content-Providern ein.

Eine andere spektakuläre (digitale) Medien-Allianz ist die neue Firma »Dream Works« von Hollywood-Star-Regisseur Stephen Spielberg, US-Mega-Plattenboß David Geffen und Ex-Disney-Chef Jeffrey Katzenberg. Es fließt zu viel Geld weltweit in diese neue – digitale – Welt, als daß sie sich nicht schnell durchsetzen würde. Und es gibt zu viele sogenannte »Killer-Applikationen« für die digitalen Medien: Computerspiele wie »Myst« oder »Doom«, Computernetzwerke wie das Internet oder das WWW, praktische Hilfsmittel wie Mailboxen oder auch Homebanking. In den USA wird heute schon ein Drittel der Briefe per E-Mail verschickt und nicht mehr von der Post transportiert.

Synchron zur Explosion der Investmentsummen und der Applikationen wächst auch die konsumptive Begeisterung für die neuen Medien und die Netzwerkwelt. Die Zuwachsraten bei CD-ROM-Playern sind exorbitant. Demnächst werden Firmen wie Compaq, Apple u. a. ihre Geräte serienmäßig mit CD-ROM-Laufwerken und Modems ausstatten und so zu Multimedia-Maschinen machen. Fast alle Online-Dienste haben immense Steigerungsraten, zwischen 50 und 100 Prozent pro Jahr, im Internet und im WWW gehen die Zuwachsraten gar in die Tausende. Und wenn Horst W. Opaschowski bei knapp der Hälfte der Bevölkerung Skepsis oder Angst vor Multimedia & Co. ausmacht (bei Jugendlichen weit weniger!), dann gibt mir diese Zahl eher Zuversicht. Zum einen hätte ich die Zahl, in Anbetracht der deutschen Mentalität, höher geschätzt. Zum anderen sagt diese Zahl auch, daß immerhin schon die Hälfte der jungen Deutschen den neuen Medien angstfrei und offen gegenübersteht. Und es werden immer mehr. Dazu sind die digitale Welt und ihre Möglichkeiten einfach zu immens und zu verlockend.

Die digitale Generation

Daß sich die digitalen Medien (auch hierzulande) sehr schnell durchsetzen werden, dafür wird vor allem die Generation X (der 15- bis 30jährigen) sorgen. Die Generation X ist die erste Generation, für die Computer keine Fremdkörper sind, sondern Selbstverständlichkeit und Alltags-

Tool. Sie ist die Generation, die heute schon den Netzwerkgedanken digital spinnt. Sie ist die Generation, die als erste die Computernetzwelt, die Online-Welt des Internet und des World Wide Web zu nutzen und zu genießen gelernt hat: Sie wird sie zu ihrer ureigensten, neuen Welt machen, von der sie ihre Eltern, die Baby-Boomer (30 bis 50 Jahre) möglichst ausgeschlossen sehen will.

Die Generation X ist auch eine Nintendo-Generation. Sie hat durch ausgiebigen TV-Konsum und vor allem durch Computerspiele »spielend« gelernt, virtuelle Welten auszuhalten und sogar zu genießen. Hier unterscheidet sie sich markant von ihrer so ängstlichen Elterngeneration.

Das Ende der Linearität

Um die Attraktivität der digitalen Welt überhaupt verstehen zu können, um ihre Gesetzmäßigkeiten und ihre kulturelle Sprengkraft zu erfassen, muß man sich erst einmal klar darüber werden, was »Digitalität« ganz pragmatisch heißt.

Ich will das an einem ganz einfachen Beispiel erläutern, an dem Schreiben von Texten: Wer je einst auf einer Schreibmaschine seine Texte geschrieben hat und dann zum Computer wechselte, kennt den Effekt. Damals war es höchst ratsam, einen längeren Text erst sorgfältig zu gliedern, das heißt, analog und linear zu strukturieren, bevor man sich an seine Schreibmaschine setzte. Andernfalls wäre der Text ein Patchwork von Korrekturen und Ergänzungen geworden, unlesbar und undruckbar.

Der Computer hat diese Restriktion aufgelöst. Am Computer kann man nicht nur jederzeit alles und überall korrigieren, sondern man kann auch jederzeit an jeder Stelle (weiter-)schreiben, und man kann problemlos Texte oder Textteile einfügen, ganz einfach mit den Befehlen »Paste« und »Copy«, »Ausschneiden« und »Einfügen«. Egal wieviel und wie oft man korrigiert oder ergänzt, dank des Computers kommt trotzdem am Schluß stets ein korrekter, fehlerfreier, sauber gedruckter Text heraus. Diese »Fehlerfreundlichkeit«, diese Nutzerfreundlichkeit, diese permanente Ergänzungs- und Eingriffsmöglichkeit bringt zwangsweise das Ende jeder Linearität.

Auf den kürzesten Nenner gebracht heißt das: Digitalität ist das Ende jeder Linearität – auch das Ende jeder Struktur (vielleicht ist dies die Ursache dafür, daß wir Deutsche solch manifeste Berührungsängste zu der digitalen Welt haben). Wer je den Wechsel von der Schreibmaschine zum Computer bewußt miterlebt hat, hat diesen »Shift« in der Arbeitstechnik, vielleicht sogar im Denken, sicher auch selbst gespürt. Man denkt offener, wagt mehr (da Fehler korrigierbar sind), probiert mehr aus, arbeitet eben nicht mehr strukturell, sondern prozessual. Das heißt, die Arbeit entsteht nicht vorweg am Reißbrett (Struktur!), sondern während der Arbeit. War man früher froh, endlich den Text irgendwie nach Plan fertiggebracht zu haben, ohne sich ablenken zu lassen, so ist man am Computer nach getaner Arbeit oft überrascht, wohin einen die Arbeit gebracht hat. Zu Gedanken und Einsichten etwa, die man zu Anfang vielleicht noch gar nicht hatte.

Das unendliche digitale Archiv

Diese Erfahrung der Offenheit, der unendlichen Ergänzungsmöglichkeiten, der Prozessualität und einer neuen Denkfreiheit, die man beim Wechsel von der Schreibmaschine zum Computer rudimentär erlebt, ist eine fundamentale Erfahrung der Digitalität. Denn hier sind die Zugriffs- und Ergänzungsmöglichkeiten wirklich endlos. In unendlich vielen und riesigen Datenspeichern sind schon heute unübersehbar viele Daten erfaßt: Texte, Bilder, Grafiken, Filmsequenzen, Töne, Klänge, Software, demnächst wohl sogar Gerüche. Egal ob Bücher, Filme oder Musik, ob Artikel, Videos oder Sounds, ob Pamphlete, Graffiti oder Songs, ob Ideen, Skizzen oder Töne, ob Computerprogramme, Morphings oder Midi-Daten, sie alle sind, wenn erst einmal digital (erfaßt), jederzeit für jedermann verfügbar.

Entweder geht das per hochentwickelter Speichermedien wie CD-ROM, Computer-Cartridges, Festplatten oder anderer Massenspeicher, deren Entwicklungssprünge (und Preisverfall) atemberaubend sind. Man kann diese Daten mittlerweile aber auch ganz unproblematisch, ohne einen Schritt außer Haus zu setzen, per Modem online auf seinen Computer holen. Man kann sich global aus einem immensen Datenpool bedienen – und Eigenes daraus schaffen. Das macht die Kommunikation extrem offen. Das eröffnet völlig neue kreative Horizonte. Das wird unsere Kultur revolutionieren.

Die Kunst des Sampelns

Dafür sorgen vor allem zwei neue – digitale – Kultur-Techniken: Sampling und Virtuelle Realität, vulgo Cyber. Sie werden die Medienkultur der Zukunft prägen – und mit ihr auch den Menschen, den digitalen Rezipienten und Produzenten der Zukunft.

Das Sampling-Prinzip erleben wir jeden Tag, wenn wir im Radio die aktuellen Hits hören. Alle zur Zeit erfolgreichen neuen Musikstile sind typische Sampling-Produkte: Techno, Breakbeat, Trance, Ambient, Jungle, HipHop, Rap, Triphop etc. Die Bandbreite reicht dabei von simpeltumber Massenware (2 Unlimited, Rednex u. a.) über geschickte Modeprodukte (Marusha, Mak Oh u. a.) bis zur intelligenten Innovation (Sven Väth, Beastie Boys u. a.) und mutigen Avantgarde (Brian Eno, Tricky u. a.).

Das Prinzip des Sampelns läßt sich deshalb sehr gut am Beispiel der aktuellen Pop-Musik darstellen: So ist zum Beispiel jeder DJ (Diskjockey) ein Sampling-Artist. Er schafft durch den individuellen Mix von Musikstücken (= Samples) anderer Künstler ein neues, eigenständiges Werk. Es lebt nicht nur aus dem speziellen Mix von Musikstücken (also Eklektik), sondern seine Wirkung wird jeweils noch individuell verändert, durch Soundeffekte, Geschwindigkeitsveränderung, Überlagerungen etc. und durch eigene Beiträge, etwa Gesang, Scratches, Synthesizersounds, Rhythmus-Samples etc.

Noch perfekter wird die Kunst des Sampelns in den Musikstudios gepflegt. Dort werden Teile von Songs (Riffs, Cluster, Themen etc.), einzelne Sounds (Drum, Keyboard, Synthesizer, Gitarren etc.) und Rhythmen anderer Künstler gesampelt (= digital herausgefiltert), durch verschiedenste Soundtechniken (Hall, Verzerrung, Chorus etc.) verändert, übereinandergelegt, in ihrem Tempo verändert, manchmal sogar rückwärts gespielt, bis ein völlig neuer Klang, ein neuer Rhythmus entsteht. Manchmal erahnt man das musikalische Original noch als Zitat, meistens wird es aber so weit verändert, daß man beim besten Willen die Herkunft nicht mehr erahnen kann. Diese Puzzles werden so ineinander verschachtelt, daß ein neuer Song entsteht: ein neues, völlig eigenständiges, digitales Kunstwerk. – Und zugleich Ausgangsbasis für den nächsten Sampling-Prozeß, für die nächste musikalische Evolution.

Sampling als Kulturprinzip

Sampling wird das gängige Kulturprinzip des Computerzeitalters sein. Es ist das naheliegende Produktionsprinzip eines elektronischen Massenspeichers. Sampeln ist die hohe Kunst des »paste & copy«. Und es ist mehr als eine einfache Patchwork-Technik, es schafft mehr als nur eine Collage, es ist mehr als schnöde Eklektik. Sampling verändert die einkopierten Einzelteile, stellt sie in neue Zusammenhänge, schafft in der ureigenen, individuellen Aufbereitung und Mischung etwas völlig Neues. Beim Sampling entsteht stets mehr als nur die Summe seiner Teile. Sampling ist ein evolutionäres Produktionsprinzip. Es entsteht dabei ein ideeller, emotionaler, qualitativer und evolutionärer Mehrwert. Dieser Mehrwert kann als »Bewußtsein«, als »Exformation« (Gerd Gerken) oder gar als »Meme« (Richard Dawkins, »The Stish Gene«), sozusagen als ideeller, pararealer Genpool definiert werden.

Das Sampling-Prinzip funktioniert natürlich nicht nur in der Musik, sondern auch in allen anderen Medien. Und so wird heute überall aus sämtlichen Epochen, Stilen und Werken in Ton, Bild und Text exzerpiert und gesampelt, und es entstehen neue Werke und Systeme, in allen digitalen Medien. Alle Computerspiele, alle CD-ROMs und CDs etc. beispielsweise sind Sampling-Werke.

Auch im gängigen Medienspektrum wird das Sampling-Prinzip immer öfter angewendet. Zum Beispiel im Film. Oliver Stones provokantes letztes Werk »Natural Born Killers« war ein Sampling-Werk par excellence. Der Film war stilistisch wie inhaltlich vom Sampling geprägt, im optischen Mix (sechs verschiedene Filmformate) wie im Klangmix (Soundtrack: Trent Raznor, »Nine Inch Nails«) und auch in der assoziativen Schnitt-Technik.

Auch im Grafik-Bereich findet das Sampling-Prinzip immer öfter Anwendung. Sieht man sich junge amerikanische Zeitschriften (Axess, Bikini, Raygun Hypno) oder auch die deutschen Zeitschriften der Techno-Szene (frontpage, raveline u. a.) an, so wirkt ihr Grafikdesign Seite für Seite wie ein Papier gewordener Computerbildschirm, auf dem perfekt bis wild gesampelt worden ist. Auch die

Layouts und Grafiken der High-class-Generation der Magazine für die digitale Welt (Wired, Mondo 2000 etc.) sind perfekt gestylte Samplings.

Besonders weit verbreitet ist Sampling-Grafik und -Design im World Wide Web. Dort sind die am abenteuerlichsten und mutigsten gesampelten Werke zu erleben. In Grafikforen, aber auch in kommerziellen Services. Hier sind grafische Werbekonzepte zu sehen, die anderswo, im Massenmarkt nie gewagt werden.

Im gesamten Bereich des Designs und der Artwork, also auch in der Werbung, wird Sampling immer öfter angewendet. Dort avanciert es zu einem wichtigen, prägenden Stilmittel.

Das gängigste Medium, bei dem man Sampling in Ansätzen selbst praktizieren kann, ist das Fernsehen. Zapping zwischen 20 bis 50 verschiedenen (Kabel- oder Satelliten-)Kanälen ist eine Vorform des Sampling. Nach einer bestimmten Zeit exzessiven Zappings entdeckt man als Zuschauer fast immer eigentümliche Assoziationen und eine kommunikative Vernetzung zwischen den einzelnen Programmteilen. Ein fast schon spirituelles Erlebnis – eben Sampling. Es entsteht immer mehr als die Summe seiner Teile.

Auch in der Mode wird gesampelt. Und das nicht nur in den Stoff-Designs. Von angesagten, innovativen Modedesignern wie Jean-Paul Gaultier, Vivienne Westwood oder Anna Sui werden verschiedenste Stile und Gimmicks zu neuen Kollektionen gesampelt. Der herausragende Sampling-Modemacher ist der junge Franzose Xuly Bët. Er sampelt seine Kollektionen aus alten, recycelten Secondhand-Modeteilen (zuletzt zum Beispiel für den Sportmodehersteller »Puma«).

Die Überlebensmethode im Chaos

Aber diese Entwicklung geht noch weiter: Denn Sampling könnte in Zukunft das gängige Stil- und Produktionsprinzip in vielen Bereichen des Lebens werden, auch abseits jeder Digitalität. Denn Sampling ist das optimale Stil- und Produktionsprinzip in so komplexen Systemen wie unserer Gesellschaft, deren Komplexität immer mehr zunimmt. Es ist ein ideales, nichtlineares Prinzip, das die Widersprüche in einer chaotischen Welt als Sampling wenigstens für Momente miteinander aussöhnen kann.

So könnten in Zukunft Meinungen gesampelt werden, es könnten neue soziale Normen, neue (fließende!) Ethiken als Samplings geschaffen werden. Auch im Bereich des religiösen Glaubens und der Spiritualität greift das Sampling-Prinzip. Setzt man sich mit den Glaubenswelten und Weltanschauungen junger Menschen auseinander, erlebt man schon heute krude Samples aus den verschiedensten Glaubenswelten: Taoismus, Katholizismus, New Age, Buddhismus, verschiedenste esoterische Einflüsse, Okkultismus, Tantra, Horoskope, Magie, Islam, Protestantismus, Futurologie, Übersinnlichkeit, Heroismus, Narzißmus etc. mischen sich hier zu höchst individuell gefärbten Glaubens-Patterns. Sampling könnte so zu einer hilfreichen Methode einer Sinnfindung in chaotischen Zeiten werden, jenseits jeden Strukturalismus und jeder Festlegung. Denn Samples sind immer im Fluß, sind immer darauf ausgelegt, Basis für den nächsten Evolutionsschritt zu sein. Sampling könnte so vielleicht sogar zur Philosophie des 21. Jahrhunderts werden.

Wie es in der Musik DJs gibt und auf Musiksendern wie MTV oder Viva VJS (Video-Jockeys), könnte es dann in der Medienbranche IJs (Informations-Jockeys) oder M(edien)Js geben, in der Online-Welt CJs (Content-Jockeys) und NJs (Network-Jockeys). Und es sind RJs

(Religions-Jockeys), SJs (Spiritual-Jockeys), PJs (Philosophy-Jockeys) oder gar HJs (Health-Jockeys) etc. denkbar.

Sampling als Marketing-Methode

Sampling eignet sich auch hervorragend als (neue) Marketing-Methode. In einer Welt, in der die Zielgruppen sich spalten, in der gängige Marketing-Methoden nicht mehr funktionieren, bietet sich das Sampling-Prinzip als anpassungsfähigstes, mobilstes Programmm an. Schon heute erinnert die hektische Folge immer neuer Marketing-Moden und Mode-Methoden (Lean Management, Reengineering, fraktale Markenführung etc.) an ein, sozusagen, »unfreiwilliges« Sample von Marketing-Methoden. Warum auch der Alleingültigkeitsanspruch einer einzelnen Marketing-Methode? Warum nicht ein Mix der verschiedensten Ansätze: Lean Management, Trendmonitoring, Controlling, Event-Marketing, Szene-Marketing, klassische Kommunikation, Hard Selling, Zielgruppen-Marketing, Marktforschung, Symbiotic Selling, Sponsoring, Below the Line etc.? Und wie ein guter DJ nicht einfach beliebig, belanglos und willkürlich verschiedene Musikparts und -stile mixen darf, wenn er nicht sein Publikum vergraulen und sein Image beschädigen will, so gehört auch beim Sampling von Management-Methoden eine große Portion Talent, Knowhow und Sensibilität dazu, um für die verschiedensten Märkte, verschiedensten Marken, verschiedensten Produkte und unterschiedlichen Ziele den jeweils richtigen, adäquaten Mix von Marketing-Methoden zu finden. Das setzt beim Manager aber einen für alle Ideen offenen Geist, große Freiheit im Denken und absolute Offenheit voraus. Und es heißt dann endgültig Abschied zu nehmen von jedem Strukturalismus.

Die Faszination von Cyber

Das zweite große, neue, digitale Stilprinzip ist die Virtualität, also alles, was gemeinhin auch unter dem Stichwort »Cyber« firmiert. An dieser Stelle sollte man jetzt aber bitte nicht gleich unhandliche Helme assoziieren und all den Hype um diesen Begriff inclusive solcher Absonderlichkeiten wie »Cybersex«.

»Cyber« meint nichts anderes, als daß mittels digitaler Techniken im Datenraum der Computer virtuell existierende Welten geschaffen werden. Sie sind aus Bits und Bytes, den kleinsten Speicherelementen des Computers, erbaut und werden dann per Bild (mit Helm sogar dreidimensional), per Ton und Klang, per Sensorik (mit Datenhandschuh oder Datenanzug) und irgendwann sogar auch per Geruch real, ja körperlich erlebbar. Das können Traumwelten sein, Alptraumwelten, Wunschwelten, Experimentalwelten, neue Kosmen etc. – der Phantasie sind hier absolut keine Grenzen gesetzt. Sie werden real erlebt, obwohl es sie real gar nicht gibt.

Ein erster, guter Vorgeschmack auf solch eine virtuelle Welt ist das Computerspiel »Myst«, das meistgelobte, meistverkaufte Computerspiel auf CD-ROM derzeit. »Myst« ist eine eigene, hypnotisch-faszinierende Welt (in 4c, 2-D-Bildern & Ton), in der eigene Gesetze herrschen, die eine eigene Philosophie hat, eine Welt mit Brüchen, Abgründen und Geheimnissen, die es zu erfahren, zu verstehen und worauf es zu reagieren gilt.

Beginnt man das Spiel, findet man sich auf einer kleinen, verlassenen Insel wieder, auf der verschiedene Gebäude, Gewölbe, Räume und eine Bibliothek Zeugnis von einer vergangenen menschlichen Kultur geben. Löst man die diversen Rätsel der Insel, entschlüsselt man die Anthropologie und die Philosophie der einstigen Kultur dort, und gelingen einem etliche Geschicklichkeitsaufgaben, so wird man auf eine weitere Realitätsebene katapultiert, die neue Aufgaben und Lösungen bereithält – und die Philosophie dieser virtuellen Welt weiterspinnt usw.

»Myst« ist von zwei Brüdern als deren eigene Phantasiewelt erschaffen worden. Eine virtuelle Phantasiewelt, die surreal wirkt, aber noch mit realen Versatzstücken arbeitet.

Es gibt keine Spielanleitung für »Myst«, keine Gebrauchsanweisung, nur das Prinzip Try & Error. Sein Verkaufserfolg beweist, daß das Fehlen jeglicher Anleitung nicht als störend, sondern eher als anregend empfunden wird. Die Welt von »Myst« fasziniert so sehr, daß dieses Suchen (und Erleben) enormen Spaß macht. Die Virtualität dieser Welt ist eben kein Problem, sondern vielmehr Attraktor. Man kann hier eine neue Welt entdecken: eine Option, die uns Menschen anscheinend im Blut liegt. Und das Angenehme dabei ist: So fremd und unbekannt, vielleicht sogar furchteinflößend eine solche Welt ist, sie ist eben nur virtuell, man bleibt eben doch in der realen, bekannten Welt.

Die Cyber-Technologie macht auf diese Weise auch absolut surreale, parareale, »undenkbare« Erfahrungen möglich – und aushaltbar: Man kann die Meere als Delphin durchstreifen, die Welt als Gen erleben, den Kosmos als Photon (Lichtmaterie) bereisen, man kann neue Welten mit neuen Gesetzmäßigkeiten erdenken (und bauen), neue Dimensionen erdenken etc.

Das eröffnet völlig neue, unermeßliche Möglichkeiten, es befreit uns von unserer Realität und hat so eine immense ethische, philosophische, emotionale und gesellschaftliche Sprengkraft. Sie kann eine große evolutionäre Kraft werden, die unsere Zukunft – und uns in ihr – bestimmt.

Die Interaktivität der digitalen Medien

Ein drittes entscheidendes, neues Stilprinzip der digitalen Medien ist die Interaktivität. Sie befreit den Medienkonsumenten aus der Passivität, zu der ihn die herkömmlichen – analogen – Medien wie Buch, Zeitung, Radio oder TV durch ihre einseitige Kommunikationsausrichtung gezwungen haben. Sie macht es dem Medienkonsumenten möglich, selbst aktiv zu werden. Das verändert die Kommunikation und die Rolle des Rezipienten grundsätzlich (dazu später).

Die digitalen Medien schaffen Interaktivität fiktional (virtuell) durch eine große Speicherkapazität (etwa von CD-ROMs), die Interaktivitätsprozesse durch die schiere Datenmenge möglich machen: Man kann (quasi) interaktiv Zusatzinformationen bekommen, die Medien (Bild, Ton, Text, Video) wechseln, verschiedenen (vorinszenierten) Handlungsverläufen folgen (Multiple Choice) etc. Diese »Interaktivität« ist aber nur scheinbar, da »inszeniert«, und sie ist beschränkt, egal wie groß der Datenraum und die jeweilige Datenmenge auf CD-Speichern sind und selbst bei künftigen CD-Generationen sein wird (mehrfache Gigabyte-Größe). Echte Interaktivität bieten nur die weltweiten Computernetzwerke und Online-Dienste. Hier ist echte Interaktivität – mit anderen Menschen und Speichermedien – global und spontan geboten. Hier ist das Wissens- und Reaktionspotential unendlich groß. Hier ist die Idee eines »Global Brain« Wirklichkeit.

Die Interaktivität der digitalen Medien zerstört die lineare Kommunikation nach dem alten Kommunikations-Modells von Claude Shannon (1948): Sender – Medium – Empfänger. Sie gibt dem Medienkonsumenten eine aktive Rolle, sie macht aus ihm einen Media-Akteur. Das verlagert die Machtverhältnisse – zugunsten der Medienkonsumenten. Und es verändert viele Gesetze der Medienwelt.

Firmen werden Medienproduzenten

Das hat direkte Auswirkungen auf Werbung und Marketing. In Zukunft reicht es in den digitalen Medien nicht mehr aus, wie bisher konfrontativ Werbung zu betreiben. Zukünftig muß man mit dem Medienkonsumenten interaktiv in Kommunikation treten. Dazu muß die Werbung eine eigene Attraktion entwickeln. Das kann nicht ohne den Kunden gehen. So müssen dann auch die Firmen interessante Kommunikations- und Medieninhalte entwikkeln. »Colors«, die innovative, eigenwillige vom Modehersteller Benetton finanzierte Zeitschrift, die lange Zeit vom Uhrenhersteller »Swatch« gesponserte MTV-Mode-Sendung »The Pulse« oder die vom amerikanischen Sportschuhhersteller »Nike« unterstützten »MTV-Sports« sind nur die Vorhut einer absehbaren Entwicklung.

Alle wichtigen Marken werden solche eigenen Medien entwickeln müssen. Sie werden sich zunächst etablierter Medien als Transportmittel bedienen. Irgendwann müssen ihre Medienangebote, um der Erwartung an die Marke gerecht zu werden, aber so exklusiv und attraktiv sein, daß am Endpunkt der Entwicklung schließlich die Medien deren Medienangebote bezahlen werden. Dann hätte sich das heutige Verhältnis zwischen Werbung und Medien umgekehrt. Ein Prozeß, der viele Verwerfungen verursachen wird: in der Medienlandschaft, in den Agenturen – und nicht zuletzt im Marketing. Und ein Prozeß, der sehr schnell ablaufen wird.

Die Beschleunigung der Medienwelt

Die digitalen Medien beschleunigen die Kommunikationswelt ungeheuer, Nachrichten, Informationen, Wissen sind in den Computernetzwerken erstmals in Echtzeit verfügbar, und zwar für wirklich jeden Teilnehmer der digitalen Medienwelt. Die unmittelbare Nutzbarmachung von Informationen wird zu einer neuen Selbstverständlichkeit. Damit schwindet der Vorsprung großer Medienanbieter. In der digitalen Medienwelt siegt daher die Geschwindigkeit über schiere Größe. Die geschickte Umsetzung und Nutzbarmachung von Schnelligkeit, nennen wir sie »Vitesse« (in Anlehnung zu »Finesse«), wird zur wichtigen Qualität.

Ein Beispiel aus der jüngsten Vergangenheit: Die Meldung von dem großen Erdbeben in Los Angeles macht in den Computernetzwerken schneller die Runde, als es CNN oder die Nachrichtendienste verbreiten konnten. Während diese ihre Meldungen on air schickten, wurden in den Netzen schon (in Echtzeit) die Ursachen und Folgen diskutiert, Tips für Betroffene vermittelt, und bei den Versicherungen gingen online bereits die ersten Schadensmeldungen ein. Diese Beschleunigung ist eine der auffallendsten Besonderheiten der Network-Welt. Das hat für die Gesellschaft eine immense Bedeutung. Sie wird vor allem aber ein Problem und eine besondere Herausforderung für die Wirtschaft werden. Nicht nur die Produktion, sondern auch Marketing und Werbung werden sich mit der Beschleunigung besonders schwer tun. Sie müssen den Wettbewerb um die Geschwindigkeit aufnehmen. Dafür werden ganz neue Tools und Mechanismen installiert werden müssen.

Trendmonitoring, wie es zum Beispiel die Hamburger Agentur Scholz & Friends als Service anbietet, ist eine sinnvolle Methode, neuen gesellschaftlichen Entwicklungen frühzeitig auf die Spur zu kommen. Irgendwann werden Firmen und Marken aber soweit kommen müssen, die gesellschaftlichen Umbrüche direkt zu begleiten, wenn nicht gar selbst (mit) zu inszenieren.

Das schaffen sie nur, wenn sie sich vorbehaltlos in die vernetzte Online-Welt integrieren und dort zum gleichberechtigten Partner werden. Sie müssen Bestandteil, oder besser, Motor der stärksten und attraktivsten Netzwerkstämme werden.

Informations- und Netzwerk-Nomaden

Die Online-Welt ist eine Wiederkehr der uralten nomadischen Kultur der Sammler und Jäger. Man sammelt Informationen und jagt nach Attraktionen, diesmal global – und virtuell. Diese Kultur ist bei uns Menschen ganz tief verwurzelt. Das macht diese Welt so faszinierend, das macht sie so rasch faßbar.

Positive Kernthese der Netzwerk-Welt und ihrer -Kultur ist: Netzwerke bilden eine ganz neue Art von Verwandtschaft, Engagement und Anteilnahme. Sie bilden ganz neue Stämme von Gleichgesinnten und Gleichinteressierten. Die Netzwerke schaffen neue thematische oder interessebedingte soziale Systeme, und zwar über alle Grenzen und Kontinente hinweg. Es entsteht eine Art Network-Tribalismus.

Immer öfter treffen sich Gruppen von Menschen spontan – oder regelmäßig – in den Gesprächs- oder Aktionsforen der Computernetzwerke und tauschen sich dort aus. Über Alltagsthemen, Probleme, Ideen, wissenschaftliche Fragen, Beziehungen etc. Der soziale (und politische) Diskurs und soziales Engagement haben sich teilweise aus der etablierten Medienwelt in die Computernetzwerke verlagert. Immer öfter berichten Zeitschriften nur mehr über Vorgänge und Aktionen in den Netzen, weil dort schneller reagiert wird, weil dort die größere Initiativkraft herrscht.

Wie weit das gehen kann, sei an folgendem Beispiel verdeutlich: Ein Projekt der US-Regierung, den Meeresboden durch Schallwellen neu zu vermessen, wurde beispielsweise allein durch eine Protestbewegung innerhalb des Internet gestoppt.

Tierschützer, die den Meßlärm den Gehörorganen von Delphinen und Walen ersparen wollten, hatten im Internet zum Protest aufgerufen. Innerhalb einer Woche gingen im Weißen Haus, das bereits online anwählbar ist, Zigtausende von Zuschriften und Protesten (online) ein. Den Massenmedien blieb nur noch übrig, über den Erfolg dieser Aktion zu berichten. Sie selbst hatten nicht Anteil an dieser Initiative.

So werden ganz neue Stämme, Gruppen, Clans von Menschen quer über den Erdball entstehen, die eigene Moden, eigene Themen, eigene Aktionen, eigene Trends und eigene Fetische ausbilden. Sie werden eigene, exklusive Sphären schaffen – und eigene, ganz neue Märkte eröffnen.

Diese Online-Märkte wird man auf ganz neue Art bedienen müssen. Für die Network- Welt und die Network-Society werden ganz neue Techniken von Marketing und Werbung entwickelt werden müssen.

Ein wichtiges Stichwort hat Peter Kabel vom Medien-Kontor in Hamburg geprägt: Es ist ein »Wechsel vom Push- zum Pull-Marketing« nötig. Werbung wird man dem Konsumenten nicht mehr aufdrängen können, sondern man wird ihn reizen müssen, sich für eine bestimmte Werbung zu entscheiden. Das kann beispielsweise durch Benefits geschehen. Das heißt, man bietet im Gegenzug zum freiwilligen Konsum von Werbung oder Produktinformationen gewisse Vergünstigungen. Etwa Freischaltzeiten in Online-Diensten. Oder man lockt mit Verlosungen und Gewinnspielen.

Wirkungsvoller dürfte das Konzept sein, Marken zu eigenen News-Providern zu machen. Sie können eigene Online-Dienste eröffnen und damit Anbieter von Echtzeitmedien werden.

Die Integration in die Network-Society wird jedenfalls ganz neue Anforderungen an die Werbung und Agenturen stellen. Diese werden z.B. Netzwerkpartner, ja sogar Sozialpartner werden müssen. Sie müssen Trendmanager, Kommunikatoren, Mediatoren, Kommunikationsmanager, Self- und Lifeware-Produzenten (Ratgeber etc.) werden. Sie werden selbst Teil der Pop-Kultur werden und dort Beziehungskulte zu inszenieren und zu pflegen lernen müssen.

Der Rezipient als Produzent

Dieser Schritt ist nötig, weil die Interaktivität der interaktiven Medien dem Konsumenten ganz neue Möglichkeiten bietet. Die Machtverhältnisse haben sich zu seinem Vorteil verändert. Er ist eben nicht mehr zur Passivität verdammt, sondern kann jederzeit selbst im Internet Anbieter eigener medialer Services werden.

Erste Ansätze der Inbesitznahme von Medien durch den Rezipienten gibt es längst. Der erste Bereich war das Desktop publishing (DTP). Mit Hilfe dieser Technik sind die Kosten der Produktion von Druckwerken so weit gesunken, daß neue (Druck-)Medien viel leichter und billiger auf den Markt zu bringen sind. DTP machte die Gründung einer ganzen Reihe neuer Zeitschriften möglich: Special-Interest-Zeitschriften, Szene-Magazine und experimentelle Heft-Projekte. In den USA entstand ein ganzes Arsenal junger, außergewöhnlicher Zeitschriften wie Swing, Bikini, Axcess, Hypno oder KGB.

In Deutschland machte DTP eine ganz neue Generation von Szene-Zeitschriften, vor allem aus dem Techno-Bereich, möglich. Nachdem kein Verlag ein publizistisches Angebot an diese aufstrebende, längst sehr kaufkräftige Szene entwickelte, entstanden sie aus der Szene selbst heraus, wurden sozusagen von den Rezipienten selbst ermöglicht.

Die Techno-Zeitschrift »frontpage« aus Berlin zum Beispiel hat bis 1995 bereits eine Auflage von 120 000 Exemplaren erreicht, das Werbeaufkommen ist beträchtlich. »frontpage« ist weit erfolgreicher als viele marktforschungserprobte Neueinführungen von Großverlagen.

Die Inbesitznahme von Medien

Der nächste Bereich, in dem die Inbesitznahme von (digitalen) Medien durch den Rezipienten bzw. Konsumenten stattfinden wird, ist der Video- und Filmbereich. Die VTP-Software-Techniken (Video Top Publishing) sind 1995 so weit entwickelt, daß Videos von High-Definition-Video-Kameras ganz problemlos und bedienerfreundlich per Maus und Computerbildschirm schnell und billig geschnitten und bearbeitet werden können. Wenn in absehbarer Zukunft mit neuen Chip- und Computergenerationen Giga-Speichermedien wie »Avid« und »Henry« im Homesektor breite Anwendung finden, wird wirklich jedermann Spiel- und Dokumentarfilme schnell und billig in Eigenregie produzieren können. Fachleute in den USA schätzen, daß bereits Ende dieses Jahrzehnts digitale Spiel- und Dokumentarfilme in High-Definition-Qualität (etwa vergleichbar der 16-mm-Film-Qualität) für nur noch 20 000 bis 100 000 Dollar zu drehen sind. Auch Trickfilme und computergenerierte Videos sind schon bald von jedermann und billig machbar. Dann kann jeder mit geringsten finanziellen Mitteln sein eigener Spielberg oder Scorsese werden.

Dieselbe Situation im Musikbereich. Durch MTP (Musik Top Publishing) und neue, simple Midi-Techniken kann jeder schon heute für wenige tausend Mark seinen Computer zum eigenen (virtuellen) Musikstudio machen. In absehbarer Zeit, wenn für MTP die Hard- und Software-Preise sinken, kann jedermann billigst seine eigenen CDs produzieren – und seine Kompositionen und Hits dann sogar über Computernetzwerke online vertreiben. So kann wirklich jeder Musiker sein eigener Musikmedien-Produzent und sogar -Distributeur werden.

Eine Ahnung, wie so etwas aussehen kann, gibt das »Internet Underground Music Archive« (IUMA). Dort kann schon heute jeder seine selbstproduzierten Songs und Kompositionen im Internet plazieren. Und von dort kann sie jeder gegen eine geringe Gebühr beziehen, online und digital. Die gespeicherten Songs und Kompositionen kann man dann entweder von der Festplatte des Computers abspielen oder auf CD speichern. Die IUMA repräsentiert eine der wahrscheinlichsten Perspektiven des Musikbusineß der Zukunft – vor allem wenn die Kompressions-Techniken besser werden und die Datenübermittlungsraten weiter steigen. Man geht dann nicht mehr in Plattenläden, um CDs zu kaufen, sondern zieht seine Lieblingsmusik – nach Probehören – online direkt auf seinen Multimedia-Computer (eine für die Musikindustrie ziemlich bedrohliche Vision).

Die neue Macht der Rezipienten

Auch eine Reihe anderer Medienbeispiele beweist die Gültigkeit der These: Der Rezipient wird zum Produzenten. »Tommy Boy Records« etwa, eine in Deutschland eher unbekannte amerikanischen Plattenfirma, ist die erfolgreichste unabhängige Musikfirma der Welt. Sie ist die einzige Musikfirma, die ausschließlich mit Neuproduktionen Zuwachsraten und Gewinne schreibt – und nicht mit dem Back-Katalog alter Plattenaufnahmen. »Tommy Boy Records« hat vor allem schwarze Rap- und HipHop-Künstler wie Naughty By Nature, Snoop Doggy Dog, Dr. Dre groß gemacht.

Sie hat den ungewöhnlichen Siegeszug schwarzer Künstler möglich gemacht, indem sie durch Online-Techniken die amerikanischen Hitparaden revolutionierte. Sie hat erstmals ein absolut unbestechliches, computergestütztes, online in Echtzeit arbeitendes Verkaufszahlen-Ermittlungsinstrument installiert, das jede Manipulationsmöglichkeit durch Plattenfirmen (durch gezielte Scheinkäufe) ausschließt. (Die Billboard-Charts basieren mittlerweile auf diesen Zahlen!). Erst dadurch kam in den USA erstmals auf breiter Front schwarzamerikanische Musik (Rap, HipHop) in die Charts.

So wurde durch digitale Technologien erstmals der wahre Geschmack der Rezipienten ohne jede Manipulationsmöglichkeit erfaßt.

Seher werden Macher

Ein ähnliches Prinzip hat den Kabel-Musiksender »The Box« in den USA zur ernsthaften Konkurrenz für MTV werden lassen. »The Box« ist eine Art Musikbox als Fernsehkanal. Hier kann jedermann sein Lieblingsvideo (bezahlterweise) wie als Wunschkonzert bestellen. Analog zur Häufigkeit der Wünsche wird das Programm von »The Box« zusammengestellt. Hier machen also die Rezipienten direkt das Programm. Daher schießen hier am schnellsten neue Songs und neue Künstler nach oben. Daher haben gerade hier auch neuere Klänge, Videos und Stile ihre Chance. Und da »The Box« regional strukturiert ist, also in jeder Stadt ein eigenständiges Netz hat, entwickeln sich

Vorlieben lokal unterschiedlich. Der Erfolg, d.h. die Einschaltquoten in den US-Metropolen, geben den Machern von »The Box« recht.

Die amerikanischen Kabelnetze geben generell auffallend vielen Privatpersonen (Rezipienten) die Chance, eigene Sendungen zu produzieren. Und sehr oft ernten diese Privat-Produktionen beste Einschaltquoten. Vielleicht weil sie die wahren Interessen der TV-Rezipienten besser widerspiegeln und näher am Zeitgeist sind als die Medienkonzepte professioneller Medienmacher.

So haben etwa in Manhattan die beiden Teenager Jake (15) und Frankie (17) mit ihrer abstrusen Talk- und Videoshow »Squirt TV« an guten Tagen im dortigen Kabelnetz circa 500 000 Zuschauer. Sie bringen ihre ganz persönlichen Ideen und Inhalte sehr direkt rüber und sind dabei extrem unterhaltend. Die Sendung hat mittlerweile Kultstatus. Andere Jugendliche (z.B. in Kalifornien) folgen ihrem Beispiel und entwickeln ihre eigenen Generation-X-typischen TV-Medien.

Digitales Internet-Busineß

Ein gutes Beispiel, wie jedermann in der Netzwerkwelt zum Medienanbieter werden kann, ist das World Wide Web (WWW), das zur Zeit technisch beste und optisch ansprechendste Computernetz. Hier kann jeder seine eigene, höchstpersönliche Seite (Home Pages) unterhalten und gestalten. Er kann sie mit eigenen Werken, Privatphotos, eigenen Texten, Ideen und Aktionen, eigenen Kompositionen etc. bestücken. Er wird so nicht nur Besitzer seines eigenen Mediums, sondern, indem er sich selbst thematisiert, sogar selbst zu einem eigenen Medium.

Das WWW ist für innovative Entrepreneure die ideale Basis, eigene Online-Dienste und -Medien zu gründen –

und bei Geschick ein eigenes (Online-)Medienimperium aufbauen.

All diese Beispiele zeigen den Weg, wie Rezipienten selbst zu Produzenten werden. Diese Perspektive kann eine ungeheure Medienvielfalt schaffen, eine völlig neue globale Pluralität, eine Demokratisierung verkrusteter Strukturen und Entmachtung alter Monopole oder Oligopole. (Kann, muß nicht!) Sie läßt die beste Idee siegen und nicht das große Geld. Und sie ist ein hervorragendes Mittel gegen jede Meinungsdiktatur. (Online entsteht der kritische Geist nicht mehr aus einer »kritischen Haltung« eines einzelnen, etwa eines »kritischen« Journalisten, sondern aus der Summe der stetig und global kommunizierten Widersprüche ...)

Der Rezipient als Prosumer

Nicht immer will der Konsument aber auch selbst Produzent seiner Medienangebote sein. Aber er will dennoch, daß sie nach seinen persönlichen Wünschen und Bedürfnissen produziert werden. Die Produktion findet dann in Kooperation bzw. Interfusion von Konsumenten und Produzenten statt. Das nennt man heute Prosuming, ein Mischwort aus »Pro«duzent und Con»suming«. Ein perfektes Beispiel von existierendem Prosumertum sind alle Online-Dienste: Compuserve, Europe Online, America Online, Prodigy & Co. Diese Online-Provider können die Nachfrage nach ihren verschiedenen Informations- und Kommunikationsangeboten jederzeit quantitativ messen. Dementsprechend werden Services jederzeit kurzfristig geändert, ausgebaut, herausgenommen oder neu geschaffen. Hier entsteht permanent – online – im steten Austausch zwischen Produzenten und Konsumenten das jeweils passende, gewünschte Medienangebot.

Ein gutes Beispiel von praktiziertem Prosumertum ist auch das schon erwähnte Verkaufsermittlungssystem von »Tommy Boy Records«. Es recherchiert in den USA nicht nur die Verkaufszahlen von Musikträgermedien, sondern auch generelle gesellschaftliche Trends. So sollen die richtigen Themen, die richtigen Codierungen und die gesellschaftlich gewünschten Sounds für Neuproduktionen von »Tommy Boy Records« ermittelt werden. Trendmonitoring, vor allem wenn online und damit interaktiv betrieben, ist stets ein sehr brauchbares Mittel für Prosumertum.

Online-Shopping

Die optimalste Ausformung von Prosumertum, die wahrscheinlich symbiotische Verbindung zwischen Konsumenten und Produzenten, wird das Online-Shopping sein. Schon heute kann man relativ problemlos in den verschiedenen Online-Diensten international einkaufen, im Internet sogar global.

Noch ist dort wenig Geschäft zu machen. Das bemängeln alle Online-Shopping-Anbieter. Kein Wunder, noch sind nämlich das Angebot und vor allem der Service, der dort dem Kunden geboten wird, sehr dürftig. Man bekommt die Produkte selten optisch optimal dargeboten, die Bezahlung ist umständlich etc. Hier muß noch viel getan werden. Daß ein echtes Potential für Online- Consuming vorhanden ist, beweist der digitale Versandkatalog von Quelle, der per CD-ROM angeboten wird. Die Orders lagen deutlich über den Erwartungen.

Richtig lukrativ wird das Online-Shopping erst werden, wenn dort das Einkaufen ganz einfach und vor allem lustvoll wird. Wenn man von zu Hause – online – High-Tech in Hongkong ordern kann, Software in den USA, Mode in Italien, Weine in Frankreich, Computer in Japan, Autos in

Korea und Schokolade in der Schweiz etc. Die jeweiligen Angebote, Modelle, Spezifikationen müßten dann stets aktuell online und in Farbe, mit Musik und vielen Serviceinformationen präsentiert werden. Kleidung müßte man dann zum Beispiel virtuell an einem dreidimensionalen Modell der eigenen Figur anprobieren können. Bezahlt wird dann in Zukunft mit international eingeführtem, in Computernetzwerken gültigem »e-money«, digitalem Geld. Auf diesem unendlich großen, internationalen Markt wird die Nachfrage online und in Echtzeit die Produktion bestimmen.

Consumer Driven Products werden dann der Normalfall. Es wird fast durchweg nur nach der Bestellung gefertigt werden. Die Produktion wird sich auf diese Weise immer mehr individualisieren und singularisieren! Sie geht optimal auf die Bedürfnisse der Konsumenten ein, ist das pure Spiegelbild seiner Wünsche.

Der Luxus der Informationsagenten

Wichtigstes Hilfsmittel für Online-Shopping und Online-Informations-Surfen werden sogenannte Informationsagenten sein. Das sind speziell auf die Bedürfnisse einzelner Individuen spezialisierte Software-Programme, die in den Computernetzwerken unablässig im Auftrag ihrer Besitzer nach interessanten Meldungen, Ideen, Produkten etc. Ausschau halten. Sie verschaffen ihm ein extrem individualisiertes, maßgeschneidertes Angebotsspektrum und nehmen ihm das orientierungslose Suchen im Überangebot ab. Sie automatisieren sozusagen das Prosumertum. Nur mit Informationsagenten kann man sich in dem unglaublich großen, kontinuierlich wachsenden, globalen Angebot der Computernetzwerke noch zurechtfinden.

Die ersten funktionstüchtigen Informationsagenten sollen 1996 oder 1997 auf den Markt kommen. Sie werden das

Luxusgut – und Statussymbol – der Zukunft werden. Je individueller diese Software programmiert ist, je besser und intelligenter die Informationsagenten sind, desto teurer werden sie sein.

Und ein paar Probleme

Die digitale Medien- und Online-Welt hat zugegebenermaßen nicht nur positive Seiten. Dieser Eindruck soll auf keinen Fall entstehen. Dies ist aber kein Grund für blinde Ängste. Es sollte vielmehr Anlaß dazu sein, diese neue Welt endlich gesellschaftlich zu thematisieren. Die absehbaren Probleme, Widersprüche und Gefahren, die in der Zukunftswelt der digitalen Medien auf uns warten, gilt es sich bewußt zu machen, und der gesellschaftliche Dialog muß darüber eröffnet werden. Das ist bei uns noch nicht einmal im Ansatz geschehen.

Eine deutlich Gefahr der Online-Welt ist ihre drohende Monopolisierung. Die digitalen Medien werden Entrepreneuren, Goldgräbern und Newcomern (zunächst) große Chancen bieten. Aber bei den Computernetzwerken ist schon jetzt eine Entwicklung zu großen, monopolartigen Konglomeraten zu beobachten. Alle großen Medienanbieter sind längst dabei, strategische Allianzen zu schmieden oder gar zu fusionieren. Wenn die Entwicklung so weitergeht, werden schon bald nur wenige, solvente Anbieter (vorzugsweise Software-Giganten und Netzwerkbetreiber) den digitalen Online-Markt unter sich ausmachen. Die Kosten und Investitionen für die neuen digitalen Medien und vor allem für Online-Dienste und deren Unterhalt scheinen zu groß, als daß kleine Anbieter auf lange Sicht eine echte Chance haben.

Geld bzw. die Bezahlbarkeit digitaler Medien und von Online-Diensten ist auch der Kern des nächsten Problems. Es wird in Zukunft sehr viele Information- bzw. Online-Outdrops geben. Damit sind nicht diejenigen gemeint, die keinen Computer bedienen können, oder Papier-Addicts, die nicht auf ihre gedruckten Zeitungen und Magazine verzichten können. (Schon einmal daran gedacht, wieviel Sie vom Informationsangebot einer Zeitung, etwa einer Wochenendausgabe, nutzen? – Welche Verschwendung! Sie kaufen doch auch nicht einen Kasten Bier, um dann nur eine Flasche zu trinken und den Rest zu recyceln.

Nein, mit Information-Outdrops sind alle diejenigen gemeint, die sich keine Multimedia-Computer bzw. hochentwickelte Software leisten können, die kein Geld für teure Online-Services haben. Und das werden in Zukunft nicht nur wenige Arme und Obdachlose sein. Wir steuern auf eine 50-50-Gesellschaft zu. Die eine Hälfte lebt in sicherem Wohlstand. Die andere Hälfte wird jederzeit von Armutsphasen zumindest bedroht bzw. auch immer wieder heimgesucht.

Denkbar ist daher eine Art Informations-Verelendung, eine Informations-Not, zumindest aber eine Informations-Junk-Kultur für diese Menschen. Eine Kultur, in der es kein Wissen, sondern nur Zeitvertreib gibt. Eine Medienkultur, die nicht Kommunikation fördert, sondern nur sediert. Zu befürchten ist eine Teilung der Mediengesellschaft in einen Teil der Besitzenden und einen Teil, der sich kein Entertainment, kein Edutainment, kein Psychotainment etc. leisten kann, der nur mit leerem »Tainment«, d.h. kulturellem Leergut, abgespeist wird. Es könnte soweit kommen, daß große Bevölkerungsteile aus der Welt der digitalen Medien und Online-Services ausgesperrt bleiben bzw. nur deren Brosamen abbekommen. Die schlimmste Konsequenz für sie wäre, daß sie von dem in Zukunft so wichtigen Prozeß des lebenslangen Lernens ausgesperrt blieben – einer der wichtigsten Vorteile der Online-Welt. Ihr Schicksal hieße: Information-Deficit – und damit: Chancen-Defizit.

Bisher wird keinerlei Gedanke daran verschwendet, wie man solche »bedürftigen« Teile der Bevölkerung in die Online-Welt integrieren kann. Noch wird nicht einmal der Gedanke gewagt, in öffentlichen Bibliotheken für jedermann, oder zumindest für Bedürftige, Terminals fürs Internet oder die verschiedenen Online-Dienste zu installieren (sie müßten aus Steuermitteln finanziert werden). Noch ist nicht mal angedacht, einen öffentlich-rechtlichen Online-Service zu gründen.

Beides sind Ideen, die sicher nur bedingt praktikabel und noch entwicklungsbedürftig sind (man betrachte nur das Versagen der öffentlich-rechtlichen Medien im TV-Sektor!).

Aber ich halte es für notwendig, daß überhaupt erst einmal in eine solche Richtung gedacht wird, daß über das soziale Moment dieser neuen Medienwelt der gesellschaftliche Dialog eröffnet wird.

Das Ende der Informationsgesellschaft

Ein knappes Fazit: Wir stehen am Anfang einer neuen, nennen wir sie »Online-Gesellschaft«. Sie wird die Informationsgesellschaft ablösen. Die Flut der neuen digitalen-Medien und deren jederzeitige, globale Verfügbarkeit sorgen für einen immensen Information-Overflow. Jeder Rezipient erlebt so die Informationswelt als immanent paradox, modischer ausgedrückt als extrem fraktal (in sich selbst brechend).

Die digitalen Medien sorgen durch zuviel Information für eine Desavouierung jeder einzelnen Information. Zu jeder Nachricht wird es in Zukunft die Entgegnung, den Widerspruch, die Gegendarstellung geben. Man wird im Überangebot der Informationen stets auch das Gegenteil jeder einzelnen Information finden. Damit löst sich jedes »richtig« oder »falsch« auf. Diese permanente Ungewißheit wird das Ende der Informationsgesellschaft bringen. Ihr folgt eine Online-Gesellschaft, eine digital vernetzte Gesellschaft, in der die Kommunikation völlig anders funktionieren wird. Eine Ahnung davon hoffe ich hier gegeben haben zu können.

Ulrich Eggert

Die neue Multimedia-Welt

»Kommunikation« – eine auf den ersten Blick so einfache und sprechfreundliche Vokabel. Damit ein Wort, das tausendfach verwendet und oft leichtfertig eingesetzt wird. Wer kommunikativ ist, ist »in«. In vielen Lebenslagen – ob privat oder beruflich – wird mehr kommuniziert als gehandelt.

Das Problem: Die Vokabel »Kommunikation« ist mittlerweile von der Umgangssprache assimiliert worden, ohne Rücksicht darauf, daß damit ein exemplarischer Indikator für den Wandel von Zeit und gesellschaftlichen Werten auf signifikante Weise verbunden ist.

Das »Brockhaus Konversationslexikon« umschreibt in seiner Ausgabe aus dem Jahre 1894 noch dürftig: »Mitteilung, Eröffnung; auch Verkehr, Verbindung, Verbindungsweg.« Rund 60 Jahre später, 1959, hat sich die Brockhaus-Definition bereits deutlich verändert. Dort heißt es: »... das verstehende Miteinander von Mensch zu Mensch.« Mancher, dem das, was heute »Kommunikation« bedeutet, unheimlich ist, mag sich an dieser im Wortsinne menschlichen Deutung freuen und die Bestätigung seiner Zweifel im aktuellen »dtv Lexikon« finden. Denn jetzt steht zu lesen: »... Übermittlung und Vermittlung von Wissen; i.w.S. alle Prozesse der Übertragung von Nachrichten oder Informationen durch Zeichen aller Art. ... durch techn., biolog., psych., soziale u. a. Informationsvermittlungssysteme.«

Es ist noch gar nicht lange her, daß die Welt für jeden einzelnen unüberschaubar groß war, im relativen Vergleich dazu die Distanzen nur über kurze Strecken überbrückbar waren. Heute ist die Welt für alle klein geworden, die schier grenzenlose und sekundenschnelle Bewältigung von Distanz mittels modernster Kommunikationstechniken ein Kinderspiel. Eine konsequente Entwicklung, die der amerikanische Schriftsteller und Medienspezialist Marshall McLuhen Mitte der 60er Jahre bereits deutlich erkannte, als er die Erde als riesiges, vernetztes »global village« definierte.

Unsere heutige Welt erlebt nun die ersten Schritte hin zur multimedialen Revolution. Fundament sind die bereits vollzogenen Schritte wie Entwicklung und Forcierung der Computertechnik, Zusammenwachsen von EDV und Telekommunikation und umfassende Vernetzung vieler Systeme mit der Option auf die Bereitstellung völlig neuer Dienste. Basistechnologie und Innovationsmotor der Telekommunikation der nächsten Jahre ist die Mikroelektronik, ohne deren globale Präsenz nichts mehr laufen würde. Fundament ist die Digitaltechnik, mit deren Hilfe sich jede Art von Information – gleich ob Bilder, Töne, Zahlen oder Buchstaben – in Bits zerlegen läßt.

Das Erreichen des optimalen und weltumspannenden Ausbaus des digitalen Mobilfunks kann man als absehbar definieren, die Digitalisierung der bislang mit analoger Technologie betriebenen Vermittlungsstellen der Telefongesellschaften geht mit großen Schritten voran, die vieldiskutierte »Datenautobahn« ist in Sicht. Damit stehen kreative Kommunikationshorizonte jedermann offen.

Der plakative Begriff »Datenautobahn« – abgeleitet aus dem amerikanischen Begriff »data/communcation highway« – bezeichnet elektronische Netzwerke, mit denen neben Daten, Zahlen und Texten auch Bilder, Videos und Töne übertragen werden können. Datenautobahnen sind die Voraussetzung für audiovisuelle Medien-Verbundsysteme – der Transport riesiger Datenmengen ist so zu bewältigen. Die Multimedia-Technologie wird – gestützt auf Breitbandtechniken und Glasfaserleitungen – Tele-Dienste wie etwa Tele-Shopping oder Tele-Learning ermöglichen. Diese technologische Vision wird nicht nur die Medienlandschaft und das Kommunikationsverhalten der Bewohner des »global village« verändern, sondern auch dem Handel völlig neue, bislang noch nicht umfassend absehbare Möglichkeiten eröffnen.

Kommunikation ist Trumpf

Der Boden für den mit Sicherheit schnell und gewaltig expandierenden Markt »Datenautobahn« in Deutschland ist ohne Zweifel bereitet. Das beweist die Zunahme der Anschlüsse im Zusammenhang mit Informations- und Kommunikationstechnik in Deutschland in den Jahren 1991 bis 1993. Die größten Wachstumsraten weisen ISDN-Kanäle (1,2 Mio./plus 320 Prozent), Funktelefon (1,8 Mio./ plus 235 Prozent) und Cityruf (277 000/plus 110 Prozent) auf. Selbst die schon traditionell zu nennenden Kommunikationstechniken wie BTX (467 000/plus 65 Prozent), Telefax (1,4 Mio./plus 48 Prozent), Kabel-TV (13,5 Mio./plus 36 Prozent) und das gute alte Telefon (37 Mio./plus 11 Prozent) nehmen ungebrochen zu.

Zahlen, die über jede Statistik hinaus die Bereitschaft aktueller und potentieller Nutzer signifikant dokumentieren, sich den immer vielfältiger zur Verfügung stehenden Kommunikationsmitteln zu öffnen.

Vor diesem Hintergrund hat der Kampf um die besten Positionen im Geschäft mit Multimedia und Datenautobahnen bereits begonnen. Eine Vielzahl von Fusionen und Kooperationen sind die Folge. Bereits jetzt zeichnet sich ab, daß die stark wachsenden Branchen – Computertechnik, Telekommunikation, Konsumelektronik, Verlagswesen und Unterhaltungselektronik – zusammenwachsen werden. Zu erkennen sind bereits neue strategische Allianzen von Kabel-, Telefon- und Fernsehgesellschaften, von Verlagen, Anbietern im Bereich Unterhaltungselektronik und Musik- beziehungsweise Film-Produktionsgesellschaften. Erklärtes Ziel all dieser strategischen Allianzen ist es, Hardware und Software aus jeweils einer Hand – gleichsam »unter einem Dach« – anzubieten.

Um die Begriffe »Software« und »Hardware« in diesem Zusammenhang transparent werden zu lassen, bedarf es der Definition.

Unter »Software« fallen Kabelfernsehen für tagesaktuelle Informationen, Pay-TV, Musik- und Filmproduktions-Studios, die vorhandenen Bestände an Film- und Musikmaterial, Zeitungen und Zeitschriften für Fachinformationen sowie Datenbanken als Know-how-Bibliotheken.

Unter »Hardware« versteht man die Informationsnetze wie digitale Funktelefonnetze und Glasfasernetze. Dazu gehören natürlich sämtliche End- und Zusatzgeräte.

Status quo – wer macht was?

In der Bundesrepublik Deutschland teilen sich drei digitale *Mobilfunknetze* den Markt:

- D 1, betrieben seit Mitte 1992 durch die staatliche Telefongesellschaft Telekom mit Sitz in Bonn
- D 2, betrieben seit Mitte 1992 durch den privaten Anbieter Mannesmann Mobilfunk GmbH mit Sitz in Düsseldorf

– E-Plus, im Betrieb seit Mai 1994 und angeboten durch die private E-Plus Mobilfunk GmbH in Berlin.

Auch bei den *Glasfasernetzen* zeichnen sich tiefgreifende Veränderungen ab. Nur noch bis Ende 1997 hat – so stellt es sich momentan dar – die staatliche Telefongesellschaft Telekom in der Bundesrepublik Deutschland das Monopol im Bereich Telekommunikation. Trotz des absehbaren Endes des Monopols investieren bereits heute private Unternehmen Milliarden, um firmeneigene Datenautobahnen jedermann anbieten zu können. Der Grund: Die »staatlichen« Netze und Leitungen – die Telekom hat zur Zeit rund 80 000 Streckenkilometer Glasfaser verlegt – müssen angemietet werden und verursachen hohe Kosten.

Zu den bereits aktiven Anbietern von Glasfasernetzen in der Bundesrepublik Deutschland gehören

- o der Düsseldorfer Stromkonzern Veba, der über die Unternehmenstochter PreussenElektra in Nord-, Ost- und Westdeutschland über ein Glasfasernetz von rund 2000 Kilometer Länge verfügt und zudem schon heute mehr als 400 000 Netzanschlüsse für Kabelfernsehen in unternehmenseigenen Immobilien vorhält. Veba will bis spätestens 1995 in Bonn eine Ausnahmegenehmigung für den öffentlichen Betrieb dieser multimedialen Infrastruktur durchsetzen. Und: Veba ist über die neugegründete Tochter Vebacom zu 28 Prozent am Mobilfunk-Betreiber E-Plus, am privaten Dienstleister im europäischen Satellitengeschäft Teleport Europe (50 Prozent), an der Meganet-Gesellschaft für Mehrwertdienste mbH (75 Prozent) in Köln und zu 100 Prozent an der Inas GmbH in Frankfurt beteiligt. Darüber hinaus arbeitet Veba eng mit der Deutschen Bahn AG zusammen;
- o der Düsseldorfer Technologiekonzern Mannesmann, der mit einer Beteiligung in Höhe von 50 Prozent ein

Joint-Venture mit dem Essener Energiekonzern RWE und der Deutschen Bank einging. Das neugegründete Unternehmen Corporate Network International GmbH (CNI) bündelt Mannesmann-Know-how, ein bereits installiertes Glasfasernetz von rund 3000 Kilometer Länge, kommunale Wegerechte der RWE und das Kapital der Deutschen Bank;

- der Münchner Stromkonzern Viag, der zwar über ein großes Netz in Süddeutschland verfügt, aber keine Lizenz für private Teledienste hat. Damit weist sich die Viag als idealer Juniorpartner aus. Denn die Bundesregierung vergibt nur dann Lizenzen für Daten-Highways, wenn Know-how und eigene Systeme vorhanden sind. Darauf basierend, hat die Viag Anfang 1995 ein Abkommen mit BT (ehemals British Telecom), die eine führende Position innerhalb Europas anstrebt, geschlossen.

Geht es um die weltweite Macht im Bereich Telekommunikation, konzentriert sich diese auf die fünf größten Telefongesellschaften: auf American Telephone Telegraph (AT & T) mit einem Umsatz 1993 von umgerechnet 112 Milliarden Mark, auf Nippon Telegraph & Telephone (NTT) mit einem Umsatz 1993 von umgerechnet 106 Milliarden Mark, die Deutsche Bundespost Telekom (Umsatz 1993: 59 Milliarden Mark), die BT (British Telecom, Umsatz 1993: umgerechnet 41 Milliarden Mark) und France Télécom.

Um sich als Global Player auf dem Telekommunikationsmarkt behaupten zu können, haben sich drei internationale strategische Allianzen gebildet.

Zum ersten das Bündnis von AT & T mit dem japanischen Konzern KDD, der Singapur Telecom, der Telecom Neuseeland und Unisource. Letzterer ist ein Zusammenschluß der staatlichen Telefongesellschaften der Schweiz, Schwedens und der Niederlande.

Zum zweiten die 1993 entstandene Verbindung von MCI und BT. Dazu hatte BT eine 20prozentige Beteiligung an MCI, dem zweitgrößten US-Fernnetzbetreiber, erworben.

Und: Die Beteiligung von Deutsche Bundespost Telekom und ihrem Kooperationspartner Télécom France mit jeweils 10 Prozent am amerikanischen Telefonkonzern Sprint, dem drittgrößten im US-Markt.

Interessant in diesem Zusammenhang ist, daß die japanische Telefongesellschaft NTT – immerhin zweitgrößter Telefonkonzern der Welt – bislang noch keinen internationalen Partner gefunden hat. Eine Entscheidung darüber wird von Fachleuten erst nach Antritt einer neuen Regierung im kommenden Jahr erwartet.

Parallel zu den Global Players im Bereich der Telekommunikation bestimmen fünf Medienkonzerne weltweit das Geschehen im Bereich Multimedia und insbesondere im Bereich Software. Das sind die größten Medienkonzerne der Welt, deren rank list sich wie folgt liest.

Auf Platz eins Time Warner in New York mit einem Umsatz 1993 von umgerechnet 24,1 Milliarden Mark. Auf den Plätzen folgen: Bertelsmann, Gütersloh (18,2 Milliarden Mark), Viacom, New York (umgerechnet 16,4 Milliarden Mark), News Corporation, Sydney/London/New York (umgerechnet 13,6 Milliarden Mark) und Sony Corp. of America, New York (umgerechnet 11,8 Milliarden Mark).

Die Zukunft hat begonnen

Neben den erdgebundenen Telekommunikationsnetzen kündigt sich die nächste, satellitengestützte Generation mobiler Kommunikation bereits an. Zwar zögert die Deutsche Bundespost Telekom mit der Entscheidung, ob bei einem der projektierten Mammutuntermehmen eingestiegen werden soll. Aber auch ohne deutsche Beteiligung ist die Inbetriebnahme weltumspannender Satellitennetze kurzfristig abzusehen.

Globalster Inc. will bis 1997 – geführt von den US-Unternehmen Laural und Qualcomm – 24 Satelliten in eine Umlaufbahn in 1400 Kilometer Höhe schicken. Das »Leo-System« – »Low Earth Orbit Satellites«, eine innovative Technologie tieffliegender Mini-Satelliten – soll in absehbarer Zeit auf 48 Stationen im All erweitert werden. Das Investitionsvolumen beträgt 1,7 Milliarden US-Dollar.

Iridium Inc., ein vom amerikanischen Elektrokonzern Motorola geführtes Joint-Venture, plant, bis 1998 insgesamt 66 Satelliten auf eine Umlaufhöhe von 780 Kilometern zu bringen. Das Investitionsvolumen ist mit 3,4 Milliarden US-Dollar veranschlagt; angedacht ist, daß das dann mögliche weltweite Telefonieren per Handy pro Gesprächsminute drei US-Dollar kosten soll. Die Stärke des Iridium-Konzepts liegt in der bereits weit fortgeschrittenen Detailplanung und dem Vorliegen genehmigter Frequenzen.

Die International Maritime Satellite Organization (Inmarsat) in London ist Initiator des Inmarsat-Projekts 21. Verfolgt wird das Ziel, bis 1999 maximal 15 Satelliten in eine Umlaufbahn von rund 10 000 Kilometern Höhe zu bringen. 2,4 Milliarden US-Dollar sehen die Investitionsplanungen vor. Bei Inbetriebnahme sollen die Gesprächsgebühren bei zwei US-Dollar/Minute liegen. Die Vorteile des Inmarsat-Projekts 21 liegen in der großen Verfügbarkeit und den zu erwartenden geringen Betriebskosten.

Das System »Medium Earth Orbit Satellite« (Meos) hat zudem eine doppelt so hohe Lebenserwartung wie das Leo-System.

Telesedic Corp. ist ein Joint Venture von Microsoft-Gründer Bill Gates und dem amerikanischen Mobilfunk-

Unternehmen Craig McCaw. Das ehrgeizige Ziel: Telesedic will bis zum Jahr 2001 insgesamt 840 Satelliten in 700 Kilometer Höhe installieren, 9 Milliarden US-Dollar werden dafür veranschlagt. Besonders unterentwickelten Regionen in Afrika, Asien, Südamerika, Osteuropa werden durch preiswerte Infrastruktur Vorteile geboten werden.

Die Zukunft der Tele- und Multimedia-Dienste

Ob online oder offline – Multimedia gilt als Markt der Zukunft. Das Marktforschungsunternehmen Frost & Sullivan in London ermittelte allein für Europa ein Marktvolumen von 2,3 Milliarden US-Dollar und erwartet bis 1999 einen Anstieg auf 4,3 Milliarden US-Dollar.

Auch im europäischen Telekommunikationsmarkt sind respektable Steigerungsraten prognostiziert. So geht die Vebacom davon aus, daß sich von 1993 bis zum Jahr 2003 die Umsatzentwicklung von 244 Milliarden Mark auf 406 Milliarden Mark ausweitet. In den ersten fünf Jahren soll der Zuwachs entsprechend dieser Prognose 6,4 Prozent pro Jahr betragen, in den Folgejahren 4 Prozent.

Die Beispiele vorhandener, geplanter und denkbarer Dienstleistungen im Software-Bereich des Telekommunikations- und Multimedia-Marktes müssen konsequenterweise in zwei Sparten inhaltlich getrennt werden. Zum einen in die *Arbeitswelt.* Darunter fallen Tele-/Home-Shopping, Tele-/Home-Banking, Tele-Informationsdienste, Tele-Teaching/Tele-Learning, Tele-Arbeit. Zum anderen in die *Unterhaltung*, worunter TV, Pay-TV, Pay-per-view, Pay-per-play, Video-on-demand, Tele-Treff, Tele-Sex und anderes einzuordnen sind.

Tele- und Home-Shopping

Diese revolutionäre Umsetzung der Möglichkeiten moderner Kommunikation macht der leidigen Diskussion um Ladenschlußgesetze, Arbeitszeiten und anderen tariflichen Streitigkeiten ein Ende. Tele-Shopping bedeutet: Einkaufen rund um die Uhr, von zu Hause aus, aus dem bequemen Sessel und im Kreis aller zum jeweiligen individuellen sozialen Umfeld gehörenden Entscheider. Modernste Software macht es möglich, daß zum Beispiel bei der Auswahl von Kleidungsstücken die jeweiligen Körpermaße oder sogar die Haarfarbe potentieller Käufer berücksichtigt werden können. In den Vereinigten Staaten wurden 1993 rund 5 Milliarden US-Dollar von den damals fusionierten TV-Verkaufssendern Quality Value Convenience (QVC) und Home Shopping Network (HSN) umgesetzt – interessanterweise entspricht das nur 2,5 Prozent des Umsatzes des gesamten amerikanischen Einzelhandels. QVC plant, von England aus ein Home-Shopping-Center für ganz Europa aufzubauen.

In der Bundesrepublik Deutschland spielt Home-Shopping beziehungsweise Tele-Shopping eine untergeordnete Rolle. Erste Versuche endeten kläglich; so die erste bundesdeutsche Fernseh-Verkaufsshow der Allkauf Gruppe, die von 1987 bis 1989 vom Fernsehsender Eureka TV ausgestrahlt wurde. Zentraler Grund für diese »Pleiten« sind die Mediengesetze der Bundesländer, die den Fernsehsendern pro Tag nur eine Zeitstunde dieser Form von Werbung erlauben, was den Minutenpreis natürlich in die Höhe treibt. Die Metro-Gruppe testet seit April 1994 die Chancen für Tele-Shopping in Deutschland mit Hilfe der interaktiven Spielshow »Hugo«, die über den Kabelkanal verbreitet wird.

In Deutschland machen derzeit zwei Alternativen das Rennen beim Verbraucher: Zum einen der Direct-Response-TV-Spot (DRTV) und CD-ROM-Shopping. Die DRTV-

Spots werden im Rahmen eines regulären TV-Werbeblocks geschaltet und machen über eine eingeblendete Telefonnummer die zeitgleiche Bestellung des beworbenen Artikels möglich. Die Infrastruktur für CD-ROM-Shopping stellen die 800 000 bereits mit CD-ROM-Laufwerken ausgestatteten Personal Computer (PC) dar, die in deutschen Haushalten zu finden sind. Signifikantes Beispiel für diesen Vertriebsweg ist der Otto-Katalog, der 1994 mit einer Startauflage von 50 000 Stück erstmals auf CD-ROM erschien. Rund 520 Seiten aus dem Hauptkatalog sind in digitaler Form gespeichert; mit Hilfe eines Modems läßt sich genauso wie über den Datex-J-Dienst direkt bei Otto ordern.

Die Quelle-Gruppe plant für 1996 einen eigenen Informations- und Werbekanal. Zielgruppe sind die jüngeren Verbraucher der PC- und Videospiel-Generation zwischen 18 und 30 Jahren, die im klassischen Versandhandel bisher unterrepräsentiert sind. Zudem will Quelle mehr Kundennähe erreichen und mehr Produktinformationen transparent machen. In Nürnberg und Stuttgart will sich die Quelle-Gruppe von Mitte 1995 an für die Dauer von zwei Jahren an Pilotprojekten zur Erforschung technischer Möglichkeiten und der Kundenakzeptanz des interaktiven Fernsehens beteiligen. In den beiden Städten sind für diesen Testlauf jeweils bis zu 5000 Teilnehmer vorgesehen.

Der multimedial erlebbare Katalog weist auch der Tourismusbranche den Weg in die Zukunft. So plant der Stuttgarter Reiseunternehmer Hetzel, sein Last-Minute-Angebot via Fernsehgerät in die Wohnzimmer zu tragen. Bilder vom Urlaubsort sowie vom Hotelzimmer sollen dabei abrufbar sein.

Das Touristikunternehmen Meier's Weltreisen geht den Weg über die Reisebüros, in denen an speziellen Terminals multimedial aufbereitete Informationen rund um die Reiseziele bereitgehalten werden.

Alle Unternehmen, die sich mit Tele- oder Home-Shopping auseinandersetzen, sind sich über die grundsätzliche Zunahme dieses Vertriebsweges einig. Rund 54 Prozent des bundesdeutschen Einzelhandels gehen von dieser Zunahme aus. 50,7 Prozent der Befragten erwarten eine Steigerung der subjektiven Bequemlichkeit beim Einkauf auf Kundenseite, allerdings fehlen 69,2 Prozent des Einzelhandels die emotionale Komponente das Einkaufens. Und: Der Handel rechnet bei einer stringenten Penetration des Home-Shopping-Konzeptes zu 56 Prozent mit einer signifikanten Erhöhung der Distributionskosten.

Bemerkenswert ist, daß 73,4 Prozent der Befragten den Erfolg von Home-Shopping lediglich im Non-Food-Bereich sehen; nur 7,7 Prozent sehen auch Möglichkeiten im Food-Bereich.

Tele- und Home-Banking

Ein Bereich multimedialen Lebens, der in der Bundesrepublik Deutschland bereits überraschend gut angenommen worden ist. Die Abwicklung der Bankgeschäfte – ob privat oder geschäftlich – vom eigenen PC aus ist kein Problem; die elektronische Kontoführung ist Tag und Nacht möglich.

Tele-Informationsdienste

Bereits heute sind Zeitungen und Zeitschriften, Fachmagazine und Datenbanken auf elektronischer Basis online abrufbar. Experten gehen davon aus, daß bis zum Jahr 2000 etwa 15 Prozent aller Printprodukte in Europa durch elektronische Medien ersetzt oder zumindest ergänzt werden.

Tele-Teaching/Tele-Learning

Zentraler Vorteil dieses Angebots ist die Möglichkeit, interaktive Lernprogramme für die private oder betriebliche (Fort-)Bildung per Datenleitung abrufen zu können. Tele-

Teaching bietet Unternehmen zunehmend die Möglichkeit, teure und zeitaufwendige Weiterbildungsseminare zu substituieren.

Tele-Arbeit/Tele-Medizin

In den Bereich Tele-Arbeit gehört die Vision, Arbeitsplätze aus den Unternehmen in die Privatsphäre der Angestellten zu verlagern. Damit einher gehen Überlegungen wie konsequent und individualisiert durchgeführte Flexibilisierung von Arbeitszeiten, Minderung der Investitionen pro Arbeitsplatz durch Herunterschrauben notwendiger zentraler Infrastruktur und anderes mehr. Schwerpunkte von Tele-Arbeit können Büro- und Ingenieurarbeiten sein, bei denen sämtliche benötigten Informationen via Datenleitung zur Verfügung gestellt werden. Im Bereich Tele-Medizin wird die Kommunikationsmöglichkeit per Bild-Telefon und Video-Konferenz eine bedeutende Rolle spielen. Im »Tele-Krankenhaus der Zukunft« werden Ärzte die Möglichkeit haben, Fernkonsultationen mit Fachkollegen in der ganzen Welt zu halten, kompletten Zugriff auf vollständig digitalisierte Patientenakten zu haben und medizinische Zusatzinformationen aus internationalen Datenbanken abzurufen. Ein Teil dieser Visionen ist in der Strahlen- und Poliklinik im Berliner Stadtteil Wedding bereits Wirklichkeit.

»Normal«-TV

Der klassische Weg, in einer bundesdeutschen Wohnung fernzusehen, setzt drei Dinge voraus: ein Fernsehgerät, Antenne oder Kabel und die Anmeldung bei der Gebühreneinzugszentrale (GEZ), die die für jeden Fernsehnutzer obligatorischen und unabhängig von der Nutzungsdauer der jeweiligen Programme festgesetzten Gebühren kassiert. Bis 1984 gab es in der Bundesrepublik Deutschland nur zwei nationale TV-Stationen – ARD und ZDF. Heute stehen jedem verkabelten Fernsehhaushalt 28 Programme zur Verfügung. Von insgesamt 21 Millionen bundesdeutschen Haushalten, die nach derzeitigem Stand zeitnah an das TV-Kabel angeschlossen werden könnten, sind bisher 14 Millionen erfaßt.

Was in der Bundesrepublik als kleine TV-Revolution gefeiert wurde, gehört in den USA zur Vergangenheit. Das Medienunternehmen Time Warner bietet im New Yorker Stadtteil Queens bereits 150 Kanäle an und plant die Expansion auf 500 Kanäle.

Die Technik der digitalen Kompression wird es in absehbarer Zeit möglich machen, die jeweilige Datenmenge für den Transport durchs Kabel auf ein Viertel bis ein Achtel des bisherigen Volumens zu reduzieren. So können die Übertragungskapazitäten in herkömmlichen Sendekanälen auf mehrere Programme erhöht werden. Diese neue Technologie bietet – davon geht die Deutsche Bundespost Telekom aus – bis 1998 die Möglichkeit, 300 bis 400 TV-Programme parallel anzubieten.

Daraus folgt konsequent die Notwendigkeit der Marktsegmentierung, also der Teilung in sogenannte Spartenkanäle, die jeweils nur eine kleine und genau umrissene Zielgruppe erreichen sollen. Ein Stück digitaler Zukunft, das die TV-Struktur in Deutschland verändern wird. Mögliche Zielgruppen können Senioren, Kinder, Reiselustige, Hausfrauen oder Sportfans sein.

Zudem macht das Mehr an Programm-Möglichkeiten den Weg frei für lokales Fernsehen. Beste Beispiele sind »Fernsehen aus Berlin« (FAB), »Frankenfernsehen aus Nürnberg«, der Ballungsraum-Kanal »tv.München« oder der lokale Sender »Hamburg 1«. Der Erfolg solch kleiner lokaler Kanäle ist allerdings abhängig von der Etatdekkung durch lokale und nationale Werbung und von der Vernetzung der Sender für den gemeinsamen Einkauf von Film- und Serienrechten.

Pay-TV/Pay-per-view/Pay-per-play

Beim System »Pay-per-play« zahlt der Konsument für die jeweilige Videospiel-Nutzung. Bei »Pay-per-view« schlagen die Gebühren pro gesehener TV-Sendung zu Buche. Bei »Pay-TV« bezahlt der Abonnent das Angebot eines verschlüsselten Kabelsenders en block. Das Medienunternehmen Bertelsmann und der französische Fernsehkonzern Canal plus planen gemeinsam neue und europaweite Pay-TV-Kanäle. Beide Unternehmen sind – gemeinsam mit der Kirch-Gruppe – bereits Gesellschafter des bisher in Deutschland einzigen Pay-TV-Senders Premiere. Dieser Sender, in Hamburg zu Hause und bundesweit zu sehen, zählt mittlerweile rund 800 000 Abonnenten und erreichte 1992/1993 einen Umsatz von 230 Millionen Mark. Insgesamt wird das Potential an Pay-TV-Kunden in Deutschland auf 20 Millionen Haushalte geschätzt.

Dieser ungeheure Markt führte in der Bundesrepublik bereits zu ersten Konglomeraten. So gründeten im April 1994 die Medienkonzerne Kirch und Bertelsmann sowie die Deutsche Bundespost Telekom das TV-Dienstleistungsunternehmen Media Service GmbH (MSG). Aufgaben dieses neuen Unternehmens sollten bundesweites Marketing, der Vertrieb und der Gebühreneinzug bei Pay-TV und weiteren TV-Programmen einschließlich der technischen Dienstleistungen sein. Allerdings: Das Europäische Kartellamt in Brüssel erklärte den Zusammenschluß aufgrund einer zu erwartenden marktbeherrschenden Stellung für unzulässig und folgte damit den zuvor geäußerten Bedenken des Berliner Kartellamtes. Es kann davon ausgegangen werden, daß nach dieser kartellrechtlichen Entscheidung neue Modelle bereits anvisiert sind.

Video-on-demand

Bei realistischer Gewichtung der derzeit geplanten und technisch möglichen Multimedia-Dienste im TV-Bereich darf davon ausgegangen werden, daß Video-on-demand zu den ersten interaktiven Diensten gehören wird, die kommerzialisiert werden. Diese Technik erlaubt es, zu individuellen Zeiten Spielfilme oder Sportberichte aus einem zentralen elektronischen Archiv abzurufen.

Tele-Treff/Tele-Sex

Der Tele-Treff ist als eine elektronische Kontaktbörse zu umschreiben. Und: Tele-Sex kündigt – auch wenn es jeder Lebenserfahrung widerspricht – Lustgewinn mittels erotischer TV-Programme an, bei denen durch interaktive Technologie sogar Kameraeinstellungen oder die Positionen der Handelnden individuell bestimmt werden können. Höhepunkt dieser Gattung des neuen Medienzeitalters werden Kopfhörer und elektronisch angesteuerte Handschuhe sein, durch die »Gefühle« vermittelt werden sollen.

Sonstige Tele- und Multimedia-Dienste

Zu den elektronischen Mehrwertdiensten gehören auch Faxdienst, Reservierungssysteme sowie Kredit- und Banküberprüfungen. Außerdem soll jedem TV-Zuschauer die Möglichkeit gegeben werden, bei Übertragungen von Sportveranstaltungen die Kameraperspektive zu wählen oder bei Spielfilmen das Happy-End selbst zu bestimmen.

TV Konsum in Deutschland

Legt man die Statistik zugrunde, bedient sich jeder Bundesbürger rund drei Stunden pro Tag des Fernsehens. Allerdings: Die wenigsten folgen den Programmen konzentriert. In den meisten Haushalten wird parallel zum TV Zeitung gelesen, gegessen, oder es werden Hausarbeiten erledigt. Der Hamburger Freizeitforscher Professor Dr. Horst W. Opaschowski führt dieses Verhalten darauf zurück, daß die derzeit angebotenen TV-Sender sich im Kampf um die Einschaltquoten immer ähnlicher geworden sind.

Die zu erwartende und dann schlagartig spürbar werdende Präsenz von Multimedia wird den TV-Wettbewerb weiter verschärfen. So prognostiziert die Deutsche Bundespost Telekom einen Anstieg des gesamten TV-Kosums in deutschen Haushalten in den nächsten zehn Jahren von 33,88 Milliarden Stunden/Jahr auf 40,25 Milliarden Stunden/Jahr. Dieser Prognose folgend, werden sich die Stunden auf die einzelnen Telekommunikationsdienste allerdings anders verteilen. Derzeit werden 33,6 Milliarden Stunden/Jahr »Normal«-TV und 280 Millionen Stunden/Jahr Pay-TV verzeichnet. Im Jahr 2004 geht die Studie von nur noch 27,4 Milliarden Stunden/Jahr »Normal«-TV aus, demgegenüber sollen dann bereits 9 Milliarden Stunden/Jahr Pay-TV abgenommen werden.

Einfluß von Multimedia auf die Branchen

Allgemein

Die Unternehmensberatung Boston Consulting Group (BCG) glaubt sicher davon ausgehen zu können, daß Multimedia auf den Handel, auf die Werbe-, Druck- und Freizeitindustrie einen starken und auf die übrigen Branchen einen zumindest spürbaren Einfluß ausüben wird. Der BCG-Untersuchung folgend, wird sich vor allem die Welt der Banken und Versicherungen massiv verändern. Das Zusammenwachsen neuer Datennetze, der Vormarsch der Multimedia-Geräte in die Wohnzimmer, die multimedialen Info-Dienste – sämtliche Facetten der multimedialen Veränderungen schlagen laut BCG in dieser Branche besonders durch. Produzierendes Gewerbe, Freizeit-, Werbe- und Druckindustrie dagegen werden, interpretiert man die Untersuchung weiter, bis zur Jahrtausendwende nur gering beeinflußt werden, dann allerdings durch das Entstehen neuer Multimedia-Produkte und die wachsende Akzeptanz beim Konsumenten mit den Vorreitern Banken/Versicherungen gleichziehen.

Handel

Multimedia erlaubt dem Groß- und Einzelhandel – ganz gleich, ob's der Kaufmann um die Ecke ist oder ein großes Versandhaus – in relativ naher Zeit den Ausbau völlig neuer Distributionsformen. Dazu gehören:

- Tele-Shopping. Ausgewählte Produkte werden bundesweit angeboten und vertrieben.
- Tele-Direct. Die Hersteller verkaufen direkt an den Endverbraucher.
- Home-Order. Das komplette Angebot von Versandhäusern per Bildschirm oder CD-ROM.
- Home-Shopping. Angebote regionaler Händler, die die Ware abends direkt anliefern.

Es kann davon ausgegangen werden, daß der Gesamtanteil dieser vier durch Multimedia möglich werdenden Segmente im Jahr 2005 bei bis zu 7,5 Prozent des Handelsumsatzes/BRD liegen wird. Im Vergleich dazu: In den USA wird von einem Marktanteil von 10 bis 15 Prozent ausgegangen.

Multimedia verändert die Welt

Selbstverständlich ist, daß alle bis dahin aufgeführten Visionen, Planungen, Entwicklungen oder Aktivitäten rund um Multimedia nur dann erfolgreich und auf breiter Front realisierbar sind, wenn neben dem Geschäftsbereich auch der Privatkunde in das Geschäft mit Hard- und Software einbezogen wird. Die zunehmend lautstark diskutierten Vorboten einer multimedialen Welt sind die Bestrebungen der Hard- und Software-Industrie, nach den Büros mit den Personal Computern nun auch die Wohnzimmer zu erobern.

Denn die Investitionen in diese Technik müssen sich bezahlt machen. Unterstützt wird diese Strategie durch das Heranwachsen einer kaufkräftigen, an EDV gewöhnten Computer- und Videospiel-Generation.

Die bislang überwiegend auf die Unterhaltung fokussierte Nutzung des PC im privaten Bereich wird zunehmend durch professionelle Nutzung ergänzt. Nahezu jeder vierte Haushalt in der Bundesrepublik verfügt bereits heute über einen PC. Interessant für die, die eines Tages multimedial ihre Produkte anbieten wollen, ist, daß derzeit 40 Prozent aller bundesdeutschen Haushalte mit einem Nettoeinkommen von mehr als 4000 Mark über einen PC verfügen. In der Einkommenskategorie von 3000 bis 4000 Mark sind es immerhin noch 28 Prozent.

Bereits heute zeichnet sich – bei originärer Hardware ebenso wie im großen Bereich der Peripheriegeräte – ab, daß die Zukunft fernsehtauglichen Personal Computern oder computertauglichen Fernsehgeräten gehört. Beide Varianten sind Grundvoraussetzung für die Nutzung eines künftigen multimedialen Angebotes. Eine der Visionen der Hardware-Industrie ist der »Tele-Computer« (TC) – ein Endgerät, das Telefon, TV, Radio, Computer, Fax und Gameboy in sich vereinigt.

Conclusio

Neue Hard- und Software, Datennetze, Datenautobahnen und Multimedia werden ohne jede Frage die Kommunikation der Menschen untereinander verändern. Verändern wird sich auch die Lebens- und Arbeitsweise eines jeden einzelnen. So werden neue Berufsbilder wie Bildschirmdesigner, Digitalisierer oder Netzwerk-Manager entstehen. Und auf den ersten Blick frivol erscheint, daß diese neue totale Kommunikationswelt sogar nach dem Beruf eines Kommunikationsberaters verlangt.

Beschleunigt werden Produktentwicklungen und interne Verwaltungsabläufe; Simulationen und Visualisierungen abstrakter Modelle werden möglich. In der multimedialen Welt wird es möglich sein, Verkehre zu reduzieren und effizienter zu steuern. Und: Neue Arbeitsplätze werden in dieser neuen Welt versprochen. Die Unternehmensberatung Roland Berger rechnet mit einem Beschäftigungspotential von bis zu 5 Millionen in der Kommunikations- und Informationsbranche.

Am Arbeitsplatz selbst stehen allerdings auch die Mitarbeiter vor neuen Aufgaben. Immerhin 67 Prozent erwarten höhere Arbeitsproduktivität, 61 Prozent hoffen auf größere Arbeitsfreude, und 52 Prozent freuen sich auf mehr Kreativität. Dagegen stehen bei 42 Prozent Ängste vor hohem Lernaufwand, 31 Prozent erwarten anstrengenderes Arbeiten, und 19 Prozent formulieren ihre Scheu vor der neuen Technik.

Joachim Zentes

Der Handel in der Informationsgesellschaft

Die gegenwärtige Multimedia-Diskussion, so hinsichtlich der Chancenpotentiale für Marketing und Handel, und die darin begründeten Aussagen über radikale Veränderungen der Handelslandschaft erinnern an die Zeit von vor ca. 15 Jahren. Damals beherrschten in ähnlicher Form die »Neuen Medien« die Diskussion der Handels- und Marketingdynamik.

Vor diesem Hintergrund ist sicherlich eine Bestandsaufnahme erforderlich. Zugleich gilt es, die Chancenpotentiale, aber auch die Akzeptanz- und Diffusionsbarrieren der multimedialen Technologien auszurichten: Was sind die relevanten Dimensionen des Electronic Retailing?

Blickt man ca. 15 Jahre zurück, so beherrschte damals die Diskussion um die »Neuen Medien« oder die »Neuen Informations- und Kommunikationstechnologien« die Frage der künftigen Handelsentwicklung[1]. In Prognosen und Szenarien fanden sich kühne Thesen wie »Die neuen Medien revolutionieren den Handel!« und »Die neuen Medien verdrängen den stationären Handel!«. Wie hat sich nun die Entwicklung seit dieser Zeit vollzogen, und wie wird sich die Handelslandschaft unter dem (möglichen) Einfluß der Multimedia-Technologien entwickeln?

Multimedia – Die Renaissance der »Neuen Medien«

An die Stelle der damaligen neuen Informations- und Kommunikationstechnologien Kabelfernsehen (CATV), Satellitenfernsehen, Bildschirmtext (Btx), Bildplatte sind – von ähnlicher Euphorie begleitet – die heutigen »neuen Technologien«, so CD-ROM, CD-I (Compact Disc-Interactive), der Information Super Highway – um nur einige zu nennen – getreten. Die technologischen Potentiale wurden unter den Schlagworten »Vernetzung«, »Integration« und »Interaktion« propagiert. Wortschöpfungen wie »Compunications« und »Telematik« verstärkten dies. Auch der Multimedia-Technik können diese Vernetzungs-, Integrations- und Interaktionspotentiale attestiert werden. Diese Potentiale werden in fast mystischer Form mit »Multimodalität« oder »Virtueller Realität« begrifflich gefaßt.

Die Technologien der damaligen Zeit lösten eine Vielzahl von Pilotprojekten aus. Es kam zu den ersten Implementierungen von Pay-TV; interaktive Kabelfernsehen-Projekte wie Cube der Warner Communications in Columbus wurden gestartet. In Japan entstand auf Glasfaserbasis die erste total verkabelte Stadt (Higashi- Ikoma). In Europa, so insbesondere in Frankreich, wurde großflächig Bildschirmtext (Minitel) umzusetzen versucht[2].

Die heutigen Pilotprojekte betreffen u. a. Video on demand, das Full Service Network, so von Time Warner in Orlando, sowie interaktives Fernsehen, z. B. in deutschen Städten (Berlin, Stuttgart, Hamburg, Köln u. a.).

Für den Handel zeichnete sich die Vision – von vielen als *der* Megatrend bezeichnet – des Teleshopping (elektronisches Home Shopping) ab, d. h. neue – viele Experten faszinierende – Angebots- bzw. Einkaufsformen. Es entstanden die ersten Bildplattenkataloge, so von Sears-Roebuck 1981. Elektronisches Home Shopping wurde auf der Basis des Kabelfernsehens (Cable Shopping) und auf Btx-Basis eingeführt. Die »neue Elektronik« führte auch zu innovativen In-Store-Lösungen. Interaktive Bildplattensysteme sollten den persönlichen Verkauf ergänzen oder verstärken, so durch Database-Kompetenz, vielleicht sogar ersetzen. Elektronische Einkaufsinformationssysteme wurden zur Orientierung der Kunden eingesetzt, beispielsweise in Kauf- und Warenhäusern.

Heute finden wir wiederum ähnliche Anstrengungen, auf der Grundlage neuerer bzw. weiterentwickelter Technologien. Zu erwähnen sind die In-Store-Lösungen der Karstadt AG (»Musicmaster«)[3], die CD-ROM-Kataloge, so des Otto-Versandes, die Teleshopping-Kanäle wie QVC (Quality Value Convenience), HSN (Home Shopping Network), Q 2, Catalog 1. Der deutsche Privatsender Pro 7 und das Versandhaus Quelle haben eine Gesellschaft für Teleshopping (»Home Order Television«) gegründet, um ein aktuelles deutsches Beispiel zu erwähnen. Die (privaten) Fernsehsender sehen hierin auch eine Diversifikationschance; sie entwickeln sich vom »Sender zum Versender«.

Betrachtet man die heutige Landschaft, d. h. den Handel (fast) an der Schwelle zum nächsten Jahrtausend, so sieht die Wirklichkeit des »Electronic Shopping« erheblich bescheidener aus als vor 15 Jahren vorhergesagt. Über Einkauf per Bildschirm und das virtuelle Einkaufszentrum wird zwar viel geredet und geschrieben, vorwiegend – aus nachvollziehbaren Gründen – von Unternehmensberatern und Kongreßveranstaltern. Die Umsetzung der Praxis vollzog und vollzieht sich allerdings wesentlich zäher als erwartet, wenn überhaupt.

Worauf stützen sich nun – 15 Jahre später – wiederum die teilweise geradezu euphorischen Trendaussagen mancher Experten, die eine radikale Veränderung der Angebotsformen im »multimedialen Handelszeitalter« erwarten? Wie sind diese Einschätzungen zu beurteilen?

Übersicht 1:
Bestimmungsfaktoren der Multi-Media-Diffusion

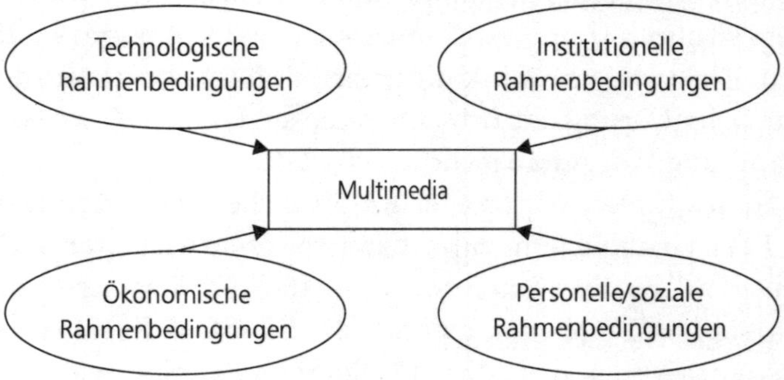

Grafiken Zentes

Multimedia im Handel – Mythos oder Realität?

Die Diffusion und damit die Akzeptanz der neuen Technologien – dies galt für die »Neuen Medien« Ende der 70er Jahre wie für die Multimedia-Technologien heute – wird bestimmt durch technologische, institutionelle, ökonomische und personelle/soziale Rahmenbedingungen (vgl. Übersicht 1)[4].

Analysiert man die Chancenpotentiale der heutigen (multimedialen) Technologien, so ermöglichen sie eine wirkliche Integration unterschiedlicher »Technikwelten«, so der Rechner (»PC-Welt«), der Konsumelektronik (»TV-, HiFi- und Videowelt«) und der Telekommunikation: Multimedia ermöglicht rechnergestützte multimodale Interaktionssysteme[5]. Aus dieser Sicht geht Multimedia weit über die Potentiale der damaligen »Neuen Medien« hinaus. Zugleich sind die Verfügbarkeit der Hardware, so PCs, Videogeräte u. ä., in privaten Haushalten und die Verfügbarkeit öffentlicher Infrastrukturen, so Netze (Kabel-TV, ISDN, Breitband), unvergleichbar größer.

Dennoch lassen sich auch in der Technologie begründete Akzeptanz- und Diffusionsbarrieren herausstellen. So erweist sich die technische Standardisierung als ein Kernproblem. Nur durch eine konzertierte Aktion der »Key Player« – Hardware-Hersteller, Netzanbieter, Netzbetreiber, Programm-/Dienstanbieter – ist die Verabschiedung eines Multimedia-Standards möglich. Dies könnte ein langwieriger Prozeß werden, da er sich in einem stark kompetitiven Umfeld vollzieht. Die Etablierung von VHS und UNIX liefert hierfür Beispiele. Sicherlich wird sich bei Konfusion bezüglich der Standards keine Diffusion der Technologien ergeben[6].

Betrachtet man den institutionellen Rahmen, so bietet auch dieser Chancenpotentiale einerseits und Akzeptanz- bzw. Diffusionsbarrieren andererseits. Die Chancen sind in der Liberalisierung der Telekommunikationsdienste zu sehen, die gerade als Katalysator wirken dürfte. Auslöser dieser Entwicklung sind die politischen Gegebenheiten, so die Verwirklichung der Binnenmarktprinzipien in der Europäischen Union. Gefordert werden aus Brüssel u. a. die Öffnung der Kabel-TV-Netze für Dritte sowie die Trennung von Netzbetreibern und Diensteanbietern[7].

Aus institutioneller Sicht ist für eine Multimedia-Diffusion in vielen Ländern eine Anpassung bzw. eine Reform der Rundfunk-Mediengesetze Voraussetzung[8]. So sind beispielsweise in Deutschland die neuen Programmformen wie Video on demand kein »Rundfunk« im klassischen Sinne. Derartige Faktoren dürften retardierend, letztlich aber nicht verhindernd wirken.

Chancenpotentiale beinhalten auch die ökonomischen Rahmenbedingungen. Multimedia kann als Wachstumsmotor wirken. Basisinnovationen hatten stets Sekundäreffekte[9]. So brachte die Erfindung der Eisenbahn das Schienennetz und Bahnhöfe mit sich. Die Dampfschiffahrt führte zum Ausbau der Flüsse und Kanäle und zur Einrichtung von Häfen. Die Elektrifizierung bescherte uns E-Werke und das Stromnetz, die Motorisierung Straßen. Die Computerisierung zog den Aufbau von Telekommunikationsnetzen nach sich. Die Bedeutung der Telekommunikationsnetze, in denen auch ein Standortvorteil (West-)Europas begründet ist, wird zunehmend von nationalen und supranationalen Institutionen, so der Europäischen Union, erkannt, wie die wachsende Investitionsbereitschaft zeigt.

Auf die Multimedia-Diffusion wirken andererseits ökonomische Faktoren hemmend bzw. retardierend. So zeigt sich ein »Henne-Ei-Problem« der Markterschließung, wie Prognos zutreffend feststellt[10]. Attraktive multimediale Programmangebote sind – plausibel nachvollziehbar – nur bei großer Nachfrage rentabel, die sich aber bisher – und wohl auch in der näheren Zukunft – nur langsam entwikkelt. Erforderlich sind somit hohe Vorinvestitionen und ein ausgeprägtes Durchhaltevermögen all der Unternehmen, die sich hier engagieren: Euphorie ist sicherlich nicht angezeigt.

Über die Akzeptanz und damit die Diffusion von Innovationen bestimmen aber letztlich weder die technologischen noch die institutionellen und ökonomischen Rahmenbedingungen, sondern die personellen und sozialen Gegebenheiten, d. h. die Menschen selbst. Worin sind nun diesbezüglich die etwaigen Chancenpotentiale begründet?

Zunächst läßt sich eine Verschiebung in der Mediennutzung zugunsten elektronischer Medien feststellen, ein Trend, den alle modernen Gesellschaften aufweisen. Für diesen elektronischen Medienkonsum ist eine audiovisuelle Bildersprache eine Selbstverständlichkeit. Dies gilt in erster Linie für die Kohorte der »Nintendo-Kids« – man denke etwa an Mario, den wieselflinken Klempner in »Game boy«, heute eine virtuelle Kultfigur[11]. Gleichermaßen steigert – wie die Verhaltenswissenschaft belegt – die multimediale Kommunikation die Informationsaufnahme und Informationsverarbeitung[12]; sie steigert zugleich den Erlebnis- und Unterhaltungswert.

Der Mensch dürfte aber zugleich Akzeptanz- und Diffusionsbarrieren begründen. So zeichnet sich die Gefahr der Überforderung durch Komplexität ab, die keine schnelle Akzeptanz durch breite Bevölkerungsschichten erwarten läßt: Für mindestens zwei Drittel der Gesellschaft wird auch in Zukunft die »Dominanz des passiven Fernsehens« gelten. Krampe verdeutlichte dieses retardierende Moment bereits 1984 in zutreffender Weise[13]: »Auch nach über dreijährigem Betrieb einer voll digitalisierten Nebenstellentelefonanlage im Batelle-Institut wissen von über 600 Mitarbeitern, davon mehr als 400 mit einem Hochschul- bzw. Fachhochschulabschluß – also an dem formalen Bildungslevel liegt es bei uns bestimmt nicht –, bis heute nur wenige die Vorzüge von ›Rufumschaltungen‹, ›Konferenzschaltungen‹, ›Anklopfen‹, ›Rufnummernspeicherung‹ usw. auch tatsächlich zu nutzen.«

Zugleich ist – wie noch zu zeigen ist – mit wachsender Freizeit und rückläufigem bzw. stagnierendem Realeinkommen bei breiten Bevölkerungsschichten zu rechnen, Faktoren, die eher gegen eine Verstärkung des Home Shopping sprechen. So dürfte Einkaufen zunehmend zu einer Freizeitaktivität werden. Dies setzt sicherlich eine Liberalisierung der Ladenöffnungszeiten voraus – auch in Deutschland –, mit der jedoch in den nächsten Jahren zu rechnen ist. Für den Handel bedeutet dies die Herausforderung, sich vom »Warenverteiler« zum »Entertainer« zu wandeln[14]. Weiterhin ist ein enormer Bedeutungsanstieg preisaggressiver (stationärer) Vertriebsformen in ganz Europa zu erwarten, so eine Zunahme der Discounter, Warehouse Clubs und Factory Outlet Malls.

Auch die demographische Entwicklung der zunehmenden Veralterung (»Vergreisung«) und der »Singleisierung«

und die darin begründete Gefahr der Isolation und Vereinsamung dürfte die Bedeutung des Handels als Ort sozialer Kommunikation eher ansteigen lassen.

Ohne jeden Zweifel werden aber die vielfältigen multimedialen Techniken die Angebotsformen im Handel verändern, so im In-Store-Bereich. Neben der Verknüpfung von Beratungs-, Informations-, Unterhaltungs-, Bestell- und Warenwirtschaftssystemen – der bereits erwähnte Music Master von Karstadt ist sicherlich erst ein Schritt in das Universum der Möglichkeiten – ist die Schaffung von Erlebniswelten, so virtueller Einkaufszentren, zu erwarten.

Auch in der Marktkommunikation – dies gilt nicht nur für den Handel, sondern gleichermaßen für die anderen Sektoren der Konsumgüterwirtschaft wie auch der Investitionsgüterwirtschaft und der Dienstleistungsbranche – werden sich gravierende Änderungen vollziehen, die als der Wandel von Push-Strategien zu Pull-Strategien beschrieben werden können. Die Effektivität von klassischen Push-Strategien in der Werbung ist – man denke etwa an Zapping – eher zu hinterfragen. Unter dem Einfluß der neuen technologischen Möglichkeiten wird Werbung künftig stärker als »aktiver Abruf« gestaltet werden können. Interaktivität wird derartigen »Infomercials« einen Mehrwert verleihen.

Interaktivität wird auch die Gestaltung der Lernsysteme im Rahmen der Aus- und Weiterbildung im Handel – wie ebenfalls in anderen Sektoren der Wirtschaft – prägen[15]. Auch hier liegt es nahe, in der Entwicklung neuartiger Modelle des »Edutainment« Information und Entertainment zu verknüpfen.

Während im Handel selbst, d.h. auf einer gewerblichen Ebene, Teleshopping zunehmen dürfte, beispielsweise durch die Integration von CD-ROM-Katalogen in Bestell- und Warenwirtschaftssystemen zwischen Groß- und Ein-

Übersicht 2:
Versandhandelsumsatz 1992 pro Kopf (in DM)

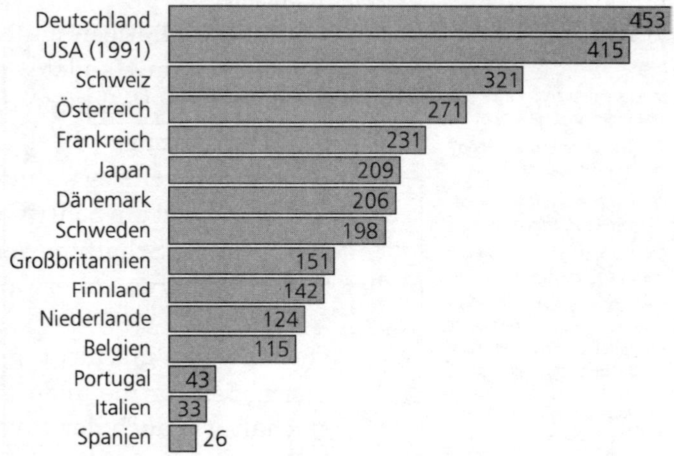

Quelle: Bundesverband des Deutschen Versandhandels

zelhandel oder der On-line-Abruf multimodaler Produkt- und Bestellinformationen durch den Handel bei Industrieunternehmen, dürfte privates Teleshopping dagegen nicht wesentlich an Bedeutung gewinnen: Handel wird sich künftig nicht als multimodale Interaktion vollziehen, sondern weitestgehend als personale Transaktion.

Der Versandhandel, der in Deutschland im weltweiten Vergleich bereits eine bedeutende Rolle spielt, wird sicherlich weitere Marktanteilsgewinne verzeichnen (vgl. Übersicht 2). Eine Ausweitung um ca. 2–3 Prozentpunkte bietet den Unternehmen dieser Handelssparte enorme Chancen, die den Einstieg in die multimediale Welt ökonomisch rechtfertigt und ja auch neue Anbieter zu einem Markteintritt bewegt. Diese Marktanteilserhöhung revolutioniert jedoch nicht den Handel!

Der Versandhandel dürfte somit der Gewinner der »multimedialen Handelswelt« werden. Für ihn bedeuten die

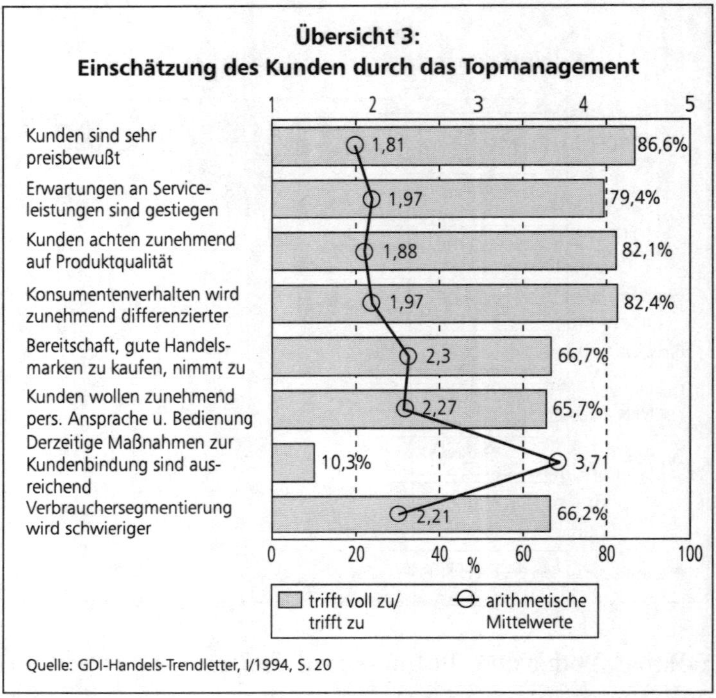

neuen multimedialen Systeme »nur« eine Ausweitung seiner Bestellsysteme – sicherlich mit faszinierenden Möglichkeiten. Sein eigentlicher Wettbewerbsvorteil ist in der Distributionslogistik begründet, die der Versandhandel frühzeitig aufgebaut und ständig perfektioniert und professionalisiert hat.

Anders als im Einkaufsbereich ist eine enorme Bedeutungszunahme im privaten Telebanking und Telebooking zu erwarten, eine Dimension, auf die hier nicht näher eingegangen wird.

Übersicht 4:
Erfolgsfaktoren bei der Einkaufsstättenwahl

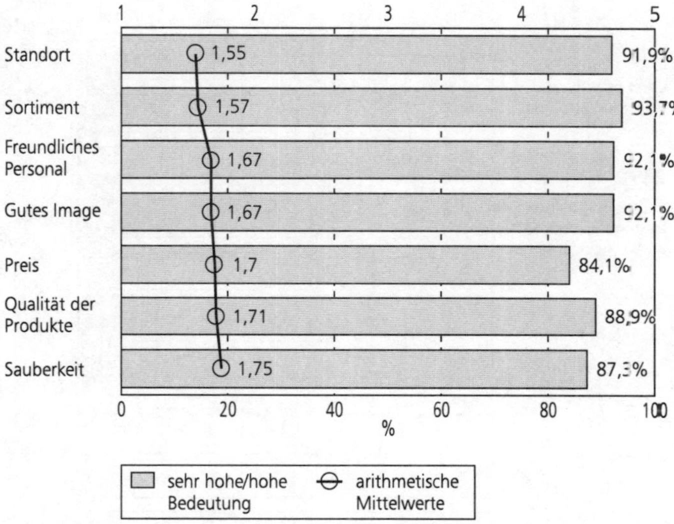

Quelle: GDI-Handels-Trendletter, I/1994, S. 21

Profilierung im stationären Handel – Quadratur des Kreises

Worin ist nun die weitere Dominanz des stationären Handels im Food- und im Non-Food-Bereich begründet? Welchen Herausforderungen sieht sich der Handel gegenüber?

Die zentrale Herausforderung sehen europäische Handelsmanager, so der GDI-Monitor[16], in der gleichzeitigen Erfüllung diametraler Kundenerwartungen: Die Kunden sind sehr preisbewußt, sie achten zunehmend auf Qualität, und ihre Erwartungen an Serviceleistungen sind gestiegen (vgl. Übersicht 3).

Diese »Sowohl-Als-auch«-Grundhaltung zeigt sich eben-

Übersicht 5:
Marketing-Instrumente und Betriebstypenprofilierung

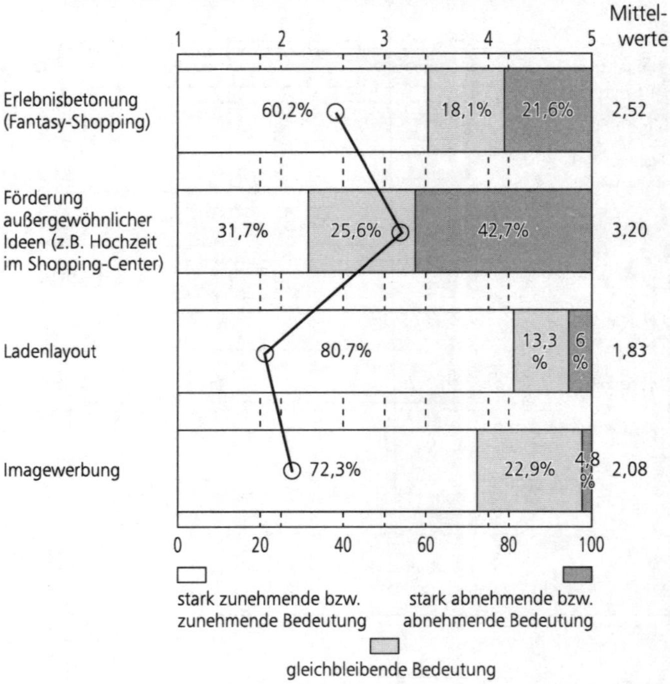

Quelle: Zentes/Anderer (1993, S. 29)

falls in der Analyse der Erfolgsfaktoren bei der Einkaufsstättenwahl: Allen Faktoren kommt eine in etwa gleich hohe Bedeutung zu (vgl. Übersicht 4). Zunehmende Bedeutung gewinnen darüber hinaus Erlebnisorientierung (»Fantasy Shopping«), die Förderung außergewöhnlicher Ideen bzw. Events (Event-Marketing) bzw. generell das Ladenlayout (vgl. Übersicht 5) bei – um es bewußt zu wiederholen – leichtfertig steigendem Preisbewußtsein der Verbraucher[17].

Für die Handelsunternehmen bedeutet dies, Wettbewerbsvorteile durch simultanes Streben nach Customer

Übersicht 6:
Aktivitäten zur Erzielung von Wettbewerbsvorteilen

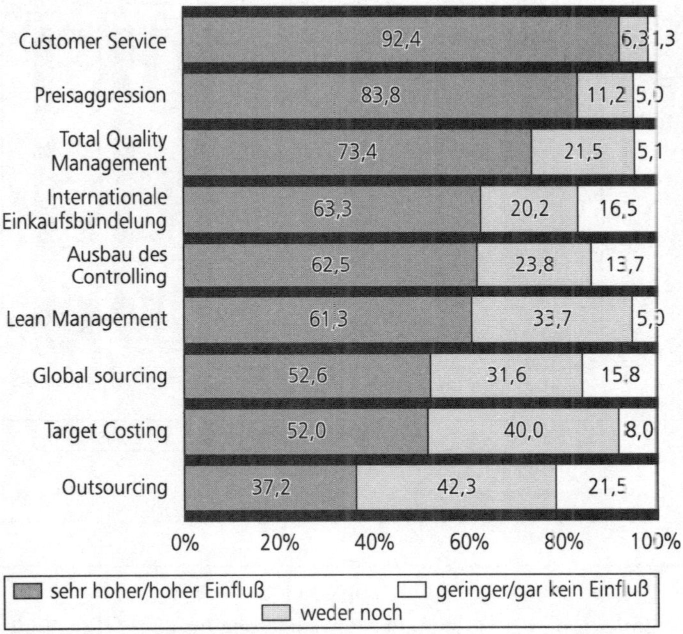

Quelle: GDI-Handels-Trendletter, II/1994, S. 8

Service, Preisattraktivität und Total Quality realisieren zu müssen (vgl. Übersicht 6). Diese Quadratur des Kreises vollzieht sich darüber hinaus in einem kompetitiven Umfeld, das durch Verdrängungswettbewerb gekennzeichnet ist, wie die Einschätzung der Konjunktur für den Handel insgesamt und für das eigene Unternehmen durch europäische Handelsmanager eindrucksvoll belegt (vgl. Übersicht 7).

Übersicht 7:
Einschätzung der Konjunktur

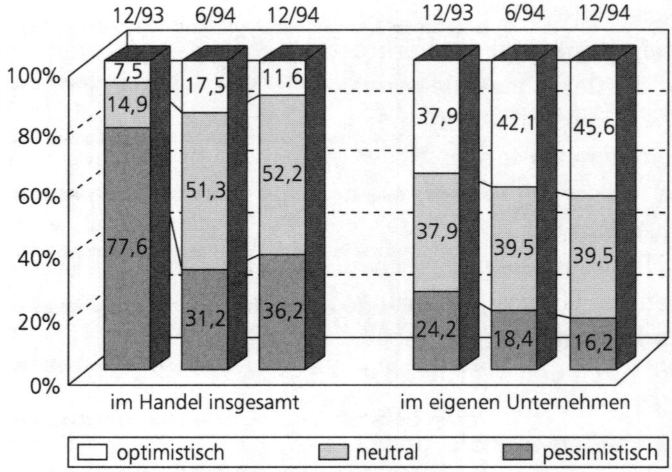

Quelle: GDI-Handels-Trendletter, I/1995, S. 4

Übersicht 8:
Bedeutung diskontierender Betriebstypen bis zum Jahre 2000

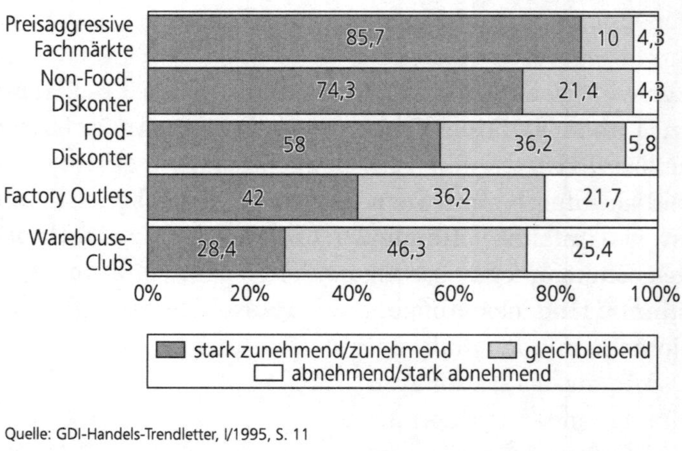

Quelle: GDI-Handels-Trendletter, I/1995, S. 11

Der Diskonter als Eros-Center

Rückläufiges Realeinkommen breiter Schichten, womit auch weiterhin zu rechnen ist, aber auch eine verstärkte Preissensibilität der Verbraucher mit hohem Einkommen, für die der Preis eine geradezu »erotische Dimension« angenommen hat (»Schnäppchenjagd ist sexy«), dürften auch weiterhin zu einem Bedeutungsanstieg diskontierender Betriebstypen führen, wie der GDI-Monitor aufzeigt (vgl. Übersicht 8).

Diese sozialökonomischen Tendenzen haben eine fundamentale Umpositionierung zur Folge. Bestand die strategische Frage der Betriebstypenpolitik in den 80er Jahren, die durch den »Verlust der Mitte« charakterisiert waren, darin, eine Top- bzw. Premium-Position anzustreben, bei der der emotionale und/oder materielle Mehrwert vom Markt durch einen entsprechenden Preis abgegolten wurde, oder eine Down- oder Discount-Positionierung, bei der durch konsequentes Streben nach Kostenführerschaft aggressive, aber zugleich profitable Preise das zentrale Wettbewerbsinstrument darstellten, so sind die nächsten Jahre durch die strategische Herausforderung der gleichzeitigen Qualitäts- und Kostenführerschaft geprägt. Nur wer durch rigoroses Kostenmanagement (»Radikalität nach innen«) und zugleich aggressives Marktverhalten (»Härte nach außen«) diesen Gegensatz auflösen kann, wird sich am Markt behaupten (vgl. Übersicht 9).

Die aufgezeigten Veränderungen des sozialökonomischen Umfeldes (Zunahme der Freizeit, Rückläufigkeit des Einkommens) sowie die bereits eingetretene Neuorientierung des Konsumentenverhaltens deuten – zusammen mit den anderen aufgezeigten Faktoren – auf die Dominanz des stationären Erlebniskaufs – bei gleichzeitig zunehmender Preisorientierung – im Non-Food-Bereich und auf die Dominanz preisaggressiver stationärer Ein-

Übersicht 9:
Positionierungsstrategien im Wandel der Zeit

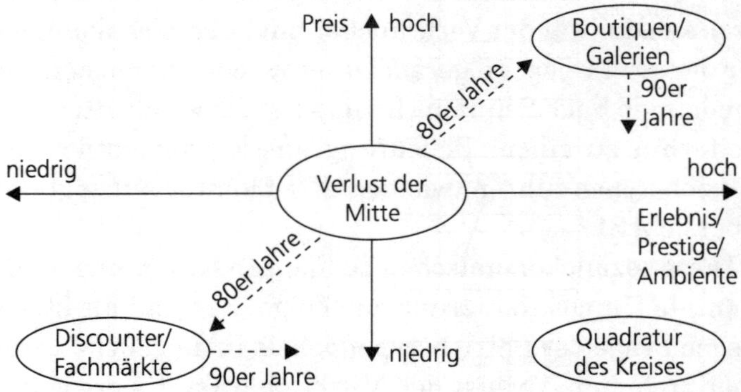

kaufstypen im Food-Bereich hin. Gerade für diesen extrem preissensitiven Bereich, bei dem die Erlebnisorientierung eine wesentlich geringere Rolle spielt, wenn überhaupt, wäre Teleshopping mit einer Internalisierung von Logistikaktivitäten in die Wertschöpfungskette der Handelsunternehmen verbunden, die nur über erhöhte Preise realisiert werden könnte.

EDI – Vernetzung von Industrie und Handel

Während die Vernetzung von Handel und Konsumenten im multimedialen Zeitalter eher skeptisch beurteilt wird, dürfte sich auf der »professionellen Ebene«, so zwischen Handel und Industrie, eine elektronische Verzahnung in kurzer Zeit verwirklichen; dies gilt auch im Zuge des elektronischen Zahlungsverkehrs (EPOS) zwischen Handel und Banken bzw. Kreditkarteninstituten und zwischen

Übersicht 10:
Quellen der Exzellenz in den 90er Jahren

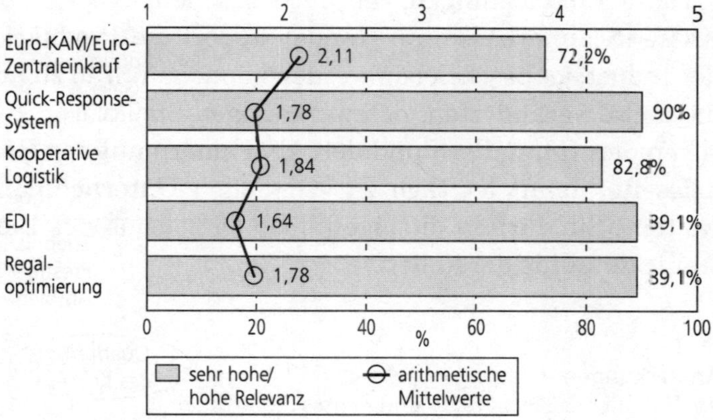

Quelle: GDI-Handels-Trendletter, I/1994, S. 18

Handel und Marktforschungsinstituten[18]. Der elektronische Datenaustausch (Electronic Data Interchange, EDI) wird zu einem wichtigen Instrument, um Effizienzsteigerungen für Handel und Industrie zu erzielen. EDI wird als eine »Quelle der Exzellenz« betrachtet (vgl. Übersicht 10).

Die Effizienzsteigerungspotentiale liegen dabei zunächst auf einer operativen Ebene, so in der Einsparung von Administrationskosten durch den elektronischen Austausch von Stamm-, Bestell-, Liefer- und Rechnungsdaten. EDI ist zugleich die Voraussetzung für weitergehende Kooperationen zwischen Handel und Industrie, die auf einer eher strategischen Ebene angesiedelt sind. So lassen sich durch eine elektronische Verknüpfung der Wertketten der Handels- und Industrieunternehmen operative Logistik- und Produktionskonzepte realisieren, so in Form von Quick-Response- bzw. ECR-Systemen (Efficient Customer-[Consumer-]Response), die letztlich zu »fließenden Übergängen« von Industrie- und Handelsunternehmen führen.

Diese Entwicklungen, die auch mit dem Slogan »Die Kasse (Scannerkasse) im Handel steuert die Produktion der Industrie« beschrieben werden können, führen zu fundamental veränderten, netzwerkartigen Strukturen zwischen den Herstellern und den Abnehmern auf der Handelsseite, damit letztlich zu »virtuellen Unternehmenswelten«. Sie dürften die eigentliche Dimension des Electronic Retailing darstellen.

Anmerkungen

1 Vgl. hierzu Tietz (1979) und Zentes (1983).
2 Vgl. hierzu Tietz (1987).
3 Vgl. Swoboda (1995).
4 Vgl. Zentes (1985).
5 Vgl. Silberer (1995).
6 Vgl. Schrape (1994).
7 So appellierte der für Wettbewerb zuständige EU-Kommissar Karel van Miert hiermit an die deutsche Telekom, umgehend eine deutliche Trennung ihrer geschäftlichen Tätigkeiten als Netzbetreiber von denen als Dienste-Anbieter vorzunehmen (Handelsblatt, Nr. 247, 22. 12. 1994, S. 1).
8 Vgl. hierzu den Bericht von Kulzer im Handelsblatt, Nr. 217, 9. 11. 1994, S. 14.
9 Vgl. Zentes (1985).
10 Vgl. Schrape (1994).
11 Vgl. hierzu den bereits erwähnten Bericht von Kulzer.
12 Vgl. zur Bildkommunikation Kroeber-Riel (1993).
13 Krampe (1994).
14 Vgl. Goebel (1994).
15 Vgl. Schneppe (1994).
16 Vgl. GDI-Handels-Trendletter 1/94, II/94 und I/95.
17 Vgl. Zentes/Anderer (1993).
18 Vgl. hierzu bereits Zentes (1987).

Literatur

Goebel, M.: Vom Warenverteiler zum Entertainer, in: BAG-Handelsmagazin, 12/94, S. 22–25.

GDI-Handels-Trendletter, 1/94, Rüschlikon/Zürich 1994.

GDI-Handels-Trendletter II/94, Rüschlikon/Zürich 1994.

GDI-Handels-Trendletter I/95, Rüschlikon/Zürich 1995.

Krampe, G.: Totale Vernetzung – Utopien oder künftige Realität?, in: Gdi-impuls, 1984/2, S. 40–46.

Kroeber-Riel, W.: Bildkommunikation, München 1993.

Schneppe, U.: Lernsystem für den Handel: Multimedial und interaktiv, in: BAG-Handelsmagazin, 11/94, S. 39.

Scholz, C.; Zentes, J. (Hrsg.): Strategisches Euro-Management, Stuttgart 1995.

Schrape, K.: Strategie statt Euphorie, in: Prognos Trendletter 4/94, S. 3–4.

Silberer, G. (Hrsg.): Marketing mit Multimedia, Stuttgart 1995.

Swoboda, Bernhard: Interaktive Kioskterminals: Mediennutzung am Point of Sale, in: MultiMedia, 4/95, S. 13–18.

Tietz, B.: Risiken und Chancen der neuen Informations- und Kommunikationsmöglichkeiten, in: Marketing – Zeitschrift für Forschung und Praxis, 1979, S. 115–122, S. 187–193.

Tietz, B.: Wege in die Informationsgesellschaft, Stuttgart 1987.

Zentes, J.: Compunication – Die Zukunft des Verkaufens, in: Gdi-impuls, 1983/1, S. 3–9.

Zentes, J.: Der Handel in der Informationsgesellschaft: Chancen und Risiken der neuen Technologie, in: Nixdorf Handelsforum, Wien 1985, S. 229–251.

Zentes, J.: EDV-gestütztes Marketing, Berlin u. a. 1987.

Zentes, J.; Anderer, M.: Handelsperspektiven bis zum Jahre 2000, Institut für Internationales Marketing – Gottlieb Duttweiler Institut, Saarbrücken – Rüschlikon/Zürich 1993.

Armin Ziegler

Der Staat auf dem Weg ins Informationszeitalter

Wir leben in der Übergangsphase vom Industrie- ins Informationszeitalter, das in Teilbereichen bereits eingesetzt hat. Das kommende Informationszeitalter wird viele Lebensbereiche verändern: die menschlichen Beziehungen, wie wir arbeiten, die Weltwirtschaft, Bildung und Kunst, Unterhaltung, Freizeit, innere und äußere Sicherheit und nicht zuletzt auch den Staat. Was sich da entwickelt, beginnt erst unser Denken zu beeinflussen. Zu stark sind wir noch von den Strukturen und Denkmodellen des Industriezeitalters geprägt. Der Weg ins Informationszeitalter ist längst noch nicht mit kalkulierbarer Sicherheit prognostizierbar. Man kann aber Annahmen über diese zukünftigen Entwicklungen aufstellen, um sie dann auf ihre Richtigkeit hin zu beobachten und anzupassen. Dies ist ein Beitrag dazu.

Was den Weg ins Informationszeitalter prägt

- Das Jahr 2005 ist für unser Denken weiter entfernt als das Jahr 1985. In den nächsten zehn Jahren wird es mehr und deutlichere Veränderungen geben als in den vergangenen zehn Jahren.

- Zu den konventionellen Produktionsfaktoren einer Volkswirtschaft tritt Wissen hinzu und verändert die Gewichtung der Produktionsfaktoren deutlich. Der Anteil des Produktionsfaktors Wissen an der Wertschöpfung einer Volkswirtschaft (und der Unternehmen) steigt auf dem Weg ins Informationszeitalter stetig an.

  In Europa gehen wir immer noch davon aus, daß unser Wohlstand auch in Zukunft vorwiegend von der Produktion von Gütern abhängt. Dabei findet ein deutlicher Gewichtungswandel hin zu der nichtmateriellen Wertschöpfung statt. Dort wird zukünftig das Wirtschaftswachstum kreiert.
- Neben der schnellen technologischen Entwicklung ist es vor allem die Internationalisierung, die das Informationszeitalter kennzeichnet.
- Es gibt für Wissen keine Grenzen mehr. Wissen und Ideen sind international und diffundieren mit bisher nicht gekannter Schnelligkeit.
- Wissen, Kapital und auch Arbeit sind hoch mobil und überwiegend nicht mehr standortgebunden.
- Die Wissensnutzung ist nicht mehr vorrangig an persönlich angeeignete Ausbildung gebunden, sondern hängt vom »Gewußt wo« sowie den Infrastrukturen des Informationszeitalters (Computer, Telekommunikation, Vernetzung von Datenbanken) ab.
- Die Infrastrukturen des Informationszeitalters sind aber nur Voraussetzungen für die Nutzung von Wissen. Die Wertschöpfung aus dem Wissen wird u. a. durch die Kreativität der genutzten bzw. dafür entwickelten Software entschieden.
- Die Interaktion Mensch–Computer gewinnt zunehmend an Bedeutung. Computerisierte Intelligenz ist überall. Sie übernimmt nicht nur die Steuerung von Anlagen, sondern immer mehr wirtschaftliche Ent-

scheidungen, von denen wir bisher noch meinen, daß sie den Menschen vorbehalten bleiben. Vorläufer-Beispiele sind die Finanzmärkte, die schon heute weitgehend von Einsteige- und Aussteigesignalen der computerisierten Börsen-Expertensysteme bestimmt sind.

- Wissen wird unabhängig von Hierarchien, Funktionen und Machtausübung.
- Hierarchien und Funktionsabgrenzungen erweisen sich wegen ihrer Inflexibilität und wegen des mit ihnen verbundenen Zeitaufwands auf dem Weg ins Informationszeitalter als ungeeignete Organisationsstrukturen. Projektgruppen und computergebundene Organisation von Abläufen ersetzen sie.
- Das Informationszeitalter übt einen ungeheuren Dezentralisierungsdruck aus.
- Die Dezentralisierung und die Individualisierung verändern Machtkonstellationen. Die heutigen Sozialstrukturen entsprechen dem nicht. Es kommt zunehmend zu Konflikten zwischen »den einzelnen« und der Gesellschaft und ihrer Administration. Das wird schließlich Gesellschaftsstrukturen verändern.
- Die Informationsgesellschaft wird neue Eliten bilden. Das wird in der Übergangsphase wohl am deutlichsten werden. Die neuen Wissensarbeiter werden den »Informationsarmen« gegegenüberstehen.
- Das Informationszeitalter verwischt generell Grenzen – nicht nur geographische. Das gilt z. B. auch für Wirtschaftssektoren, Wissenschaftsgebiete und Technologien. Wenn aber Grenzen fließend werden, gelten die alten Gesetzmäßigkeiten nicht mehr. Dynamik entzieht sich weitgehend Rezepturen.

Weiterführende Innovationen kommen immer häufiger aus den Grenzgebieten von Technologien, die sich mit anderen überschneiden. (Unsere Hochschulen mit ihren Fakultätsangrenzungen aus dem frühen Industriezeitalter und ihren auf Lebenszeit beamteten Professoren reagieren darauf nur sehr zögerlich.)

– »Cyberspace« erlaubt den zeitweisen Ausstieg aus der Realität. In diesen simulierten Scheinwelten werden sich Vorstufen neuer Realitäten kreieren lassen. Das wird Auswirkungen auch auf die Wirtschaft haben. Virtuelle Wirtschaftsbeziehungen könnten z.B. für begrenzte Zeitspannen Engpässe im Zahlungsverkehr durch virtuelles Geld überbrücken oder den Warenaustausch einer Vielzahl von Wirtschaftspartnern simulieren, wobei erst reale Ergebnisse angestrebt werden, wenn Angebot und Nachfrage ausgeglichen sind, etc. Hier entstehen enorme Chancen für Kreativität – und unternehmerisches Pioniertum.
– Das Informationszeitalter gestattet die Individualisierung und Selbstbestimmung der Menschen in noch nicht erlebtem Umfang.
– Die Fähigkeitsprofile der Menschen auf dem Weg ins Informationszeitalter sind einem ständigen Wandel unterworfen. Gefragt sind deshalb Ausbildungssysteme, die auf Veränderungen vorbereiten.

Eingebettet ist dieser Weg ins Informationszeitalter in Veränderungen auf zahlreichen Gebieten, die ihre eigene Dynamik einbringen. Das ist z. B. der tiefgreifende Wandel der Weltwirtschaft, der aber noch nicht begleitet ist von effektiven Institutionen und Instrumenten für die Problembeherrschung. Das ist ein permanenter Unsicherheitsfaktor für jegliche nationale Wirtschaftspolitik, die ohnehin immer mehr an Einwirkungsmöglichkeit verliert. Die offensichtlichen Beispiele sind der internationale Geld- und Kapitalfluß sowie die Internationalisierung der Unternehmensaktivitäten und die Neuorientierung der internationalen Arbeitsteilung. Bevölkerungsentwicklung, Umstrukturierung der Beschäftigung und gesellschaftlicher Wandel sind andere Umfeldbedingungen auf dem Weg ins Informationszeitalter.

Diese Entwicklungen werden der Wirtschaft immer deutlicher bewußt, und die Unternehmen ziehen Konsequenzen daraus. Der internationale Wettbewerb und die entstehenden Chancen zwingen dazu.

Hier liegt der entscheidende Unterschied zum Staat. Er ist dem Wettbewerb nicht ausgesetzt. Ihn zwingt bisher nichts, sich an die Veränderungen anzupassen oder gar die Chancen zu nutzen. Seine Mindereffektivität im Vergleich zur privaten Wirtschaft wird weiter zunehmen und immer mehr Ressourcen der Volkswirtschaft unproduktiv beanspruchen.

Demokratie im Informationszeitalter: repräsentativ oder direkt?

Moderne Demokratie ist nicht alt. Sie entstand nach der Französischen Revolution 1789 und hat sehr verschiedene Formen durchlebt. Unsere deutsche demokratische Staatsform hat in der Zeit des Übergangs vom Agrar- zum Industriezeitalter ihre Wurzeln. Die demokratische Revolution in Deutschland fand 1849 in der Nationalversammlung in der Frankfurter Paulskirche ihren Ausdruck. Der Lernprozeß der Weimarer Republik schlug sich im Grundgesetz 1949 nieder. Dazu bedurfte es vorher einer Katastrophe, den verlorenen Krieg. Staatsformen scheinen bei grundsätzlichen wirtschaftlichen und gesellschaftlichen Veränderungen einen Anpassungsbedarf zu haben. Für den Anstoß dazu waren bei uns bisher Revolutionen oder Katastrophen notwendig.

Unsere Demokratie basiert auf dem Grundgesetz des Jahres 1949 und kann aus seinem Text so charakterisiert werden:

Die Bundesrepublik Deutschland ist ein demokratischer und sozialer Bundesstaat. Alle Staatsgewalt geht vom Volke aus. ... Die Parteien wirken bei der politischen Willensbildung des Volkes mit. ... Die Abgeordneten des Deutschen Bundestages werden in allgemeiner, unmittelbarer, freier, gleicher und geheimer Wahl gewählt. Sie sind Vertreter des ganzen Volkes, an Aufträge und Weisungen nicht gebunden und nur ihrem Gewissen unterworfen. ... Durch den Bundesrat wirken die Länder bei der Gesetzgebung und Verwaltung des Bundes mit.

So will es das Grundgesetz – die reale Demokratie sieht eher so aus:

- Die heutigen politischen (Alt-)Parteien haben ihre Wurzeln in der weltanschaulichen Auseinandersetzung über die Rolle des Staates und waren geprägt von entsprechenden Interessengruppen bzw. Klassen. Diese Parteien repräsentieren kaum noch die heutigen und die sich abzeichnenden Problemgewichtungen in unserem Volk.
- Eine Repräsentanz der großen Interessengruppen – etwa der Industrie, der Gewerkschaften, der Steuerzahler, der Sozialversicherten – gibt es in unserem parlamentarischen System nicht. Es kennt keine »Stände«. Die Interessengruppen sind auf Public Relations, Lobbying, Demonstrationen und gelegentliche »Runde Tische« angewiesen. Das ist ein Mangel unseres Grundgesetzes. (Die Anpassungschance nach der Wiedervereinigung wurde versäumt.)
- Was wir heute haben, ist auch keine echte, dem Wähler verantwortliche repräsentative Demokratie im Ursinne des Grundgesetzes mehr, sondern eine Parteilisten- und Medien-Demokratie, bei denen sich die Politiker vorwiegend an der Lautstärke der Medien-Meinungen orientieren. Es ist außerdem eine bürokratische Veranstaltung, bei der die Steuerung der Regierungsarbeit

weitgehend in die institutionalisierte Bürokratie übergegangen ist, d. h., Beamte bestimmen weitgehend die Mittelverwendung des Staates.

– Der Schluß liegt nahe, daß es eine Verbindung zwischen Bürokratie und der Effektivität des politischen Systems gibt. Zu suchen ist die Verbindung in der Veränderung unserer als repräsentativ geplanten Demokratie zu einer gänzlich durch Parteien bestimmten, in denen die Parteien und ihre Gremien Funktionen des Parlaments übernommen haben. Die Machtinstrumente der Parteien sind dabei die für die Zusammensetzung des Parlaments entscheidenden Landeslisten sowie die Besetzung von Positionen in immer mehr Bereichen des öffentlichen Lebens, die parteibezogen vergeben werden. Das gilt jetzt selbst für das Rechtswesen.

Repräsentative Demokratie sollte fern von augenblicksgezeugter, schwankender öffentlicher Meinung Richtiges für das ganze Volk tun. Bürger- und Staatsinteresse ist mehr als die Summe der Forderungen der Parteien und Interessen oder auch ihrer Kompromisse. Es besteht Anlaß, an der Funktionsfähigkeit unserer Art der repräsentativen Demokratie auf dem Weg ins Informationszeitalter zu zweifeln. Die eingangs geschilderten Veränderungskräfte weisen auf die Notwendigkeit von mehr direkter Demokratie hin, die jetzt technisch möglich wird.

Jedoch: Es ist nicht erkennbar, daß die Parteien auf ihre Rolle als alleinige Repräsentanz des Volkes verzichten und notwendigen Formen der direkten Demokratie wesentlichen Spielraum einräumen werden. Die direkte Demokratie wird sich auf absehbare Zeit außerparlamentarisch etablieren. Die technischen Möglichkeiten werden u. a. auf Datenautobahnen zur Verfügung stehen. Die absehbar noch zunehmende Politikverdrossenheit der Menschen wird diese Entwicklung forcieren.

In einem Interview in »Spiegel Special« (Nr. 3, 1995) antwortete der Zukunftsforscher Alvin Toffler auf die Frage, ob er im Informationszeitalter das Ende der Demokratie sehen würde:

»Nein, hier geht es um das Ende der Massendemokratie der Zweiten Welle (gemeint ist das Industriezeitalter), als Politikform der Epoche der Massenproduktion, des Massenkonsums, der Massenbildung und der Massenmedien. Wir müssen neue Demokratieformen für die Minderheitengesellschaft entwickeln. Es gibt keine Massen mehr, sondern nur noch eine Vielzahl ständig wechselnder Minderheiten.

Demokratie läßt sich nicht mehr allein durch Wahlen, Parteien und Parlamente garantieren. In der Gesellschaft gibt es inzwischen mehr widerstreitende Interessen, als die überkommenen politischen Institutionen ausgleichen können.«

John Naisbitt schreibt in seinem Buch »Global Paradox«: »In der Weiterentwicklung der Demokratie sehen wir dem Ende der Phase entgegen, die wir als repräsentative Demokratie bezeichnen. Jahrhundertelang haben wir Politiker gewählt, die uns repräsentieren, die unsere Interessen in weitgehend abgeschotteten Gremien vertreten sollten... Die Krise in der politischen Führung, wie wir sie heute erleben, ist die Krise einer Demokratieform, die heute nicht mehr relevant ist... Ich glaube, daß wir uns nach der langen Phase der repräsentativen Demokratie auf eine... direkte Demokratie zubewegen... Die politischen Parteien sind tot. Haben ihre führenden Köpfe das nicht bemerkt?«

Die Zukunftsfähigkeit des Staates

Die Arbeit muß sich darauf beschränken, den Staat nur in den Bereichen Bundesregierung, Bundestag, Bundesrat und öffentliche Verwaltung darzustellen, auch wenn der Begriff »Staat« viel umfassender ist.

Die Kernaufgaben des Staates bestehen vor allem in der Schaffung von Voraussetzungen für die Lebensqualität, den Wohlstand, den Schutz der Rechte und der Sicherheit des Lebens und des Eigentums seiner Bürger. Kernaufgabe ist auch die Schaffung von Rahmenbedingungen für die Produktivität der Wertschöpfung der Volkswirtschaft und seiner Ressourcen. Die Hauptaufgabe des Staates ist die Zukunftssicherung seiner Menschen.

Der Staat bzw. die öffentliche Verwaltung ist zum größten Wirtschaftssektor unserer Volkswirtschaft geworden. Seine Wertschöpfung ist schlecht meßbar, jedoch sicherlich die geringste aller Wirtschaftssektoren. Man muß deshalb den Staat an der Erfüllung seiner Kernaufgaben und seiner Zukunftsfähigkeit messen.

Wie der Staat seine Aufgaben erfüllt

Es gibt Meßkriterien für die Aufgabenerfüllung und Zukunftsfähigkeit des Staates:

1. Wenn der Staat sich auf der Achse »mehr Staat« und »weniger Staat« permanent in Richtung »mehr Staat« vorbewegt, wird seine Aufgabenerfüllung immer unproduktiver.
2. Je mehr Ressourcen der Staat beansprucht, desto weniger Wertschöpfung ist in der übrigen Volkswirtschaft möglich.
3. Wenn die notwendige Umverteilung so weit ausgeufert ist, daß sie die Leistungsbereitschaft der Empfänger und der Abgeschöpften deutlich beeinträchtigt, ist der Staat seiner Aufgabe nicht gerecht geworden.
4. Zu den Ressourcen einer wettbewerbsfähigen Volkswirtschaft gehören in zunehmendem Umfang unter-

nehmerisches Tun, Innovation und Kapital. Pflegt oder vertreibt der Staat die für die Wertschöpfung notwendigen Ressourcen durch seine Politik?

5. Handelt der Staat mit Blick in die Zukunft oder handelt er reaktiv-gegenwartsbezogen.
6. Besitzen wir ein Bildungssystem, das den Anforderungen der Zukunft gerecht wird?
7. Ist die innere und äußere Sicherheit, der Schutz von Leben und Eigentum der Bürger gewährleistet? Nimmt die Sicherheit zu oder ab?
8. Wie treuhänderisch geht der Staat mit dem ihm anvertrauten Teil der Wertschöpfung seiner Volkswirtschaft um?

Wie sieht die Realität der Aufgabenerfüllung aus?

Nach obigen Meßkriterien steht es um die Zukunftsfähigkeit des Staates schlecht.

- Seit 1989 haben Veränderungen ungeheuren Ausmaßes stattgefunden. Wir stehen vor nationalen Problemen, wie wir sie seit Jahrzehnten nicht mehr kannten. Genannt seien nur die hohe Staatsverschuldung, der enorm gestiegene Staatsanteil und eine strukturell weiter steigende Arbeitslosigkeit.

  Nur: Unsere Politiker agieren weitgehend, als ob nichts geschehen wäre, was man nicht mit höheren Steuern, Abgaben, neuen Verordnungen oder Aussitzen in den Griff bekommen könnte. Patentrezepte aus der Vergangenheit, Egozentrik der Parteipolitik und Entscheidungsschwäche bei Regierung und Opposition beherrschen unser politisches Leben. Es ist nach der letzten Bundestagswahl schnell erkennbar geworden, daß sich daran nichts ändert. Der Wahlkampf fand weitgehend unter Ausklammerung der Zukunft statt. Wir kleckern uns weiterhin gegenwartsbezogen an die Zukunft heran. Das ist eine Fehlleistung von historischer Dimension.

- Die wesentlichen Auswirkungen der steigenden Staatsquote und der staatlichen Bürokratie sind die Abflachung der gesamtwirtschaftlichen Produktivität, die Lähmung privatwirtschaftlicher Initiative, das Eindringen der Bürokratie in immer mehr Lebensbereiche, die Verminderung unseres Wohlstands, auch durch die absehbare inflationäre Entwicklung, vor allem aber die Verschlechterung der Standortbedingungen der Wirtschaft. Keine andere Rahmenbedingung hat solch negative Auswirkungen wie die Bürokratie.
  Jede Partei sagt zwar, daß der Staatsanteil zurückgedrängt werden muß. Jedoch: Bund und Länder scheitern an der Betonwand unseres im 18. und 19. Jahrhundert entstandenen Beamtenrechts – und an der ÖTV mit ihrer Garantie-Funktion für Arbeitsplätze in der öffentlichen Verwaltung.
  Was tut unsere Regierung? Sie beschließt, den personellen Abbau der öffentlichen Verwaltung des Bundes um jährlich lächerliche ein Prozent! Das Beamtenrecht soll weiterhin nicht angetastet werden, einige winzige Minimalkorrekturen ausgenommen. Nichts zeigt die Schwäche und mangelnde Zukunftsfähigkeit unseres Staates deutlicher.

Die institutionalisierte Bürokratie des Industriezeitalters ist der entscheidende negative Standortfaktor Deutschlands

Unsere Parlamente produzieren Gesetze am laufenden Bande. Jedes neue Gesetz braucht aber weitgehend eine eigene Infrastruktur für Einführung, Durchsetzung, Verwaltung, Kontrolle und Anpassung. Jedes Gesetz braucht seine Bürokratie. Und diese Bürokratie frißt unseren Wohlstand auf.

Der entscheidende Denkansatz für neue Gesetze ist fast ausnahmslos »Das dürfen wir nicht dem Markt überlassen«. Und die entscheidende Ausprägung der wesentlichen Gesetze wird in Zukunft der Kompromiß sein, weil die Gesetze nach dem Ausgang der letzten Bundestagswahl noch viel häufiger über den Bundesrat im Vermittlungsausschuß landen. Der Kompromiß als Ideal einer Staatsform klingt theoretisch sehr demokratisch. In der Praxis ist er einfach teuer und meist uneffektiv.

Der Staat ist aus sich heraus nicht mehr gestaltungsfähig. Die Selbstinteressen der Bundestagsabgeordneten und der Beamten (mehr als 50 Prozent sind Beamte oder Angestellte der öffentlichen Institutionen) verhindern das. Die Organisation der Bundesregierung basiert auf den Uralt-Ressorts des Agrar- und Industriezeitalters und auf der Ämterverteilung nach parteipolitischen Quoten und Meriten. Was aber ist zur Hauptfunktion des Staates und seiner Politiker geworden? Die weitgehende Abschöpfung des Einkommens und der Eigentumsbildung für Umverteilung und expandierende Staatsaufgaben weit über die hoheitlichen Aufgaben hinaus. Der Staat ist zum bürokratischen Wohlfahrtsstaat geworden.

Es wird aber zukünftig weniger Masse zur Umverteilung zur Verfügung stehen. Das wird die Verteilungskämpfe noch drastisch verstärken. Die Konsequenzen:

- Der Finanznotstand des Staates ist absehbar.
- Große Teile der Wirtschaft haben gemerkt, daß sie nicht mit der Weitsicht unserer Politiker rechnen können. Sie orientieren sich aus unserem Standort hinaus.
- Der Staat verliert auf dem Weg ins Informationszeitalter seine aktiven Unternehmer – und behält die Fußkranken aus dem Industrie- und Agrarzeitalter.

– Die Menschen spüren, daß mit ihrem Staat etwas nicht in Ordnung ist.

Ist der »schlanke« Staat die Lösung unserer Probleme?

Schlankheit bedeutet in der Wirtschaft drastisch schrumpfende Hierarchien, Konzentration auf Kernaufgaben, hochflexible Ablauforganisation über Funktionsgrenzen hinweg und dazu Nutzung der Möglichkeiten der Informationstechnologien. In der staatlichen Verwaltung stehen dem die gesetzlich zementierten Beamtenhierarchien, die konventionellen Abgrenzungen der Haushalte und Verwaltungsfunktionen entgegen. Vor allem aber das Denken in herkömmlichen Interessen.

Abläufe in der öffentlichen Verwaltung sind gebunden an Ämterzuständigkeiten, darin an Zuständigkeiten und ihre Hierarchien, die fixiert sind im Beamten- und Besoldungsrecht. Das verhindert z.B. weitgehend die sachlich mögliche hierarchie- und funktionsunabhängige Verlagerung von Abläufen in den Computer.

Im Augenblick geht die überwiegende Meinung bei uns dahin, daß der Staat seinen Aufgaben nicht mehr gerecht wird. Die Diskussion geht darum, wie man den Staat »schlank« machen kann, d.h. effektiver und sparsamer.

Es ist eine Diskussion, die den Blick auf die Vergangenheit, den IST-Zustand wirft, um ihn zu verbessern. Fast die gesamte Diskussion geht von einer Fortsetzung des Status quo bzw. seiner Reparatur aus. Wir versuchen die Probleme der Zukunft mit den Methoden, Denkweisen und Begriffen der Vergangenheit anzugehen.

Das aber reicht auf dem Weg ins Informationszeitalter nicht!

Was geschieht bei uns mit dem Blick aufs Informationszeitalter?

Im Herbst 1994 wurde in Deutschland ein sogenanntes Minimalkonzept für eine Kommunikationsverbindung zwischen den Bundesministerien und dem Bundestag in Bonn mit ihren jeweiligen Außenstellen in Berlin erarbeitet. Das von der Telekom entwickelte Konzept ist erweiterungsfähig zu einem umfassenden Regierungsnetz. Der Zeitpunkt der Realisierung ist jedoch noch nicht beschlossen.

Seit Frühjahr 1995 gibt es eine interministerielle Arbeitsgruppe »Ordnungspolitische und rechtliche Rahmenbedingungen der Informationsgesellschaft«. Noch für 1995 plant die Bundesregierung einen Bericht »Info 2000: Deutschlands Weg in die Informationsgesellschaft«. Aber auch das ist nur eine Art Grundsatzreferat und längst kein Maßnahmen-Programm.

Einzelne Bundesländer werden wahrscheinlich zumindest schneller mit Informationsangeboten sein. Das Berliner Abgeordnetenhaus bietet z. B. in Datex-J unter *Berlin# eine Übersicht über die Organisation des Parlaments, die Zusammensetzung der Fraktionen und Ausschüsse, Sitzungstermine mit Tagesordnung. E-Mail-Adressen haben die Abgeordneten noch nicht, höchstens privat.

Das alles ist aber nur Teil der Konzeption des »schlanken« Staates und seiner begrenzten Sicht des Informationszeitalters: Kabelnetzwerk-Infrastrukturen, enorme Datenspeicher, Zugang zu ihnen durch die öffentliche Verwaltung und – selektiert – durch den Bürger sowie E-Mail-Möglichkeiten. Das aber ist nicht das Informationszeitalter.

Der »schlanke« Staat ist bei uns noch immer ein Staat des Industriezeitalters.

Der Blick nach draußen

In Japan arbeitet das »Ministerium für internationalen Handel und Industrie« (MITI) intensiv an einem Computerverbund sämtlicher Behörden das Landes. Dadurch sollen alle Kontakte des Bürgers mit seinem Staat jeweils an einer Stelle oder auch von zu Hause elektronisch erfolgen können. Bau- und andere Genehmigungen können dann z. B. im Netzwerk ohne Aktentransport, ohne Zwischenlager bei jedem Amt, nach nachvollziehbaren Kriterien und vor allem schnell eingeholt werden. Das will man sich umgerechnet 24 Milliarden Mark kosten lassen.

Der Japaner Kenichi Ohmae gilt als einer der wenigen in die Zukunft denkenden Management-Gurus. Im Herbst 1994 gab er seine Stelle als Leiter der Unternehmensberatung McKinsey in Japan und als Vorstandsmitglied des weltweiten Unternehmens auf, um an der Reform des japanischen Staates vollzeitlich arbeiten zu können. Er meint, daß Japan mit seiner heutigen Staats-, Regierungs- und Verwaltungsform auf dem Weg ins Informationszeitalter nicht wettbewerbs- und überlebensfähig sei.

Kenichi Ohmae veranschlagt für die Reform eines Staates einen Zeitraum von 10 bis 12 Jahren. Deshalb müsse man jetzt beginnen. Vorbild sind die Grundsätze moderner Unternehmensführung: Dezentralisierung, Rechenbarkeit, Nutzung technologischer Möglichkeiten, Wettbewerb der staatlichen Organe und Regionen untereinander. Entscheidend ist, daß es ihm nicht um einen »schlanken« Staat geht, sondern um einen anderen Staat. Einen, der von unten nach oben und nicht von oben nach unten regiert wird.

Der Nationalstaat und die Sicherheit im Informationszeitalter

Unser staatliches Sicherheitsdenken basiert auf dem im Industriezeitalter gültigen Konzept des Nationalstaates und der zwischen Staaten geführten Kriege. Grundlage waren die uneingeschränkte Souveränität von Staaten und die dafür notwendige Waffentechnologie. Jedoch: Die Grenzen zwischen äußerer und innerer Sicherheit verwischen sich auf dem Weg ins Informationszeitalter.

- Auf dem Weg ins Informationszeitalter wird der Nationalstaat Souveränität abgeben. Einmal an größere Organisationen – wie bereits geschehen, an EU, Nato, Vereinte Nationen. Er wird auch Souveränität an seine inneren föderalen Einheiten abtreten müssen. Die Souveränität wird dabei neu definiert werden. Wir stehen erst am Anfang dieses Prozesses.
- Zur Diskussion müßte auch stehen, ob die Veränderungen auf dem Weg ins Informationszeitalter es noch sinnvoll machen, ein Maastricht-Europa zu realisieren: eine größere politische Einheit, mehr zentrale Bürokratie, mehr Gleichheit statt Vielfalt, Gleichheit der Ausgangsbedingungen um jeden Preis? Das Informationszeitalter verlangt nicht größere politische Einheiten – das ist das Denken des Industriezeitalters –, sondern kleinere, anpassungsfähigere, schneller reagierende.
- Die Wahrscheinlichkeit von Kriegen zwischen Nationalstaaten nimmt ab. Die Wahrscheinlichkeit von Bürgerkriegen in Staaten nimmt zu. Ebenso die Wahrscheinlichkeit von Kriegen religiöser, ethnischer, krimineller, terroristischer und sonstiger Gruppierungen gegen staatliche Strukturen.
- Unsere Waffentechnologien und unsere Armeestrukturen basieren noch ganz auf den Kriegen des Industriezeitalters und ziehen andere Bedrohungen unserer

äußeren und inneren Sicherheit – z. B. durch international organisierte Kriminalität, internationalen Terrorismus und grenzbrechende Wanderungsbewegungen – kaum in das Verteidigungsdenken ein.

- Die neuen Technologien werden eine Eigengesetzlichkeit entwickeln, die auch bisherige Untergliederungen in den Armeen in Frage stellen, etwa die Untergliederung in Heer, Luftwaffe und Marine.
- Selbst wenn es weiterhin Armeen konventioneller Art geben wird, sowenig Sinn sie langfristig für die neuen Sicherheitsprobleme auch machen, so wird ein Wehrpflichtiger mit 10monatiger Dienstzeit in einer High-Tech-Armee nur die Rolle eines »Hilfsarbeiters« spielen können, wo doch »Ingenieure« gebraucht werden. Wehrpflicht ist ein Überbleibsel aus dem Industriezeitalter. Die Berufsarmee entspricht dem Informationszeitalter. Und zwar eine Berufsarmee, die mehr und mehr erweiterte Aufgaben gegenüber neuen Sicherheitsrisiken übernehmen muß.

Der Wähler im Informationszeitalter

Die wichtigsten Entwicklungen in unserer heutigen Gesellschaft:

1. Die Individualisierung d. h. der Abbau von Gruppenidentitäten einschließlich des Nationalbewußtseins. Die Solidaritätsbasis schrumpft generell und kann weniger in Anspruch genommen werden.
2. Ängste der Menschen nehmen zu. Sie erstrecken sich auch wieder auf Krieg, Arbeitsplatzsicherheit, Verbrechen, eigene Gesundheit, Altersversorgung, Umweltschäden und auf Geldwertstabilität. Sicherheit wird zur politischen Grundforderung.
3. Die Menschen werden zunehmend mißtrauischer ge-

genüber etablierten Autoritäten. Sie meinen, daß staatliche und gesellschaftliche Institutionen ihnen gegenüber versagt haben. Es ist anzunehmen, daß sich die Mehrzahl der Wahlberechtigten – das schließt die Nichtwähler ein – durch die Parteien nicht mehr oder nur sehr mangelhaft repräsentiert fühlt.
4. Unsicherheiten nehmen angesichts zunehmender Komplexitäten zu. Wissenschaftliche Erkenntnisse hinken zeitlich weit hinter den entstehenden Problemen her.
5. Die Menschen schotten sich zunehmend gegenüber der Informationsflut ab. Gleichzeitig suchen sie aber auch nach Wissensquellen, denen sie vertrauen können. Information wird zur Vertrauenssache – dort wird sie abgefragt.
6. Die Rolle der Familie verändert sich. Sie ist immer weniger das Fundament unserer Gesellschaft. Die Auswirkungen werden erst langsam erahnbar.
7. Das Bewußtsein unterliegt einem dauernden Einfluß der Medien. Die Auswirkung ist eine starke Sofortorientierung der Menschen.
8. Im politischen und gesellschaftlichen Leben profiliert sich ein Megatrend, der da heißt: »Wir müssen selbst schauen, wo wir bleiben. Aber versuchen wir erst einmal, mehr vom Staat zu bekommen.«

Wird diese Gesellschaft den Wähler auf den Weg ins Informationszeitalter schicken?

Nein, denn erst das Informationszeitalter wird die Gesellschaft verändern, nicht umgekehrt. Das ist ein langsamer Prozeß, der Jahrzehnte dauert. Das Beharrungsvermögen einer Gesellschaft – und damit ihrer Wähler – ist groß. Die Gesellschaft verarbeitet jetzt erst die Veränderungen der 60er und 70er Jahre. Wir können deshalb nicht damit rechnen, daß aus der breiten Wählerschaft schon der Druck auf Staat und Politik kommt, sich auf den Weg ins Informationszeitalter zu machen. Wer soll dann den Druck ausüben?

Es wird wohl eine zunehmende Zahl von Menschen geben, die sich notwendiger Veränderungen bewußt werden und sich nach Gleichgesinnten umsehen. Vielleicht gibt es Menschen, die für den Weg ins Informationszeitalter eine Vision haben und diese kommunizieren. Das wird sich aber erst außerparlamentarisch abspielen.

Fest steht, daß es mehr Informationen für den Bürger geben wird, wenn er sie will und sucht. Das wird einfach möglich sein. Informationsdatenbanken werden zukünftig z.B. alle in den Parlamenten gehaltenen Reden, Anträge, Ergebnisse von Ausschußsitzungen, Gesetzesentwürfe sofort zugänglich machen. Der Wähler kann unmittelbar und direkt durch z.B. E-Mail darauf reagieren.

Die Informations- und Dialognetzwerke werden es ermöglichen, daß sich Menschen mit gleichen Interessen und Meinungen leichter finden. Die politische Landschaft könnte sehr viel bunter, aktiver und lebhafter werden, wenn dem nicht die Wahlgesetze des Industriezeitalters entgegenstünden: 5-Prozent-Klausel und Landeslisten.

Auf jeden Fall werden wir in zunehmendem Umfang Wählerinitiativen in Internet oder auch Datex-J erleben.

Politik und Politiker im Informationszeitalter

> »Politiker sind gezwungen, in immer kürzerer Zeit immer mehr Entscheidungen über Dinge zu treffen, über die sie immer weniger wissen« (Alvin Toffler in »Überleben im 21. Jahrhundert«).

Es wird den »gläsernen« Politiker geben! Was auch immer er im Parlament und außerhalb tut, wird in Datenbanken erfaßt sein. Software-Programme werden seine Initiativen und Stellungnahmen zu Gesetzen tabellieren, seine Ausschußarbeit darstellen und den Terminkalender überwachen. Er wird es sich nicht leisten können, nicht jederzeit über E-Mail erreichbar zu sein, um auf Fragen zu antworten: »Wie stehen Sie zu... und warum haben Sie nicht...«

- Öffentliche Datennetze sind ein an Bedeutung schnell zunehmendes Medium. Die Echtzeit-Reaktion der dort vertretenen öffentlichen Meinung wird eine gewichtige Rolle spielen! Der Abgeordnete von morgen wird noch innerhalb einer Parlamentssitzung von einer Welle Pro- und Kontrastimmen über seine Laptop- oder Arbeitsplatzcomputer-Verbindung zu Info-Netzen erreicht.
- Die Bürgerinitiativen in Datex-J und Internet werden über alle Parteigrenzen hinweg Bundestagsabgeordnete erreichen. Der Wahlkampf wird auf diesem Wege sehr viel stärker personenbezogen geführt. Cyberspace wird die Abgeordneten zwingen, sich mehr um die Belange ihrer Wahlkreise zu kümmern.
- Es wird zwei Klassen von Bundestagsabgeordneten geben: die direkt gewählten, die in permanenter Überwachung der Wahlkreisen stehen, und die über Landeslisten ins Parlament gelangten (für die es im Informationszeitalter eigentlich keine Berechtigung mehr gibt).
- Politische Parteien und Interessengruppen werden eigene Datennetze schaffen, um noch ein gewisses Maß an Kontrolle über die Inhalte und Dialoge ausüben zu können.
- Die politischen Parteien werden durch Cyberspace verändert. Sie werden darüber nachdenken, wie sie ihre Macht stabilisieren können. Wahrscheinlich werden ihre Flügel und Gruppierungen deutlicher werden. Allianzen über Parteigrenzen hinweg könnten vom Wähler

projektbezogen erzwungen werden. Vielleicht werden die Parlamente sogar so auf den Weg gebracht, daß ihre Persönlichkeiten Vertreter des ganzen Volkes und nur ihrem Gewissen unterworfen sind.

Die Agenda für den Weg ins Informationszeitalter

Am Anfang steht die Diskussion um den Staat im Informationszeitalter. Sie muß erst noch breit in Gang gesetzt werden. Hinterfragt werden muß die Verteilung der Aufgaben zwischen Bund, Ländern, Gemeinden, Parteien, Bürgern und dem Markt. (Verhindert z.B. die 5-Prozent-Klausel eine echte Repräsentation? Sind es die Landeslisten, die den Parteien ihre überdimensionierte Macht im Staat geben? In welchen Bereichen ist die direkte Demokratie der repräsentativen überlegen?)

Eingebracht in die Diskussion werden hier eine Reihe konkreter Vorschläge für Weichenstellungen auf dem Weg ins Informationszeitalter, die auch anderen Handlungsbedarf berücksichtigen:

1. Drastischer Abbau des Staatsanteils und Privatisierung nichthoheitlicher staatlicher Aufgaben in heute bisher nicht angesprochenem Umfang. Hier liegen Reserven für unseren Wohlstand.
2. Einführung einer Gesetzesfolgen-Abschätzung ähnlich der Technologiefolgen-Abschätzung, die den Bürger und die Abgeordneten darüber informiert, welche Kosten, Risiken und Nebenwirkungen neue Gesetze haben.
3. Auslaufenlassen der im 18. und 19. Jahrhundert entstandenen beamtenrechtlichen Grundlage der öffentlichen Verwaltung, die – schon durch ihr Entlohnungssystem – aus sich heraus nicht veränderungsfähig ist. Mit ihrer heutigen Allumfassendheit kann es keine flache,

flexible, funktions- und hierarchieübergreifende Verwaltung auf dem Weg ins Informationszeitalter geben. Schnellstmögliche Reduzierung des Beamtentums auf sehr wenige hoheitliche Kernaufgaben des Staates.

4. Verlagerung von behördlichen Aufgaben in den Computer und Vernetzung der Computer aller Behörden. Der Computer kann ablauforientiert und funktions- und hierarchieübergreifend arbeiten, Vorgänge ohne Zwischenschaltung von Menschen und ohne körperliche Weiterreichung von Akten in kurzer Zeit erledigen. Vorrangig ist die Entwicklung von Prozeß-Software für die staatlichen Verwaltungsvorgänge, ihre Normung (und Austauschbarkeit) für Funktionen aller Ebenen des Bundes, der Länder und der Gemeinden. Dazu muß es von Bund, Ländern und Gemeinden getragene Projektgruppen geben.
   Aufbau eines alle staatlichen Organe und politischen Institutionen verbindenden Computernetzwerks, der staatlichen Info-Autobahn, die in großen Teilen für Bürger zugänglich ist.
5. Eine grundlegende Reform der deutschen Hochschulen, die Fakultätsabgrenzungen durchbricht, den Zugang erschwert, die Studienzeiten kürzt und keine beamteten Professoren auf Lebenszeit beruft.
6. Abbau aller Subventionen, die nur dem Erhalt auch zukünftig nicht mehr wettbewerbsfähiger Industrien dienen. Das schließt die Landwirtschaft ein, die längst auf dem Weg von der Ernährungs-Agrarwirtschaft hin zu einer Rohstoffe erzeugenden Wirtschaft sein müßte.
7. Schaffung von reglementierungsfreien Räumen, in denen neue Selbständigkeit einfach entstehen kann, in denen die beschäftigungsintensiven kleinen Betriebe wachsen können, d.h. die Wiederentdeckung der Marktwirtschaft. Sonst sind die Chancen des Informationszeitalters nur für »Big Business« nutzbar.

8. Wir müssen den Mut aufbringen, die übersteigerten sozialen, ökologischen und andere gesellschaftliche Standortbedingungen des Industriezeitalters, die unsere Wirtschaftskraft längst überfordern, in Frage zu stellen.
9. Weitgehende Flexibilisierung des Arbeitsmarktes, d. h. Freigabe von großen Teilen des Arbeitsmarktes für die Marktwirtschaft.
10. Die Wehrdienstarmee ist nicht mehr haltbar. Es geht um die grundsätzliche Entscheidung, ob unsere Sicherheitsausgaben in eine zehnmonatige Wehrdienst- und militärische Ausbildungszeit gehen, die für die High-Tech-Rüstung untauglich ist, oder in gründliche Ausbildung von Berufssoldaten und in die moderne Technologie ihrer Ausrüstung auch für neue Aufgaben.
    Gleichzeitig muß eine Umwandlung des Wehrdienstes in einen Sozialdienst für junge Frauen und Männer erfolgen. Darum kommen wir bei der sich verändernden Soziallandschaft ohnehin nicht herum.
11. Schließlich: Stärkung aller Standort-Faktoren der Lebensqualität, die das Leben in Deutschland für Menschen und Unternehmen attraktiv machen: stabile Währung, verbrechensfreie Straßen und öffentliche Verkehrsmittel, Sauberkeit von Luft, Wasser und Boden, intelligente Infrastrukturen und die beste und modernste Aus- und Weiterbildung, die es in der Welt gibt.

Die aktuelle politische Machbarkeit ist anzuzweifeln. Heutiges reicht nur zu einem Herankleckern an die Zukunft. Zu mehr reicht der Leidensdruck bei Politikern und Wählern noch nicht aus. (Die Frage bleibt offen, was den Leidensdruck hervorrufen könnte – und ob es wirklich erst wieder zu einer Katastrophe kommen muß.)

Die Voraussetzungen für Veränderungen

Das große Problem bei bewußt eingeleiteten Veränderungsprozessen ist, daß sie Zeit erfordern und am Anfang die politische Erkenntnis stehen muß, daß es so nicht weitergeht. Die politische Bewußtseinsbildung in einer Demokratie sollte eigentlich bei den Parteien anfangen. Das aber ist Theorie. In den Parteien sind bestehende Interessen aus dem Industriezeitalter meinungsformend. Vor allem müßte es in den Parteien auch Visionen geben, die die Richtung zeigen, in der die Veränderungen passieren müssen. Die sind noch nicht vorhanden. Es bleibt nur die Hoffnung – auch wenn sie nicht groß ist und Geduld voraussetzt –, daß es gelingt, die Diskussion von außen in die Parteien zu tragen.

Szenarien »Deutschland 2005«

Die Szenarien bewegen sich in einer Spannweite von

1. Deutschland verharrt im Industriezeitalter – weil sich durch politische und gesellschaftliche Konstellationen kaum etwas bewegen läßt – und
2. Deutschland begibt sich auf den Weg ins Informationszeitalter und wird für Staat, Wirtschaft und Gesellschaft ein Hochintelligenz-Standort.
   Dazwischen liegt
3. das Durchwurstel-Szenario, bei dem an der Sozialgesetzgebung gebastelt wird und immer neue, nur reagierende Gesetze zustande kommen.

Der Unterschied?

Der erste Unterschied zwischen den Szenarien liegt darin, daß das Szenario »Industriezeitalter« (wenig Standort-Veränderungen) und auch das Durchwurstel-Szenario absehbar nur mit Hilfe des EG-Protektionismus möglich sind. Ohne diesen Euro-Protektionismus haben wir uns in diesen Szenarien schon bald nach 2000 aus der Weltwirtschaft abgemeldet.

Der zweite und ganz entscheidende Unterschied zwischen den drei Szenarien besteht in dem Grad der internationalen Wettbewerbsfähigkeit, der Produktivität der Ressourcen und dem Wohlstand der Menschen. Hier ist das dritte Szenario, »Hochintelligenz-Standort«, nicht schlagbar. Zwischen den Szenarien liegen Welten.

Das enorme Problem besteht darin, in das Bewußtsein unserer Politiker und der Öffentlichkeit hineinzubekommen, daß der Übergang vom Industrie- ins Informationszeitalter unvermeidlich ist und daß wir mit den heutigen Strukturen nicht konkurrenzfähig ins Informationszeitalter hineingehen können, in dem wir uns in Teilbereichen schon befinden.

Die Autoren

Ulrich Becker

Ulrich Becker, Schöpfer der Sinus-Lebenswelt-Forschung, ist Geschäftsführer des Instituts für Zielgruppenmarketing und Kommunikation in Darmstadt und berät Unternehmen bei der trend- und zielgruppenorientierten Entwicklung von Produkten, Kommunikation und Organisation

Prof. Dr. Norbert Bolz

Norbert Bolz, Philosoph, ist Professor für Kommunikationsdesign an der Universität Essen. Einer seiner Forschungsschwerpunkte sind die künftigen Entwicklungen in Kommunikation und Gesellschaft.

Dr. David Bosshart

David Bosshart ist Abteilungsleiter »Zeitfragen des Managements«, Kommunikationsberatung und Trendforschung am Gottlieb-Duttweiler-Institut, Rüschlikon-Zürich.

Ulrich Eggert

Ulrich Eggert ist Geschäftsführer der BBE-Unternehmensberatung, Köln, und Leiter der BBE-Trendforschung für den Handel

Matthias Horx

Matthias Horx ist Publizist, Berater und Trendforscher und leitet – zusammen mit Prof. Wippermann – das Trendbüro Hamburg.

Kevin Kelly

Kevin Kelly ist Chefredakteur des führenden amerikanischen New-media-Magazins *Wired,* San Francisco.

Michael-A. Konitzer

Michael-A. Konitzer ist Publizist, Berater und Leiter der Trendforschung bei der internationalen Werbeagentur Scholz & Friends in Hamburg.

Prof. Dr. Horst W. Opaschowski

Horst W. Opaschowski ist Professor an der Universität Hamburg und Leiter des B.A.T Freizeit-Forschungsinstituts, Hamburg.

Monique R. Siegel

Monique R. Siegel ist Publizistin und Unternehmensberaterin für Zukunftsfragen des Managements in Zürich.

Prof. Dr. Joachim Zentes

Joachim Zentes ist Professor für Internationales Marketing an der Universität des Saarlandes und Leiter des Handels-Trendmonitoring des Gottlieb-Duttweiler-Instituts, Rüschlikon-Zürich.

Dr. Armin Ziegler

Armin Ziegler ist Publizist für Zukunftsfragen und Herausgeber und Chefredakteur des *Trendletter,* Bonn.